詐欺罪の
保護法益論

Tomoko Adachi

足立友子

弘文堂

はしがき

　いつの頃からか、「自己決定」という言葉に憑りつかれていたようだ。人間の成長過程における自我の確立に伴うものだったのか、それとも、人生の（広義での）キャリアパスの中で、自らが進む道について決断を迫られる機会が増え、その選択の結果を受け止めねばならないことの重みを次第に感じるようになったためだったのかはわからない。いずれにせよ、「自己決定」をしたら「自己責任」を負わねばならない、という、世間一般に広く浸透している（と思しき）思考を強く意識するようになった。本書は、詐欺罪について検討する論文集であるが、この考察の出発点には、この「自己決定」をめぐる疑問があった。

　そもそも、「自己決定」した場合には必ず「自己責任」を負わねばならないのだろうか。一旦何かしらの結果が生じた以上は、その結果について、誰かが責任を負わねばならない、つまりは、財産的な損害を引き受けたり、法的あるいは社会的な制裁を受けたりせねばならない、という状況は世の中に多く存在する。そして、その帰責を納得させるためのキーワードの1つが、「自己決定」であり、自ら決めて行ったことなのだから、そこから生じた結果については責任を負いなさい、という考え方である。

　しかし、自己決定した以上は必ず責任が伴うとは言い切れない。他方で、誰かが責任を負わねばならない状況が生じた以上、それを負担する誰かを決めねばならない、つまり、責任の所在を明らかにすることが不可避となる。それならば結果が生じている以上、その結果に最も密接にかかわっている人にその責任を負わせるのがしかるべきだ、との考え方にも、それなりの合理性がある。どうやら、「自己責任」原理の方を疑ったところで、解決しそうにはない。

　問題とすべきなのは、むしろ、自己責任の前提と（ときに無意識的に）されている、「自己決定」の方なのではないだろうか。近代的な人間観で

は、自己決定できる強い個人が当然のようにイメージされていた。しかし、現実の人間がみなそれほどタフな精神をもっているとは限らない。また、真に純粋な「自己決定」、つまり自分以外の第三者におよそ何ら影響を受けることなく行う決定を想定することも、現実社会においては困難である。それなのに、最終的に自分がした決定であれば、その責任は常にすべて本人に帰属するのだろうか。あるいは、どんな影響力が及んでいる場合であれば、その帰属が否定されうるのだろうか。

　従来、刑法において、自己決定が正面から問題とされるのは、医事刑法における患者の自己決定の場面と、刑法総論の違法論における被害者の同意の場面であった。そして、被害者の同意論における「被害者の錯誤」（あるいは、「錯誤に基づく被害者の同意」）と共通する問題が、各論領域では詐欺罪の解釈論において存在する。人間は、何をどのような形で決定することができるのか、という問題関心の裏返しとして、いかなる形で意思決定のプロセスが害されたときに犯罪が成立するか、との観点から詐欺罪の成立範囲について考えてみようと思い立ったのが、この一連の研究のきっかけであった。収録されている論稿の基になったのは、名古屋大学大学院在学中（博士前期課程時の指導教授：平川宗信先生、後期課程時の指導教授：山本輝之先生）に、修士論文から発展させて執筆した名古屋大学法政論集掲載の論文と、その後に継続する問題意識を反映させて執筆した論文である。

　本書の構成は、理論的側面からスタートする第1部と、その理論と実際の適用や判例との関係を検討する第2部との、2部構成である。
　第1部では、まず詐欺罪規定制定の歴史的経緯を知るべく、そのルーツとなる「欺罔犯罪」「財産犯罪」から現在の詐欺罪に至るまでの変容に注目することで、詐欺罪規定がなぜ社会において必要とされたかを考えつつ、他方ですべての虚偽を処罰するわけではない現行規定の内容に行きついた理由についての示唆を得ることから、その検討をはじめる。そして、「欺罔」つまり「欺く」行為を構成要件の中でどのように位置づけることがで

きるかを検討し、他方で、詐欺罪の被侵害法益である「財産」をどのように理解し把握するべきかについても検討する。両検討は、保護法益である財産の内実の理解についての問題としてその流れを1つとし、終局的には、欺罔という行為態様と保護法益の被侵害部分の問題へとつながる。

　次いで、**第2部**では、従来の議論において注目されてきた「財産的損害」が、果たして詐欺罪成立の判断における決定的なメルクマールである必要があるのか、あるいは他の要素に取ってかわられるのかを考えるとともに、理論と実践の仕上げとして、近時の最高裁の判断を題材としつつ、詐欺罪の役割論について検討する。

　大学院に進学した当初、平川先生に研究テーマの候補を問われ、「刑法における自己決定について扱いたい」と答えた時に、テーマとして広すぎる、と半ばあきれたように言われたことを、今もよく覚えている。現在の私が先生の立場だったら、やはり同じ反応をしたであろう。そんな、意気込みばかりで空回りして右も左もわからない状況だった私を、ここまで導いてくださったことに、言葉には尽くしきれない感謝の気持ちを捧げたい。

　また、本書の刊行が実現したのは、弘文堂編集部の北川陽子編集長のあたたかい叱咤激励とご尽力によるものである。厚くお礼申し上げたい。

　そして最後に、理想ばかり追い求めておぼつかない足取りに見えたであろうこの私をあきらめずに育て支え続けてくれた家族に、心からありがとうと伝えたい。

　なお、本書は、成城大学法学部出版助成を受けて刊行されたものである。

平成30（2018）年2月

　　　　　　　　　　　　　　　　　　　　　　足立　友子

目　　次

第2部　詐欺罪における「欺罔」と「財産的損害」をめぐる考察

第1章　「財産的損害」概念再考
──損害概念の多義性と中間結果としての錯誤に着目して

初出一覧

第1部　詐欺罪の保護法益と欺罔概念の関係

序　はじめに

・「詐欺罪における欺罔行為について―詐欺罪の保護法益と欺罔概念の再構成―
　(1)」名古屋大学法政論集 208 号（2005 年）97～144 頁

第1章　「欺罔」概念をめぐる理論状況

・同上

第2章　詐欺罪の歴史的展開

・同上

第3章　「欺罔」の体系的位置づけ

・「詐欺罪における欺罔行為について（2）」同 211 号（2006 年）137～181 頁

第4章　「欺罔」と詐欺罪の保護法益との関係

・「詐欺罪における欺罔行為について（3）」同 212 号（2006 年）349～379 頁

第5章　保護法益としての「財産」

・「詐欺罪における欺罔行為について（4）」同 214 号（2006 年）329～363 頁

第6章　詐欺罪の保護法益と欺罔概念の再構成

・「詐欺罪における欺罔行為について（5・完）」同 215 号（2006 年）391～423 頁

結　おわりに

・同上

第2部　詐欺罪における「欺罔」と「財産的損害」をめぐる考察

序　はじめに

・書き下ろし

第1章　「財産的損害」概念再考

・「詐欺罪における『欺罔』と『財産的損害』をめぐる考察―損害概念の多義性
　と中間結果としての錯誤に着目して」理論刑法学の探究 6（成文堂、2013 年）
　133～164 頁

第2章　詐欺罪における欺罔概念と判例理論の関係性

・「詐欺罪の保護法益と欺罔概念の再構成」刑法雑誌 56 巻 2 号（2017 年）
　203〜219 頁を基に、加筆修正

結　おわりに

・書き下ろし

　なお、本文中の情報は、参考文献の版などを含めて、基本的に初出時のままと
した。

第1部

詐欺罪の保護法益と欺罔概念の関係

序

はじめに

　刑法 246 条は、詐欺罪を、①人を欺いて②財物を交付させ、または財産上不法の利益を得、もしくは他人に得させる行為、として規定している[1]。それゆえ、詐欺罪が成立するためには、「人を欺くこと」すなわち「欺罔」[2]、「錯誤」[3]、「交付（処分）行為」[4]、「財産の移転」およびそれらの間の因果関係が必要であると解されている。近時は、これらに加えて「財産的損害（財産上の損害）」[5]もまた、詐欺罪の成立範囲を限定する要件と考えられて

1）　詐欺罪：刑法第 246 条
　　人を欺いて財物を交付させた者は、十年以下の懲役に処する。
　　前項の方法により、財産上不法の利益を得、又は他人にこれを得させた者も、同項と同様とする。

2）　平成 7（1995）年の刑法の平易化以前は、条文上も「人ヲ欺罔シテ」と規定されていた。この平易化を契機に、従来の「欺罔行為」という呼称を「欺く行為」「詐欺行為」と変更した論者も少なくない（「欺く行為」と変更したものとして、平川宗信『刑法各論』（有斐閣・1995 年）366 頁、中森喜彦『刑法各論〔第 2 版〕』（有斐閣・1996 年）144 頁、川端博『刑法各論概要〔第 3 版〕』（成文堂・2003 年）175 頁など。「詐欺行為」と変更したものとして、前田雅英『刑法各論講義〔第 3 版〕』（東京大学出版会・1999 年）221 頁、西田典之『刑法各論〔第 2 版〕』（弘文堂・2002 年）188 頁、曽根威彦『刑法各論〔第 3 版補正版〕』（弘文堂・2003 年）147 頁、大谷實『新版刑法講義各論〔追補版〕』（成文堂・2003 年）259 頁など。山中敬一『刑法各論 I』（成文堂・2004 年）314 頁は「欺く行為」「詐欺行為」を併用する）。しかしながら、「欺罔」の語を単独で用いた場合の言い換えが困難であること、および従来の議論や文献において講学上長らくこの語が用いられてきたことなどから、本書の論述では従来の「欺罔」の語を用いることとする。

3）　「錯誤」は解釈論上、欺罔と別の要件のように論じられている印象があるが、条文に規定されているのはあくまで「欺罔による交付」であって、錯誤は欺罔が成功・完成した結果である。もっとも、かつての刑法の草案や規定では条文の文言に入っていたこともある。

4）　「処分行為」の語は、かつては条文上該当する語が存在しなかったため講学上用いられていた。平成 7（1995）年の刑法の平易化により、条文に「交付させた」との文言が入ったため、「処分行為」を「交付行為」と言い換えるようになった論者が多い。以後、本書も「交付行為」の語を用いることとする。

5）　「財産的損害」は、ドイツ刑法典では条文上要求されているが、日本の刑法典には規定されていない。この違いは、詐欺罪の理解において、ドイツでは全体財産に対する罪と解されているのに対して、日本では一般に、1 項の個別財産に対する罪としての理解が定着したことにあらわれている（かつては、瀧川博士が全体財産に対する罪であると理解されていた（瀧川幸辰『刑法各

いる。[6]

　最近の詐欺罪をめぐる問題としては、これらの要件のうち、欺罔概念の拡張傾向と、損害概念の内容の肥大化の2点が挙げられる。前者については、一般に悪徳商法といわれる詐欺的商法の事案において、消費者保護の観点による詐欺罪成立の前倒し傾向が指摘されている。[7]後者については、相当対価の給付があってもなお「財産的損害」の発生を認める場合の、「損害」の判断基準が未だ十分に明確になっていないという問題点がある。[8]これらの点が不明確であれば、詐欺罪の成立範囲は無限定に広がりかねない。

　確かに、絶えず変動し続けている取引社会に対応できるよう、詐欺罪規定の射程を考える必要はある。現代社会においては、経済活動が多様化し広域化するにつれ、個人的な信頼関係が形成されている相手方以外との取引も否応なしに増えるため、モラルに頼るだけではトラブルが回避できない状況になってきている。また、近年の規制緩和の動きを受けて、専門知識に疎い一般消費者が、投資をはじめとする市場競争原理がシビアに及ぶ経済活動に直接晒され、「自己責任」の名の下にリスクの負担を迫られる傾向もある。これらの点にのみ注目するならば、欺罔の範囲をある程度広げることが、取引の保護ないし消費者保護の観点から望ましいとの結論にも至りえよう。しかし、そのような観点から詐欺罪の成立範囲を拡大する

論〔再版〕』（世界思想社・1951年）152頁。近時の議論の中で、日本においても詐欺罪を全体財産に対する罪であると理解するものとしては、林幹人『刑法各論』（東京大学出版会・1999年）149頁以下）。もっとも、詐欺罪が財産犯である以上、何らかの（広い意味での）財産的損害の発生は必要であると一般に解されており、日本の議論においても、不要とされているわけではない。

6）　もっとも、その詐欺罪理解の枠組みにおける位置づけについては、未だ不明確な点が残っている。多くの基本書においては、この点についての説明はほぼ見当たらないといってよい。伊藤渉「詐欺罪における財産的損害──その要否と限界」刑法42巻2号（2003年）152頁では、実質的な意味における被害としての「損害」を、「欺く」行為が法益関係的錯誤をもたらすものでなければならないと説明することを通して、「欺く」行為の要件として位置づけている。

7）　林幹人「詐欺罪における欺罔の概念──豊田商事事件（大阪地裁平成元年3月29日判決）を契機として」同『刑法の現代的課題』（有斐閣・1991年）166頁（初出：ジュリスト951号（1990年））、平川・前掲注2）368頁、木村光江『詐欺罪の研究』（東京都立大学出版会・2000年）228頁など。

8）　例えば、近時の例として、請負代金の支払時期を欺罔により早めたことが問題とされた、最判平成13年7月19日刑集55巻5号371頁など。

ことは、必ずしも望ましいと考えられているわけではない。それゆえに、現実には、刑法典上の詐欺罪のほかに、それ以外の（狭義での）経済刑法上にも、詐欺的行為に対処するための規定が置かれている。どちらで対応すべきかの判断の基礎には、刑法典の守備範囲に対する理解、および現代経済社会における「財産」観についての考え方が反映されることになる。詐欺罪は、欺罔に基づく財産交付を仕向けることによって法益主体が「財産」について保持するさまざまな価値や利益を害する行為である、と理解される。それゆえ、詐欺罪の成立範囲を画するためには、この理解を前提に、その固有の要件である「欺罔」の本質を明確にし、それに基づく基準を確立することが要請される。

　従来の「欺罔」についての議論[9]は、欺罔にかかわるさまざまな要素の内容を明確化することによって判断基準を明らかにしようとした。欺罔の語義と具体的判断の集積から基準を導き出そうとするこのアプローチは、判例を整合的に理解し、個々の具体的事例につき欺罔行為に該当するか否かを判断するためには、一定程度役立つ。しかし、具体的判断の集積から抽出された基準は、そこから欺罔の本質に基づく理論を導出する段階にまでは到達していない。それゆえ、このアプローチによっては、詐欺罪の成立範囲を十分に限定する基準を導くことができない。

　そのような限界を克服することを目指して登場したのが、詐欺罪における「財産的損害」に着目して欺罔を理解するアプローチである[10]。従来、財産的損害の理解としては、形式的に財産の交付・移転それ自体を損害と捉える、形式的損害説が有力に主張されてきた。新しく主張された、損害に着目するアプローチは、この形式的損害説が捉える形式的損害に加え、被欺罔者の目的が達成されたかどうかという要素も損害概念の内部に取り込んで判断することによって、「損害」という要件を詐欺罪成立の範囲を画する基準として用いる。そして、欺罔は、損害発生の危険性のある行為として説明される。違法論において結果無価値論の立場を採る場合はとりわけ、法益侵害結果に着目した客観的把握を試みようとすることから、この

9）　本書第1部第1章Ⅱ参照。
10）　本書第1部第1章Ⅲ参照。

構成は受け入れやすい。しかしながら、詐欺罪の成立範囲を限定づける役割を「損害」概念に担わせようとすることにより実質化された「損害」概念は、成立範囲を画する基準としてそれほど明確なものとはいえない。そのため近時は、このような実質的損害概念への批判も少なくない。

　実質的損害概念の問題点を克服するためには、「財産」の概念自体にまで立ち戻る必要がある。なぜなら、財産的損害を法益侵害結果として捉えるのであれば、損害の実質的判断の内容は、それが真に判断基準として必須の要素であるならば、財産法益の侵害の内容として説明することが可能なはずであり、当該実質に対応する部分が「財産」内部にあると説明できるはずだからである。そして、経済取引において財産が果たす機能に着目することを通して、保護法益としての「財産」の内容を再検討する必要があると考えられる。

　現在、被害者の錯誤に関する「法益関係的錯誤」の考え方を詐欺罪にも適用する論者や[11]、日本の詐欺罪規定を全体財産に対する罪として理解すべきと主張する論者からは[12]、詐欺罪における財産法益の問題が検討されている。しかし、そこではなお、現代の取引社会において、あるいは人との関わりにおいて、財産が果たす役割はそもそも何であるか、という財産の機能に着目した検討が十分に尽くされてはいないと思われる。「欺罔」が詐欺罪という財産犯の成立を基礎づけることを手がかりに、欺罔によって財産についての処分決定が害されたことを、財産法益に内在的な要素として積極的に把握することが、このような問題点を解決する有効な手段となると思われる。

　上述の議論の概観からは、「欺罔」に着目して保護法益である「財産」概念を再検討することにより、詐欺罪規定の本質に即した成立範囲限定のための判断基準とその根拠を明らかにすることの必要性が導かれる。第1部では、「欺罔」「損害」「財産」概念の検討と再構成を行うことを通して、

---

11)　佐伯仁志「被害者の錯誤について」神戸法学年報1号（1985年）51頁以下、山口厚「『法益関係的錯誤』説の解釈論的意義」司研111号（2004年）97頁以下。

12)　林幹人「詐欺罪における財産上の損害──最高裁平成13年7月19日判決を契機として」現刑44号（2002年）50頁。

このような問題への解答を見出すことを目標とする。具体的には、まず**第1章**において、「欺罔」をめぐる現在の議論状況を概観し、解明すべき問題点を確認する。次に**第2章**において、その準備作業として、詐欺罪規定──厳密にいえば、現在の詐欺罪に当たる犯罪類型──の歴史的展開を概観することとする。「欺罔犯罪」性と「財産犯罪」性のバランスの変遷は、「欺罔」の位置づけの理解に有用な示唆を与えうるし、現在のドイツにおける議論の前提とも密接につながっているからである。そして、**第3章**以下において、現在の議論の分析と検討を行なっていく。**第3章**では、「欺罔」の詐欺罪内部における体系的位置づけとそこでの実質的判断について検討を加える。**第4章**では欺罔と保護法益との関係を探り、詐欺罪の保護法益として「財産」を説明するために欠けている観点、すなわち「財産的処分の自由」についての考慮が必要であることを見出す。このような、保護法益の再検討の必要性を受けて、**第5章**では、財産概念を再構成するための準備作業として、従来、保護法益である「財産」概念の内容として何が論じられてきたかを確認する。さらに**第6章**では、経済社会において、あるいは人との関わりにおいて、財産が果たす役割はそもそも何であるか、という財産の機能にまで遡り、そこで示された財産像を基に、保護法益としての財産概念を再構成し、詐欺罪における「欺罔」概念の再定義を行う。

第1章

「欺罔」概念をめぐる理論状況

I　序　　論

　　詐欺罪の成立範囲の限界を画する上で、人を欺くこと、すなわち「欺罔」は、重要な役割を果たす。「欺罔行為」は、財産犯において詐欺罪を他と区別する手段行為であるし、実行の着手を判断する基準ともなる。また、刑法においては、錯誤の状態に起因する財産処分一般を問題とするわけではなく、当該錯誤が何らかの形での「欺罔」によって惹き起こされたものであることが要求される。これらのことから、「欺罔」概念の理解は、詐欺罪の罪質の理解にもかかわってくる。

　　しかしながら、そのように重要であるにもかかわらず、「欺罔」の意味内容は、未だ十分に明確になっているとはいえない。詐欺罪が財産犯であることの制約から、「欺罔」が、人を騙すことのすべてではなく、財産処分に向けられたものに限定されることは、比較的容易に理解できる。しかし、この点を満たせばすべてが「欺罔」に該当するわけではなく、その上でなお、欺罔の「量と質」の判断によって、欺罔の範囲を限定して理解している。[1]典型的な一例は、商取引における駆け引きや誇張などはある程度許容され、欺罔には当たらない余地があると一般に解されていることである。[2]この考慮それ自体は現実に即しており妥当であると思われる反面で、そのように扱うべき理由や判断基準が明快に示されているとはいえない。

　　行為当時に少なくとも外見上は被害者の意思に反していない形での財産

---

1)　浅田和茂「詐欺罪の問題点」中山研一ほか『現代刑法講座　第4巻』（成文堂・1982年）322頁。

2)　平川宗信『刑法各論』（有斐閣・1995年）368頁など。

交付を犯罪として規定しているのは、当該交付が欺罔に影響されて行なわれることを問題としているからである。このことは、欺罔の有無が詐欺罪の成否を決定する重要なポイントであることを示す。つまり、「欺罔」の理解こそが、詐欺罪の成立範囲を画する基準を決するものとなる。そのため、詐欺罪が現在のような「欺罔による財産犯」としての形式をとることが確定して以来今日まで、「欺罔」をどのように理解するかについての議論が行われ続けてきている。

　従来の詐欺罪をめぐる議論において、成立範囲を画する基準として事実上意味をもちえてきたのは、「欺罔の程度」と「財産的損害」の観点であったと考えられる。両観点からは、それぞれ基準の具体化・明確化が進められているが、基準自体に処罰の必要性の見地からの実質的判断が内在するものであるため、曖昧さを除去することの困難さは否めない。そして、これらの見解に内在する「実質的」判断の問題点を解消する試みとして、「財産」という法益の内容それ自体に着目するアプローチも提示されてきている。

　そこで**本章**では、詐欺罪の成立範囲を限定づけるための議論が、何に着目しどのように変遷してきたかを概観し、その概観を通して、現在残されている問題として検討すべき課題の所在を明らかにすることを目指す。具体的には、現在までの議論を、①「欺罔」の要素を明確化するアプローチ、②「財産的損害」で限界を画するアプローチ、③「財産法益」の内実に立ち入るアプローチ、の３つに分類して把握し、それぞれの到達点と残された問題点を示す。

Ⅱ 「欺罔」の要素を明確化するアプローチ

　従来、「欺罔」の意義は、「人を欺くこと」「人を欺いて（騙して）錯誤におとし入れること[3]」「人を錯誤に陥れること[4]」「詐欺の手段により人に錯

3）　藤木英雄『刑法各論──現代型犯罪と刑法』（有斐閣・1972 年）47 頁、平川・前掲注 2）367 頁。
4）　小野清一郎『新訂刑法講義各論』（有斐閣・1949 年）252 頁、福田平『全訂刑法各論〔第 3 版

誤を生ぜしめること⁵⁾」などと説明され、①人に向けられたものであること（精神を持たないため錯誤に陥らない機械に対しては行いえない）、②財物または財産上の利益の処分行為に向けられたものであることの 2 点が、その必須の要件とされている⁶⁾。比較的古い見解においては、欺罔を「虚偽の事実を主張すること」と説明するものもあるが⁷⁾、それは、条文上「事実（Tatsachen）」という文言を用いているドイツにおける議論に影響されたものである⁸⁾。そして、欺罔の内実を明確化するために、それに関するさまざまな要素が検討されてきた。それらは、欺罔の「対象（内容）」「程度」「手段・方法」「相手方」として整理することができる⁹⁾¹⁰⁾。

　「欺罔の対象」は、一般に、必ずしも法律行為の要素に関する事項であることを要しないとされている一方で、詐欺罪が財産犯として規定されていることから、相手方が財産的処分行為をなすための判断の基礎となるような事実を偽るものであることを要すると解されている¹¹⁾。そのため、外部

増補』（有斐閣・2002 年）252 頁、内田文昭『刑法各論〔第 3 版〕』（青林書院・1996 年）307 頁、佐久間修『刑法講義各論』（成文堂・1990 年）134 頁、中山研一『刑法各論』（成文堂・1984 年）266 頁、井上正治＝江藤孝『新訂刑法学各則』（法律文化社・1994 年）152 頁など。

5)　西田典之『刑法各論〔第 2 版〕』（弘文堂・2002 年）188 頁。

6)　平川・前掲注 2）367 頁、林幹人『刑法各論』（東京大学出版会・1999 年）235 頁など。

7)　瀧川幸辰『刑法各論〔再版〕』（世界思想社・1951 年）153 頁、青柳文雄『刑法通論 II 各論』（泉文堂・1963 年）511 頁。

8)　ドイツにおいては、欺罔行為は条文の文言において、「事実を虚構・歪曲・隠蔽すること（durch Vorspiegelung falscher oder durch Entstellung oder Unterdrückung wahrer Tatsachen）」と規定されており（StGB §263）、これらの上位概念として「事実を虚構すること」（Vorspiegelung von Tatsachen）を考え、3 つを合わせた形で「欺罔行為（Täuschungshandlung）」にあたるか否かを問題にしている（*K. Tiedemann,* Leipziger Kommentar Strafgesetzbuch（以下、LK-StGB と引用）, 11. Aufl., 33-Lieferung, 2000, §263 Rn. 7）。ドイツの議論における基準となる「事実」は、支配的見解によれば、過去あるいは現在のすべての事情（Sachverhalt）であると理解されており、その内容には、原則的に証明能力のあることが要求される。そして、この基準から「事実」の範疇に含まれうるのかが問題となるような項目として、「内面的」事実、証明可能性、将来の出来事、経験則や予測、価値判断や宣伝、法解釈などが取り上げられ検討される（*U. Kindhäuser,* Nomos Kommentar zum StGB 9-Lieferung, 2001（以下、NK-StGB と引用）, §263 Rn. 90ff.; *Tiedemann,* LK-StGB, §263 Rn. 9ff.）。

9)　この点を扱うにつき、論者によって、「対象」とするものと「内容」とするものとがある。本書では、他の要素との区別が際立つよう、「対象」の語の方を主に用いることとする。

10)　団藤重光編『注釈刑法(6)』（有斐閣・1966 年）176〜199 頁［福田平］、大塚仁ほか編『大コンメンタール刑法 第 10 巻〔第 2 版〕』（青林書院・1999 年）47 頁以下［高橋省吾］。

11)　福田・前掲注 10）176〜177 頁。

的客観的事実（物の性質・品質など）・心理的事実（代金支払意思など）・法
律的事実（法律的効力など）のいずれであっても対象となりうる、また、
過去あるいは現在の事実であれば対象となりうると解することについては
争いがない。[12] 他方で、①将来の事実、②価値判断や意見の表示も欺罔の対
象となりうるかについては、若干の検討を要すると考えられている。[13] ①の
「将来の事実」が欺罔の対象となりうるかが問題とされるのは、将来は不
確定であるため、未だ現実化していないことについての言及はあくまで想
像や予測にすぎず、判断材料として確実なものではないと考えられるから
である。また、②の「価値判断・意見の表示」が欺罔の対象となるかどう
かが問題とされるのは、これらが発言者の主観によるという性質をもち、
客観的事実とは質的に異なると考えられるためである。もっとも、現在の
議論においては、これらの点につき、端的に、当該虚偽表示が人を錯誤に
陥れるに足りるか、という「欺罔の程度」の問題に解消する見解が一般的
になっている。[14]

　「欺罔の程度」は、日本の近時の議論において、事実上、詐欺罪の成立
範囲を画する重要な基準として機能している。従来の議論において、欺罔
の「程度」判断の要素として挙げられているのは、「取引の状況・相手方
の知識・性格・年齢・職業・経験等の、行為の際の具体的事情[15]」である。
そして、判断に際しては、これらの要素を考慮して、一般的・客観的見地
から、それが一般人を錯誤に陥れる可能性があるか否かを基準にして決定
されなければならないとされている。[16] また、日常生活において商人が商品
を売買する場合、多少の駆け引きや誇張を伴った広告・宣伝は社会生活上
認められ、ある程度当然のこととして是認されていることから、それらに

---

12)　福田・前掲注 10) 177 頁。
13)　福田・前掲注 10) 177 頁。
14)　福田・前掲注 10) 179 頁、大谷實『新版刑法講義各論〔追補版〕』（成文堂・2003 年）261 頁、
　　曽根威彦『刑法各論〔第 3 版補正版〕』（弘文堂・2003 年）147 頁。
15)　平川・前掲注 2) 368 頁、林・前掲注 6) 230 頁など。
16)　大塚仁『刑法概説各論〔第 3 版〕』（有斐閣・1996 年）246 頁、福田・前掲注 4) 253 頁、大
　　谷・前掲注 14) 261 頁、曽根・前掲注 14) 147 頁。

ついては詐欺罪の欺罔には当たらないと一般に解されている。[17]

　「欺罔の手段・方法」については、一般に何らの制限もないと解されている。それゆえ、言語によっても動作によっても、直接的でも間接的でも、作為のみならず不作為の場合にも、成立しうるとされる。[18] もっとも、不作為による欺罔に関しては、「不作為」という性質上、不作為犯一般において問題となるのと同様、どのような内容の不作為が作為と同等と評価され欺罔として扱われるべきかについての判断を迫られる。一般的には、事実を告知すべき法的義務が存在する場合について、その義務を怠って相手方の錯誤に陥った状態を利用した場合に、不作為による欺罔が認められるが、[19] 不利な事実を告知する義務が常にあるわけではないことから、取引上通常認められる不告知については欺罔とならない、と説明されてきている。[20]

　「欺罔の相手方」については、必ずしも財物の所有者・占有者（すなわち財産上の被害者）であることを要しないが、その財物についての財産的処分行為をなしうる権限・地位を有する者でなければならないと解されている。[21] そのため、いわゆる「三角詐欺」が問題とされている。[22] また、欺罔

---

17)　平川・前掲注 2) 368 頁、大谷・前掲注 14) 261 頁、団藤重光『刑法綱要各論〔第 3 版〕』（創文社・1990 年）613 頁、大塚・前掲注 16) 246 頁、中森喜彦『刑法各論〔第 2 版〕』（有斐閣・1996 年）145 頁、曽根・前掲注 14) 148 頁、西田・前掲注 5) 189 頁、木村光江『刑法〔第 2 版〕』（東京大学出版会・2002 年）319 頁。この点につき、内田・前掲注 4) 312 頁は、欺罔といえない理由を社会生活上の一般的「承諾」の問題と解する。なお、このような詐欺的行為に関しては、刑法典以外の取締法規による規定が存在する。例えば、誇大・虚偽広告については、詐欺罪には該当しない軽微な場合について、軽犯罪法 1 条 34 号、薬事法 66 条 1 項といったような特別法における規定がある。

18)　平川・前掲注 2) 367 頁、前田雅英『刑法各論講義〔第 3 版〕』（東京大学出版会・1999 年）226 頁、団藤・前掲注 17) 621 頁、中森・前掲注 17) 144 頁、大谷・前掲注 14) 259〜260 頁、曽根・前掲注 14) 147 頁、西田・前掲注 5) 189 頁、大塚・前掲注 16) 244 頁。

19)　大塚仁『刑法各論上巻〔改訂版〕』（青林書院新社・1984 年）493 頁、平川・前掲注 2) 368 頁、大谷・前掲注 14) 260 頁、川端博『刑法各論概要〔第 3 版〕』（成文堂・2003 年）175 頁、佐久間・前掲注 4) 134 頁。大塚・前掲注 16) 244 頁、大谷・前掲注 14) 260 頁および川端・前掲 175 頁は、この場合の法律上の告知義務は、法令に基づく場合のほか、慣習上・条理上みとめられる場合があるとする。また、不真正不作為犯の一般理論についての立場をここでも適用し、保障人的地位にある者の不作為による欺罔であることが必要とする見解もある（内田・前掲注 4) 307 頁、大谷・前掲注 14) 260 頁）。

20)　平川・前掲注 2) 368 頁。このような捉え方は、不作為の欺罔についての「程度」を判断している、と理解することができる。

は特定人に向けられる必要はないとされ、いわゆる広告詐欺のように不特定多数人に向けられたものであっても欺罔に当たると解されている。[23]

欺罔の要素を明確化しようとする取組みは、個別具体的な行為が詐欺罪の構成要件に該当する実行行為であるかを判断するための基準としては意義がある。その判断の積み重ねを整理して類型化し、それらを一般論へと昇華させ、何らかの基準・法則化によって説明しようとしてきたのが、かつての学説であった。しかしながら、このようなアプローチでは、判例を整合的に位置づけて説明することはできても、詐欺罪の本質に由来する基準を明確に提示することは難しい。学説の議論が、成立範囲限定のための試みにおいて、「欺罔の対象」に対する関心を次第に失い、実質的判断を組み入れることが可能な「欺罔の程度」という要素の検討で事実上足りる、と考えるに至るのも、そのような限界が感じられたためであろう。

「欺罔の程度」の判断は、刑法典が財産的取引に関してどこまでをその守備範囲とするかについての考え方にかかわり、刑法の役割自体の理解に関連する重要な問題である。しかし、従来のような、「欺罔の程度」による判断基準の明確化は、判断要素を具体的に列挙すること、あるいは「取引上重要な」といった実質的判断によって説明する状況から抜け出す段階までには至っていない。その実質的判断の基準としては、「社会的相当性」「可罰的違法性」「取引上の信義誠実」を考慮することが主張された。[24] これらは、行為無価値論に親和性のある考え方である。しかし、大きな方向性を示すにすぎないこれらの基準を持ち込んだとしても、不明確さが十分に

---

21)　平川・前掲注2）369〜370頁、大谷・前掲注14）262〜265頁、団藤・前掲注17）614頁、大塚・前掲注16）248〜251頁、曽根・前掲注14）148頁、155〜157頁、川端・前掲注19）188〜192頁、山口厚『問題探究刑法各論』（有斐閣・1999年）169頁、木村光江・前掲注17）322〜323頁。

22)　三角詐欺とは、被欺罔者と被害者が異なる場合をいい、訴訟詐欺や自己名義クレジットカードの不正使用の場面で論じられる。平川・前掲注2）369頁。

23)　福田・前掲注10）179頁、大塚・前掲注16）246頁、前田・前掲注18）228頁、曽根・前掲注14）148頁、佐久間・前掲注4）135頁。

24)　そのような学説状況に言及するものとして、林幹人「詐欺罪における欺罔の概念——豊田商事事件（大阪地裁平成元年3月29日判決）を契機として」同『刑法の現代的課題』（有斐閣・1991年）174頁（初出：ジュリスト951号（1990年））。

解消されるわけではない。

　そのため、これらの問題点を解決するために、視点を、行為態様として
の「欺罔」から、法益侵害としての「損害」に移し変える試み、すなわち
「財産的損害」の有無に詐欺罪の成立範囲限定の契機を求めるアプローチ
が登場することになる。

III　「財産的損害」で限界を画するアプローチ

　わが国の詐欺罪の条文（刑法 246 条）自体は、財物の移転を要件として
いるものの、財産的損害の発生を要件とはしていない。そのため、欺罔に
よる錯誤に基づく形式的な財産の移転があれば詐欺罪が成立する、と説明
することも、理論上は可能である。もっとも、詐欺罪が財産犯として規定
されていることから、財産価値の客観的侵害を指し示す言葉として、「財
産的損害」の概念自体はしばしば用いられる。

　日本における「財産的損害」概念の内容につき、かつては、欺罔によっ
て「財物を交付したこと」あるいは「財物の喪失」それ自体を損害として
捉える、形式的損害説が有力であった。[25] この考え方を前提とすれば、「損
害」は、交付行為が完了したことを示すにすぎず、詐欺罪の成立要件とし
て特に論じる必要はなかった。

　伊藤渉教授は、このような損害概念の形骸化への問題意識を詐欺罪の成
立範囲の限定づけの要請に結び付け、「財産的損害」に限定の契機を求め
る見解を提唱された。[26] 限定要素として着目する対象を、「欺罔」という手
段行為の態様から侵害結果としての「損害」へと転じ、「損害」を詐欺罪
成立の限界を画するメルクマールとして用いることを意図して、損害判断
の基準を明確にしようとする見解の登場である。いわゆる「実質的損害
説」とよばれるこの見解は、日本にもともと全く存在しなかったわけでは
ないが、伊藤教授によって体系立てて紹介されたことにより、広く支持さ

---

25)　団藤・前掲注 17) 619 頁、大塚・前掲注 16) 256 頁。
26)　伊藤渉「詐欺罪における財産的損害――その要否と限界(1)～(5・完)」警研 63 巻 4 号（1992
　　年）27～42 頁、5 号 28～41 頁、6 号 39～51 頁、7 号 32～44 頁、8 号 30～43 頁。

れるようになった。この考え方は、詐欺罪の法益侵害の側面に着目することから、とりわけ違法論における結果無価値論の立場に親和性がある。そして伊藤教授は、限定のための基準として、「対価の属性の欺罔の場合は、それが対価の効用を左右する場合に限り、又、受領者の属性や用途に関する欺罔の場合は、それが対価の要求を差し控えるか否かを左右する場合に限り、『その給付に対しその対価を得る』という決定の前提として必要な事情の欺罔がある[27]」との基準を示される。

　この考え方を採用すると、特に、相当対価の給付があった場合や、寄付などの社会的目的のために反対給付をおよそ想定せずに交付を行った場合について、判断基準を明確化することが可能になる。すなわち、前者の場合、個別財産の移転があってもなお「損害」は発生していないと判断することは、「獲得しようとしたものと現に獲得したものとの差」による損害判断として説明することができる。また、後者の場合、そもそも反対給付による埋め合わせが観念されていない類型については、社会的目的が達成されなかったことをもって「損害」である、と説明することができる。

　もっとも、詐欺罪の成立範囲を限定するために、「財産的損害」の有無によって詐欺罪成立を判断しようとするならば、損害概念の内部にさまざまな要素が取り込まれていき、次第に「損害」概念の過度の実質化が生じうる。「実質化」する場合、その基準が明確に示されないならば、単に曖昧さを許容するだけになりかねない。実際のところ、その後に登場してきた実質的損害説を採る見解では、必ずしも「財産的損害」の基準は明らかにされていない。「欺罔」を客観的かつ明確に説明するために導入されたはずの「損害」概念自体が不明確になれば、それにより規定される欺罔の説明もまた曖昧になることは避けられず、限界づけの基準としての機能を十分に果たせなくなる。

　また、日本において「財産的損害」に着目するこの考え方を導入する場合に問題なのは、条文上直接には要求されていない「損害」の体系上の位置づけである。伊藤教授はこの点につき、「欺く」行為の要件と説明され

---

27)　伊藤・前掲注26)（5・完）。

る。しかし、実質的損害説を採りつつもこの点が不明確なままの見解も少なくない。

　そこで、これらの問題点を解消するために、「損害」概念の基礎となるべき「財産」概念自体を検討し、その理解を元にして、実質判断の内容を明らかにしようとする考え方が登場する。それが、次に述べる、「財産法益」の内実に立ち入るアプローチである。

IV 「財産法益」の内実に立ち入るアプローチ

　わが国の議論においては、従来、詐欺罪の保護法益としての「財産」の内容について論じられることは少なかった。その理由としては、財産犯一般の保護法益については、窃盗罪の保護法益論を論じることで足りると考えられてきたのに加え、通説的見解が詐欺罪を個別財産に対する罪と理解しているために、財産の交付自体を捉えて形式的に「損害」発生を認めていたことが挙げられよう。その理解からは、客体となる財産が、財物あるいは財産上の利益として確定できれば、詐欺罪の損害発生を判断することが可能になるため、それ以上の内実に踏み込む必要性がなかったと考えられる。しかし、近時、財産的損害の有無を実質的・限定的に判断しようとする立場からは、その限定のために、保護法益である財産に含まれる要素を明確化することが必要となってきた。また、被害者の同意論において法益関係的錯誤説を採る論者は、その考え方を詐欺罪にも適用するために、詐欺罪において何が「法益関係的」かを探究しようとする。それらの見解をきっかけに、詐欺罪の保護法益としての「財産」の内実を明らかにし、それに基づいて詐欺罪の本質を考え成立範囲の限界を画そうとするアプローチが登場することになる。

　法益関係的錯誤説の考え方を詐欺罪の理解に持ち込むことをいち早く提唱された佐伯仁志教授[29]は、詐欺罪の構造も、いわば欺罔による「錯誤」に

---

28)　佐伯仁志「被害者の錯誤について」神戸法学年報 1 号（1985 年）116 頁、山口厚「詐欺罪における財産的損害」同『問題探究刑法各論』（有斐閣・1999 年）162 頁。

29)　佐伯・前掲注 28) 102 頁。

よって被害者が財産処分に「同意」している、とみることができるため、詐欺罪にも法益関係的錯誤の考え方を適用して説明するべきであると主張される。そして、詐欺罪において何が「法益関係的」であるかについての理解の１つとして、財産法益においては法益処分行為の社会的意味の錯誤が法益関係的錯誤になると主張される。その理由としては、生命がそれ自体の価値で保護されるのに対して、財産という法益は、交換経済の下において、経済的利用・収益・交換の手段として保護に値すること、特に金銭は、それ自体の価値においてではなく、交換手段・目的達成手段としてのみ保護に値することを挙げられる。そして、財産的給付によって得ようとするのは経済的利益だけでなく社会的目的の達成も含まれるとされる。

　また、同様の問題意識から法益関係的錯誤説を詐欺罪へ適用することを支持される山口厚教授は、詐欺罪が「欺罔による財産の交付」を処罰の対象としていること、しかも交付すること自体には錯誤がない場合をも処罰の対象に含まざるをえないことを根拠に、詐欺罪においては単に財産を交付すること自体が問題とされているのではなく、財産の「交換手段、目的達成手段」としての側面に着目し、財産の一定の目的のための交付が問題とされている、と指摘される。そしてこのことから、「目的実現」「財産交換」の失敗が法益侵害として捉えられていることになるとともに、いかなる「交換」も法益主体の自由であるという意味において、これらの失敗の有無は法益主体の主観的な基準によって決せられることになると主張される。

　このように、財産法益に関して「法益関係的」な範囲を探ることによって導き出されてきたのは、詐欺罪の「損害」「法益侵害」概念には「交換関係の不達成・失敗」という要素が入る、との考え方であった。[31] そして、これらの、法益関係的錯誤説からの検討を受けて、それ以外の立場を採る論者からも、損害概念や保護法益について意識的に言及する見解が提示されるようになる。

---

30)　山口・前掲注28) 169頁。
31)　山口・前掲注28) 169頁。

　まず、酒井安行教授は、詐欺罪の法益ないし損害概念には「処分の自由」ないしその失敗という要素が含まれ、財産は物的な客体として純化しておらず、財産と自由処分とが融合しているため、損害も自由処分の失敗として把握される余地があるとされる。また、長井圓教授は、損害発生の判断について、単なる所有喪失のみならず「法的経済評価」に値する取引目的の実現が欠けることも合わせて考慮することを主張され、この取引目的の実現は「欺いて」の要件を通じて詐欺罪の保護法益となると理解される。これらの見解は、財産がそれ自体いわば物質的に保護されているのみならず、詐欺罪のような行為態様からも保護されていることを通して、その財産にまつわる主観的な要素もまた保護されていることを認めている点で、従来の「財産」理解に新しい考え方を持ち込む契機になると思われる。

　そして小田直樹教授は、これらの議論の方向性をさらに推し進められ、「財産」は処分可能性を本質とするから「被害者意思を経由した」のならばそれは財産侵害というべきではなく、詐欺罪や恐喝罪の「法益」は、「財産」自体の次元ではなく「被害者意思」を悪用した「取引」という次元で語るべきであるとされ、「財産取引の自由」が法益であると解する方が理に適う、と主張される。

　これらの「財産」概念および「損害」概念のさまざまな検討を通してクローズアップされてきたのは、財産の「交換手段」「目的達成手段」としての側面や、「取引目的」「(財産的)処分の自由」であった。このことは、詐欺罪の議論において、被欺罔者にとっての財産の機能に目が向けられるようになってきたことの現れであると考えられる。

　しかし、傾向において共通するこれらの見解の間には、さまざまな点で相違や対立があり、解決すべき問題点がなお多く存在している。上述した、財産の内実として挙げられる要素の内容も、未だ十分明確に説明しきれているとはいえない。また、「処分の自由」を詐欺罪の保護法益と解すると

---

32)　酒井安行「詐欺罪における財産的損害」西田典之＝山口厚編『刑法の争点〔第3版〕』(有斐閣・2000年)183頁。

33)　長井圓「クレジットカードの不正使用」西田＝山口編・前掲注32)179頁、同「消費者取引と詐欺罪の保護法益」刑法34巻2号(1995年)314頁。

34)　小田直樹「財産犯論の視座と詐欺罪の捉え方」広法26巻3号(2003年)205〜230頁。

詐欺罪が自由一般を保護する規定になってしまう、と批判されてきたことも、想起すべきである。「目的」についても「社会的目的」という際と「取引目的」という際とでは、言葉の上でこそ共通していても、その「目的」が客観的か主観的かという違いさえ生じている。ドイツにおいて、寄付金詐欺や乞食詐欺など、反対給付をおよそ想定していない場合の損害判断の枠組みとして提唱された「目的不達成論」[35]の文脈でいう「目的」は、「社会的目的」、すなわち、それが合理的かつ有意義であると社会的に認められている特定の行動の目的、という特別の意味合いをもつ。他方、詐欺罪が経済活動としての取引の場で行われることに注目し「取引目的」が達成されたかを問題とする文脈における「目的」は、当事者が（主観的に）目指しているものをさす。これらのことからも見て取れるように、詐欺罪の保護法益という観点から「財産」概念を再考する際に、何が財産の内容として理解されるべきであるかについての課題は、なお多く残されているのである。

V　問題の所在

　以上のような議論状況の概観からわかるように、詐欺罪の成立範囲を画するために残された問題点は少なくない。詐欺罪の保護法益が明確でないために、損害概念や欺罔概念も不明確であるというのが現在の状況である。それならば、詐欺罪の保護法益としての財産概念——それは他の財産犯とも基本的には共通のものとして構成されなければならないが——の明確化を図る必要がある。そして、詐欺罪を合理的に説明できる財産概念の構築を目指し、その明確化を図ることによって、財産的損害や欺罔の概念も明確にすることができる。それらを前提として「欺罔」概念の再構成を行うことが、本書に課せられた課題となる。

---

35)　「目的不達成論」は、元来、ドイツにおいて、相当対価が提供されない場合について主張されている説である。日本でこの説に言及している文献として、伊藤・前掲注26) (3) 39頁以下、菊池京子「詐欺罪における相当対価が提供された場合の財産上の損害の有無について（下）」東海18号 (1997年) 54頁以下。

　「欺罔」が単なる行為態様に留まらない意味をもつ要素であると解するならば、その位置づけを検討する必要がでてくる。また、この「欺罔」を、詐欺罪理解にとってより本質的な、保護法益に直接に関連する要素と理解するためには、「欺罔」と、詐欺罪の保護法益と、財産犯の保護法益としての「財産」との関係および各々の内容を明らかにすることが必要となる。この検討には、「欺罔」を保護法益との関係において考察する議論の蓄積がある、ドイツでの議論状況を参照することが役立つであろう。そして、従来、財産概念それ自体がどのように論じられてきたか、そこで欠けていた観点は何であったかを確認した上で、財産が人との関わりの中でどのような機能を果たすかに着目して、財産概念を再構成し提示するとともに、そこから「欺罔」を定義し直すことが必要であると思われる。

第2章

詐欺罪の歴史的展開

Ⅰ 序 論

　現在の詐欺罪が財産犯として規定されていることは、条文上も解釈上も疑問の余地がない。しかしながら、詐欺罪がそのような財産犯として確立したのは、歴史上比較的新しいことであり、それまでは、他人を騙すこと自体が処罰の根拠となる、いわば「欺罔犯罪」とされていた。現在の詐欺罪のような「欺罔」と「財産」の結び付きは、必然のものではなく、詐欺的行為について犯罪を成立させる範囲を限定し明確化するための1つの選択であったと思われる。そして、そのため、詐欺罪における「欺罔」と「財産」の両要素の関係は、詐欺罪が財産犯として確立して以来議論の対象になってきた。現在の財産犯体系では、行為当時には外見上被害者の意思に反していない財産交付を仕組むことが、交付意思の決定に影響を与えた欺罔行為が存在したことを根拠に、詐欺罪という財産侵害罪を成立させる。詐欺罪が1つの犯罪類型として規定された背景に、「欺罔犯罪」として発展してきた沿革があることを考え合わせるならば、詐欺罪における「欺罔」がもつ意義の重要性がより強く理解されよう。

　それでは、現在の詐欺罪規定は、いかなる歴史的経緯をたどって発展してきたものであり、そのことは現在の詐欺罪解釈とどのようにかかわってくるのだろうか。**本章**では、このような問題関心から、歴史的展開の中で「欺罔」が刑法上どのように位置づけられてきたかを概観する。日本の、明治時代以降の近代的刑法典の形成においては、西洋法の継受の影響が大きい。現行刑法典は特にドイツ刑法の影響を強く受けていることから、**本章**の叙述も、まずドイツでの経緯についての概観を行い、次に日本での経

緯を概観する。

II ドイツにおける詐欺罪規定の発展過程

1 序 論

　ドイツ刑法では、詐欺罪の原型が「虚偽」に着目した犯罪類型であった
ため、「欺罔」への関心が高い状態が継続していた。[1] ドイツにおいて詐欺
罪が財産犯として確立したのは 19 世紀半ばであり、それ以前は「真実で
ないこと」を利用したという観点から各種偽造罪とともに「偽罪」という
カテゴリーで把握されてきた。詐欺罪は経済社会の発展に伴って問題化し
てきた犯罪類型で、その変遷は社会における経済取引の拡大を反映してい
る。初期の「騙すこと」「真実でないこと」それ自体を倫理・道徳的観点
から問題とする傾向は、次第に取引社会の拡大や啓蒙思想による罪刑法定
主義の徹底の影響を受け、「権利」「財産」の侵害を犯罪処罰の根拠とする
考え方へと移っていった。この点は、法益概念の形成・発展と重なる側面
もある。そこで、いわゆる詐欺罪がどのような経緯で財産犯として純化さ
れるに至り、欺罔が手段ないし行為態様の問題として捉えられるようにな
ったかという問題関心から、歴史的展開を概観する。ドイツ刑法は、11
世紀におけるローマ法継受の影響を強く受けて発展していることから、本

---

1) ドイツにおける詐欺罪の歴史を詳しく扱った文献として、次のものがある。*S.S.Schütz,,* Die
　Entwicklung des Betrugsbegriffs in der Strafgesetzgebung vom Codex Juris Bavarici
　criminalis (1751) bis zum Preußischen Strafgesetzbuch (1851), 1988; *J.D.H. Temme,* Die Lehre
　vom strafbaren Betruge nach Preußischem Rechte, 1841 (以下の復刻版による。Die Lehre
　vom strafbaren Betruge und Diebstahl nach Preußischem Rechte, 1997). なお、ドイツの詐欺
　罪の歴史的経緯を扱った日本語の文献として、中村勉「資料 19 世紀におけるドイツ刑法の『詐
　欺概念』の史的変遷——エドガーブッシュマンの『19 世紀における刑法の詐欺概念の発展』に
　関する論文を中心に(1)〜(3)」帝京 17 巻 2 号（1990 年）91〜141 頁、18 巻 1 号（1991 年）137〜
　179 頁、18 巻 2 号（1992 年）153〜209 頁。広く財産犯の歴史的展開の中で詐欺罪についても言
　及している文献としては、林幹人『財産犯の保護法益』（東京大学出版会・1984 年）、および木
　村光江『財産犯論の研究』（日本評論社・1988 年）。また、詐欺罪とともに歴史的変遷の中で偽
　罪から分化し発展した偽造罪の歴史的展開を扱ったものとして、今井猛嘉「文書偽造罪の一考察
　(1)(2)」法協 112 巻 2 号（1995 年）1〜45 頁、6 号 1〜35 頁、成瀬幸典「文書偽造罪の史的考察
　(1)」法学 60 巻 1 号（1996 年）123〜172 頁。浅田和茂「詐欺罪の問題点」中山研一ほか『現代刑
　法講座 第 4 巻』（成文堂・1982 年）312〜314 頁、内田文昭『刑法各論〔第 3 版〕』（青林書院・
　1996 年）238〜241 頁にも記述がある。

節においては、まずローマ法での経緯を概観し、それに次いでドイツ法での経緯を概観することとする。

2 ローマ法における発展過程

(1) ローマ時代

ローマ時代に詐欺行為が犯罪化されたのは、取引社会の発展という社会背景を受けてのことである。

初期ローマ共和政時代においては、偽造も詐欺も一般には可罰的ではなかった。「騙す」犯罪の出現として最初のものとみられるのは、十二表法（前451年）における保護者詐欺（fraus patroni）、および偽証（testimonium falsum）の規定であるが、これらは後述の「偽罪」には関係するものの、現在の偽造罪や詐欺罪の概念とは必ずしも直結していない。大部分の文献において詐欺行為の処罰の始点とされるのは、ローマ法の規定上の盗罪（furtum）、偽罪（falsum）、欺罔罪（stellionatus）である。

財産犯罪として詐欺形態の犯罪類型をはじめて捉えたのは、現在でいう窃盗罪を中心とした盗罪（furtum）の概念であった。学説集成（Digesten）によれば、盗罪は「詐欺的であり、強欲な意図で行われる物の窃盗」と解されており、その「窃盗」というメルクマールにもかかわらず、その下には「偽の債権者」などいくつかの詐欺的行為が入れられ、この状態は紀元前200年から紀元後30年頃まで続いていたとされる。

ローマ共和制時代の紀元前80年頃制定された「遺言と貨幣に関するコルネーリウス法」（lex Cornelia testamentaria nummaria）は、カズイスティックな形態で、遺言犯罪、文書犯罪、貴金属犯罪および硬貨犯罪を規定していた。同法は、後にローマ帝政時代になると、取引社会の発展に対応するために、偽罪（falsum）の構成要件が拡張され、「偽罪に関するコルネ

2） 保護者詐欺について指摘するものとして、*Schütz*, a.a.O.（Anm. 1）, S. 1., *Lackner*, LK-StGB（10. Aufl.）§263 1 a）など。

3） 偽証について指摘するものとして、*Temme*, a.a.O.（Anm. 1）, S. 9.

4） *Schütz*, a.a.O.（Anm. 1）, S. 1.

5） *Temme*, a.a.O（Anm. 1）., S. 10; *Schütz*, a.a.O.（Anm. 1）, S. 1 ff..

ーリウス法⁶⁾」（lex Cornelia de falsis）とよばれるようになる。拡張後の同法の下では、遺言と通貨の偽造以外の多くの行為（いわゆる「準偽罪（quasi falsa）⁷⁾」が偽造罪（crimen falsi）として処罰されるに至り、手段の欺罔性に着目することで、詐欺的行為が処罰されるようになる。

　その後の商業の発展と商取引の拡大に伴い、商取引における詐欺的行為が急増したが、その中には偽罪（falsum）にも準偽罪（quasi falsa）にも該当しないものが多く存在した。そのような立法の不備を埋めるため、紀元後200年頃のハドリアヌス帝の時代以降には、判例を通して欺罔罪（stellionatus）の類型が形成され、他者に欺罔を用いて損害を加えた場合であるのに偽罪や準偽罪に該当しない詐欺的行為に対して成立する補充的犯罪（Auffangdelikt）として位置づけられた⁸⁾。一部の文献は、この欺罔罪が今日の詐欺概念の土台になったと指摘する⁹⁾。とりわけ、偽罪の保護客体は「公共の信用（publica fide)」で、法的・経済的生活に関連した公的な信頼を保護するとされたのに対し、欺罔罪の保護客体が私的な個人の財産のみだったことが、その根拠とされる。すべての欺罔罪の事例は、欺罔行為を前提としていて、錯誤によって惹き起こされねばならず、被欺罔者はそれを通して財産処分を決定し自身の財産を侵害されるものとされたため、構造上は現在の詐欺罪に近いものであった¹⁰⁾。もっとも、当時、欺罔罪と偽罪は併存していて、前述のように欺罔罪は補充的に成立したにすぎない¹¹⁾。

　かくして、当初、信頼の保護による共同体の維持を目的とし、公共の信用の保護を中心に構成されていた偽罪の類型は、社会における商取引の発展に伴う要請に応えて次第に財産的利益の保護を含む形に拡大され、偽罪（falsum）と準偽罪（quasi falsa）および欺罔罪（stellionatus）により、現在

---

6)　*T.Mommsen*, Römisches Strafrecht, 1899, S. 669（1990年の復刻版による).

7)　準偽罪（quasi falsa）の内容とされたのは、裁判官の汚職、訴訟詐欺、偽名を名乗る行為、新生児のすり替え、職権濫用、度量衡の偽造、法務官の訓令等行政当局が発する文書の偽造、これらの公文書に対する間接的な不実記載行為、物件の二重売買などであった（今井・前掲注1)(1) 13頁、Vgl. *Mommsen*, a.a.O.（Anm. 6), S. 669ff.）。

8)　*Schütz*, a.a.O.（Anm. 1), S. 3.

9)　*Schütz*, a.a.O.（Anm. 1), S. 3.

10)　*Schütz*, a.a.O.（Anm. 1), S. 4.

11)　*Schütz*, a.a.O.（Anm. 1), S. 4.

の詐欺罪の行為類型までも把握する広大な偽罪概念が形成された。

(2) **注釈学派による継受**

このようなローマ法的な「偽罪」概念が再び注目されるようになったのは、ローマ法継受が盛んに行なわれるようになった 11 世紀以降においてである。11 世紀以降、注釈学派（Glossatoren）に属するイタリアの法学者たちは、かつてのローマ法を整理し再構成する作業の中で、詐欺罪に関して、前項で言及した「偽罪に関するコルネーリウス法」に規定された多くの行為類型の体系的な整理・要約を行った。そして彼らは、広範にわたる偽罪の態様を包括しうる定義づけを試み、2 世紀末から 3 世紀初頭に活躍したローマの法学者パウルス（Paulus）の『断案録』（Sententiae）における「真実に一致していないが真実であると思われるものは偽りである」(Falsum est quidquid in veritate non est, sed pro veto adseveratur.) [12] という格言に基づき、「真実の改変」(immutatio veritatis) というメルクマールを偽造の罪（crimen falsi）の共通要件とするに至った。[13] そしてその成立範囲をさらに限定するため、これに加えて「行為者の悪意（dolus）」「他人の損害（damnum alicui）」も要件とした。後には、「他人の損害」は「損害発生の危険」で足りると解され、結果犯から危険犯への変更が行われた。[14]

当時の偽罪（falsum）の理解では、現在のような偽造罪と詐欺罪の区別は明確でなかった。このような偽罪概念が、後にこれを継承したフランス法およびドイツ法に影響を与えたことから、その広範にわたる内容を規定し分けることは、継受した後の課題となる。

3 **ドイツ法における発展過程**

(1) **ゲルマン法**

ゲルマン法において詐欺行為の犯罪化が意識されるようになった背景にも、取引社会拡大という時代状況があった。

紀元後 500 年から 900 年頃に発生した部族法（Volksrecht）には、詐欺

---

12) *Temme,* a.a.O.（Anm. 1）, S. 12.
13) *G.Schilling,* Der strafrechtliche Schutz des Augenscheinbeweises, 1965. S. 37.
14) *W.Lorenz,* Die Falschbeurkundung, 1976, S. 48. 今井・前掲注 1 ）(1) 13〜14 頁。

的行為を把握する規定は散発的に存在するのみであった[15)]。フランク王国の部族法は、西ゴートの法から引き継がれたバイエルン部族法典を除き、現在でいう偽造のみを扱っていた。これに対して、西ゴート、ランゴバルド、北ゲルマンの法においては、詐欺の個別的な事例について言及されており、アングロサクソンの法にも、少なくとも詐欺の概念があったとされる。ただし、当時の詐欺的行為に対する制裁は、金銭的制裁に留まっていた[16)]。

　中世に入ると、都市における工業や商業の繁栄、貨幣経済の浸透に伴い、詐欺的行為の問題性が顕在化してきた。そのため、都市法（Stadtrecht）の中には多数の詐欺的行為および詐欺類似行為が規定されるようになり、詐欺と偽造の明確な限界づけなしでカズイスティックな列挙がなされた。また、ザクセンシュピーゲル（Sachsenspiegel）（1215～1235 年）やシュバーベンシュピーゲル（Schwabenspiegel）（1275 年）などの法書（Rechtsbuch）においても、詐欺的行為に関する規定はカズイスティックで、一般的な詐欺概念は規定されていなかった[17)]。

(2)　ドイツ普通法

　16 世紀から 18 世紀に、ローマ法および中世イタリア法を継受した普通法（gemeines Recht）では、継受にあたって、詐欺罪と偽造罪の区別が明確でないローマ法上の偽罪（falsum）の概念を引き継いだために、文書偽造罪と詐欺罪が明確に分離されなかった。

　当時、偽罪は「悪意での、他人を害する真実の変革」と定義され、欺罔罪（stellionatus）は、偽罪に含まれない詐欺的行為のうち処罰の必要性があるものにつき成立する補助的な犯罪であった。この偽罪の定義には、現在の詐欺罪・偽造罪・偽証罪など、「騙す」犯罪が広く含まれうるため、現在の詐欺罪と比べてかなり広範で曖昧な犯罪類型であった。バンベルク刑事裁判令（Constitutio Criminalis Bambergenis）（1507 年）には、注釈学派の影響を受けることなく、ゲルマン法の伝統に従った偽造罪の規定がみられ

---

15)　*Schütz*, a.a.O.（Anm. 1）, S. 5.
16)　*R.His*, Geschichte des deutschen Strafrechts bis zur Karolina, 1928., S. 165ff.; *R.His*, Das Strafrecht des deutschen Mittelalters, 1935, S. 318ff.
17)　*His*, a.a.O.（Anm. 16）（Geschichte）, S. 165ff.

（136 条〜139 条）[18]、そこでは、鋳貨偽造、印章・文書偽造、度量衡・商品を用いて欺くこと、境標の移動が処罰されていたし、カロリナ刑事法典（Constitutio Criminalis Carolina）（1532 年）にもそれが引き継がれた（111 条〜114 条）[19]。そのため、現在の詐欺罪に当たる行為類型は、カロリナ法典でも規定されず、ローマ法の偽罪（falsum）や欺罔罪（stellionatus）の規定により補充することによって処罰された。この背景には、頻発する詐欺的行為処罰の必要に迫られ、「詐欺」を同法 112 条の「偽造」の一種として扱ったことに加え、曖昧な偽罪概念が紹介されることで「偽造」に「詐欺」を含めて処罰する実務的解釈が正当化されたことがある。そのため、後には、112 条の「偽造（falsch machen）」を偽罪（falsum）の意味に解して詐欺的行為を処罰するようになった。このような経緯から、当時は、偽造と詐欺とを区別せず両者を含めて「真実権」（Wahrheit）に対する罪であると解されていた[20]。

　その後、16・17 世紀に作られたラント法は、カロリナ法典の内容を引き継ぎ、欠けている部分をローマ法の考え方により補完して運用された。そのため、この時期には、詐欺罪の理解について理論的な変化はみられない。詐欺概念が確定されるのは、その後の、啓蒙思想の影響を受けた刑事立法の試みの中においてであった[21]。

(3) 啓蒙期・地方特別法

　啓蒙期になると、詐欺や偽造の刑罰を刑事裁判官の裁量に任せてきたことが問題とされ、これらに可罰性の一般原則による枠をはめる試みが登場した。啓蒙思想の影響で、国家による刑罰を法律で規定して、国家権力の

---

18) バンベルク刑事裁判令における条文の出典は、Sammelband der wichtigsten Strafgesetzbücher des 16. Jahrhunderts: Bambergensis 1507, Brandenburgensis 1516, Carolina 1533, Goldbach 1999. 日本語訳は、塙浩「バンベルク刑事裁判令（バンベルゲンシス）」同『フランス・ドイツ刑事法史』（信山社出版・1992 年）282〜283 頁によった。

19) カロリナ刑事法典における条文の出典は、Die Peinliche Gerichtsordnung Kaiser Karls V. von 1532 (Carolina), Herausgegeben und erläutert von Dr. Gustav Radbruch, 1962, S. 76ff. 日本語訳は、塙浩「カルル5世刑事裁判令（カロリナ）」同・前掲注 18) 192〜193 頁によった。

20) *Schütz,* a.a.O. (Anm. 1), S. 6f. 今井・前掲注 1) (1) 21〜22 頁。

21) *Schütz,* a.a.O. (Anm. 1), S. 7.

自己限定を図ろうとしたのである[22]。そして、この時期に、刑法典が体系的な内容をもつようになるのと並行し、偽罪の法益や罪質が意識されるようになってくる。

　啓蒙期に入り最初の刑法典と位置づけられている、1751年のバヴァリア刑法典（Codex Juris Criminalis Bavarici）は、詐欺的行為として、偽造通貨の作成者、偽造者、偽証者、復讐断念誓約の違反者、不実な官吏について規定している[23]。ここでは、偽造罪と詐欺罪を合わせた広義の偽造を、「物の真の価値が、時に言葉で、時に行動により、時に文書によって危険で他者に損害を与える方法で歪曲される[24]」場合と定義し、一般的に理解された欺罔概念がはじめて法律の形で示された。

　オーストリアで1768年に制定されたテレジアーナ刑法典（Die Constitutio Criminalis Theresiana）は、はじめて各則部分の犯罪類型を被侵害法益によって分類して規定したが、詐欺的行為はなお「偽罪」（Falsch）という概念の下に偽造と区別されることなく規定された。そしてこの偽罪は、全体として、個人に対する犯罪としての財産に対する罪としてではなく、統治とラント憲法に対する犯罪、すなわち国家を危殆化する犯罪とされていた。同法の72条1項は、偽罪を「同胞を騙して利益を得、侵害することによって、たいていの場合窃盗と極めて近い性質を持ち、かつ、本来危険にも他人に損害を加えることをもくろんで真実を歪めたり逆にしたりすること[25]」と定義している。もっとも、ここでもなお、偽罪の範疇は広く、裁判官の恣意が十分には排除できないと考えられていた[26]。

　1787年に制定されたヨセフィーナ刑法典（Das Allgemeine Gesetz über

---

22)　リューピング（川端博＝曽根威彦訳）『ドイツ刑法史綱要』（成文堂・1984年）44頁。

23)　第1部第9章の表題は、「Von falschen Geld-Münzern, Verfälschern, Meineydigen, Urfehde-brechen, untruen Beamten, dann boshaft und fürsetzlichen Beschadigungen」となっている。*Schütz*, a.a.O.（Anm. 1）, S. 10., S. 215.

24)　原文：Die Verfälschung,..., wodurch die Wahrheit der Sach theils mit Worten, theils mit Wercken und Schrifften auf eine gefährlich-und anderen zu Schaden gereichende Art verbrehet wird.

25)　原文：... wodurch der Nebenmensch hinterlistig übervortheilet, und beschädiget wird, hat in meisten Fällen mit dem Diebstahl eine sehr nahe Anverwandschaft, und ist eigentlich eine gefährliche dem Dritten zu Schaden abgesehene Verdreh-und Verkehrung der Wahrheit.

26)　*Schütz*, a.a.O.（Anm. 1）, S. 12ff.

Verbrechen und deren Bestrafung Joseph Ⅱ）の第1部においても、侵害され
た権利客体による犯罪の区分が行われた。ここにおいて、詐欺罪規定は、
はじめて「財産及び権利に関連する刑事犯」（Kriminalverbrechen, welche
auf Vermögen und Rechte Beziehung haben）として分類され、財産犯へ向け
ての一歩を踏み出した。詐欺（Trug）は、149条において「何らかの陰
謀・策略により他の者の所有権を手に入れんとした者もしくは悪い意図か
ら人の財産、名誉、自由または権利に害を加えんとした者は、用いた手段
を考慮せず[27]」成立するものとされた。ここでは、財産以外の名誉・自由・
権利に対する侵害についても、詐欺を構成すると考えていた[28]。

　1803年に公布されたフランツ2世の「犯罪と重大な違警罪に関する法」
（Das Gesetzbuch über Verbrechen und schwere Polizei-Übertrentungen Franz
Ⅱ）では、詐欺（Betrug）は、「悪意ある表象または行為によって他人を錯
誤に導く者、それによって他人の所有権またはその他の権利に損害を被ら
せる者、もしくは他者の錯誤の故意でまたは無知を利用する者は、詐欺を
犯している[29]」と規定された（176条）。同法は、詐欺を2種類に分け、まず
行為の性質から詐欺と扱われる6つの場合を規定した（178条）。その他の
詐欺的行為につき犯罪成立の限界づけを損害額によって行い、損害が25
グルデン（Gulden）を超える場合には詐欺罪、それ以下の場合には違警罪
（Polizei-Übertrentungen）が成立するとした（179条）[30]。

　はじめて偽造と独立して詐欺的行為を処罰したとして重視されるのが、
1794年に成立したプロイセン一般ラント法の1256条である。同法は、財
産犯全体を「可罰的な私利私欲」（strafbarer Eigennutz）と「詐欺」（Bet-

27）　原文：... der durch was immer für Ränke, und List fremdes Eigentum an sich zu ziehen,
　　　oder jemanden aus böser Absicht an Vermögen, Ehre, Freiheit, oder seinen Rechten zu
　　　schaden sucht, ohne Rücksicht auf die Mittel.
28）　*Schütz*, a.a.O.（Anm. 1）, S. 218f; 日本語訳は、足立昌勝「資料 ヨセフィーナ刑法典」同『国
　　　家刑罰権力と近代刑法の原点』（白順社・1993年）286～287頁による。
29）　原文：Wer durch listige Vorstellungen, oder Handlungen einen Andern in einen Irrthum
　　　führet, durch welchen Jemand an seinen Eigenthume oder andern Rechten Schaden leiden soll,
　　　oder wer in dieser Absicht des Andern Irrthum, oder Unwissenheit benützet, begeht einen
　　　Betrug.
30）　*Schütz*, a.a.O.（Anm. 1）, S. 21ff.

rug）に分けて規定する。1256条は詐欺を「他人の権利（Recht）を害する
ような錯誤を誘発する行為は詐欺罪である[31]」と定義しており、条文上には
「財産」あるいはそれと関連する「損害」や「利得」という文言も全く用
いられていなかった。それゆえ、同条の「権利」（Recht）が財産権に限定
されるかその他の権利も含まれるかは、規定上は明らかでない。しかし、
プロイセンでは、この「権利」を、一般的な真実についての権利ではなく、
個別の、しかも財産に対する権利と解釈されていたとされている。このこ
とは、後の詐欺概念についての議論に影響を与え、また1851年のプロイ
セン刑法典における財産犯体系の再編成の起点となったと考えられる。同
法では、1328条以下に「加重された詐欺」（der qualifizierte Betrug）の規
定が置かれ、その下に背任（1329～1376条）、偽造（1377～1398条）、他の
義務の侵害を伴う詐欺（1404～1440条）、商品・度量衡の偽造と破産に関
連する「公衆」（Publici）に対する詐欺（1441～1487条）が規定された。こ
の条文の構成から、同法は、広義の詐欺の内部に、その加重類型の1つと
して、偽造や背任などを位置づけていたことが見て取れる[32]。

　他方、1813年のバイエルン刑法典は、犯罪行為を重罪（Verbrechen）
と軽罪（Vergehen）に分け、それぞれの中で、私人に対する詐欺的行為と
国家に対する詐欺的行為とを分けて規定する。256条および257条におけ
る重罪の詐欺概念の定義について特筆すべきなのは、257条で「単なる真
実の不告知」（Bloßen Vorenthaltung der Wahrheit）が詐欺（Betrug）にな
る場合を定めている点である。その場合の1つとして挙げられる「他者の、
有害な行為、不作為あるいは惑わすような約束による錯誤を悪用すると
き[33]」につき、当時の判例は、「積極的な虚偽と同様、嘘をつくことや本当
に見せかけることは、被欺罔者の意思決定に重大な影響があったときには

31)　原文：Jede vorsätzliche Veranfassung eines Irrthums, wodurch Jemand an seinem Rechte
　　gekränkt werden soll, ist ein strafbarer Betrug（日本語訳は、木村・前掲注1）313頁による）.
32)　木村・前掲注1）313頁。*Schütz,* a.a.O.（Anm. 1）, S. 27ff.
33)　原文：... wenn der Irrthum eines Andern dazu mißbraucht wird, denselben zu einer ihm
　　nachtheiligen Handlung, Unterlassung oder Versprechung zu verleiten.

可罰的である」と理解していたとされる。第1巻第1編第5章の「詐欺による他者の権利の侵害について」（Von Beeinträchtigung fremder Rechte durch Betrug）という表題からもわかるように、詐欺（Betrug）という表現は、ここでも偽造を含めて用いられる。それゆえ、この段階ではまだ、詐欺罪の偽造罪等からの分離は不十分で、財産犯としての詐欺罪は確立されていない。バイエルン刑法典の起草者であったフォイエルバッハも、詐欺罪を「欺罔行為により他人の権利を害する罪」と定義して、これを形式犯と理解していたが、その「権利」は具体的な財産権を意味するものではなかったようである。

　プロイセン一般ラント法の布告後まもなく、新たな刑法典制定への動きがはじまる。そして、数々の議論と何次にもわたる草案作成を経た後、それらの検討は、1851年のプロイセン刑法典として結実する。詐欺罪規定に関していえば、この間の議論によって詐欺罪が財産犯として確立したといえる。

　19世紀初頭の学説は、経済取引の発展による社会的要請から、偽造罪（crimen falsi）を究明し、偽造と詐欺との性格の違いを学問的に説明しようとした。当初は、刑法学が普通法的な理解を継承していたため、偽造と詐欺の双方が真実を歪曲する手段を用いる点で共通項を有するとの限度で対をなす犯罪であると考え、ローマ法の偽罪（falsum）と欺罔罪（stellionatus）との対比から「詐欺概念」を導き出そうとしていた。つまり、その犯罪の対象によって、詐欺と偽造が区別されるようになっていったのである。詐欺罪を財産権の侵害に限定するか、権利一般の侵害で足りるとするかについては、各草案作成の過程において議論されており、契約詐欺（Vertragsbetrug）の規定を設けることも検討された。

---

34)　原文：... auch die positive Unwahrheit, die Lüge, die Vorspiegelung nur dann strafbar seyn, wenn sie von erheblichem Einfluß auf die Willensbestimmug des Getäuschen war.

35)　*F. C. Arnold*, Bemerkungen und Präjudizien über das Verbrechen des Betrugs, Bd. XII, S. 231（zit. *Schütz*, a.a.O.（Anm. 1）, S. 55.）.

36)　木村・前掲注1）314頁、*Schütz*, a.a.O.（Anm. 1）, S. 51.

37)　木村・前掲注1）314頁。

38)　中村・前掲注1）(1) 103頁。

39)　*Schütz*, a.a.O.（Anm. 1）, S. 163ff.

　詐欺罪を、当時の広い偽罪概念から分離する契機となったのは、詐欺罪を財産的侵害を伴ったものに限定することであった。1833年の草案の段階では、まだ詐欺罪と偽造罪が共通の章に規定され、私文書偽造、公文書偽造、およびその他の偽造は、詐欺の加重類型として位置づけられた。偽造罪と詐欺罪が別々の章に規定されるようになったのは、1840年および1843年の草案においてである[40]。

　詐欺罪をはじめて財産に対する罪として把握したのは、テンメ（Temme）であるといわれている。彼は、論文の中で、一般ラント法1256条の「権利の侵害」（an seinem Rechte gekränkt werden）を「財産権」の侵害と解すべきであると主張したのである[41]。彼はその理由として、真実の侵害（Wahrheitsverletzung）のみでなく外部の権利を無理に入手したことを詐欺罪の本質とすべきであり、そのように限定して解さないと、商取引の複雑化に伴って生じるようになった意図的でない債務不履行を、その理由を問わず真実を損ねていることゆえに詐欺罪にしてしまうことになると指摘する[42]。

　1851年のプロイセン刑法典は、近代的な財産犯体系をはじめて整備したものと評価されている。1828年以来、制定までの草案推敲の過程を通して、詐欺は、欺罔によって惹起される財産侵害に限定され、抽象的な「真実への権利」を侵害する罪ではなく、財産を侵害する罪としての罪質を獲得し、財産犯としての詐欺罪が確立した。その241条の規定は「利得の意図をもって、虚偽の事実を示しもしくは真実を歪め又は隠すことにより錯誤を生ぜしめ、他人の財産を侵害する者は、詐欺罪に該当する[43]」とい

---

40)　*Schütz*, a.a.O.（Anm. 1), S. 162ff.

41)　林・前掲注 1) 200頁、*Temme*, a.a.O.（Anm. 1), S. 31ff.

42)　*W. Naucke*, Zur Lehre vom strafbaren Betrug, 1964, S. 71ff. ドイツにおいて詐欺罪が財産犯として確立したことの背景には、1810年のフランス刑法典405条の影響があったとの指摘がしばしばなされている（例えば、*K. Tiedemann*, Leipziger Kommentar Strafgesetzbuch（以下、LK-StGB と引用), 1. Aufl., 33-Lieferung, 2000, vor§263 Rn. 15)。

43)　原文：Wer in gewinnsüchtiger Absicht das Vermögen eines Anderen dadurch beschädigt, daß er durch Vorbringen falscher oder durch Entstellen oder Unterdrücken wahrer Thatsachen einen Irrthum erregt, begeht einen Betrug（*T. Goltdammer*, Die Materialien zum Straf-Gesetzbuche für die Preußischen Staaten. Theil 2., 1852. S. 532（Reprint: 1991))（日本語訳は、木村・前掲注 1) 314頁)。

うものであり、その欺罔手段についての表現および財産侵害を要する点は、現在のドイツ刑法263条の規定に引き継がれている。[44] プロイセン刑法典241条の規定は、現行法と本質的な違いのないものであり、このプロイセン刑法典の制定とほぼ同時期に、学説上も、特にケストリン（Köstlin）とメルケル（Merkel）の功績により、詐欺罪を形式的に「真実への権利」に対する罪と捉える考え方は姿を消し、財産に対する罪としての性格が最終的に確定されたといわれている。[45]

(4)　ドイツ帝国刑法典

1851年のプロイセン刑法典の詐欺罪規定は、1870年の北ドイツ同盟刑法典（Strafgesetzbuch für den Norddeutschen Bund）へ、そして翌1871年にドイツ帝国が誕生したことに伴い「ドイツ帝国刑法典（ライヒ刑法典）」（Reichsstrafgesetzbuch）へと引き継がれた。ドイツの刑法としては、これまでに数次の改正を経ているものの、基本的には、このドイツ帝国刑法典が現行法である。詐欺罪に関しては、北ドイツ同盟刑法典の制定にあたり若干の文言の修正が行われたが内容的な変更はされていないし、北ドイツ同盟刑法典の詐欺罪規定は、そのまま同じ文言で現行刑法に引き継がれている。かくして、1871年帝国刑法典が制定されたことによって、詐欺罪を財産犯とする現在の詐欺罪類型が一層確定的になったといえる。[46]

(5)　現在の詐欺罪規定の全体像

ドイツ帝国刑法典の詐欺罪規定は、制定当時はシンプルであった。しかし、近年の度重なる法改正により、現在ではかなり複雑な構造になっている。263条に基本的詐欺構成要件の条文が置かれ、その後に特別な詐欺規定が置かれている。1976年の第1次経済犯罪対策法による改正以降、263条aから265条bまでに、コンピューター詐欺（Computerbetrug）、補助金詐欺（Subventionsbetrug）、投資詐欺（Kapitalanlagebetrug）、保険の濫用（Versicherungsmißbrauch）、給付の不正入手（Erschleichen von Leis-

---

44)　*Schütz*, a.a.O.（Anm. 1), S. 189.; 木村・前掲注１）314頁。
45)　*P.Cramer*, Vermögensbegriff und Vermögensschaden im Strafrecht, 1968., S. 26.; 林・前掲注１）200頁。
46)　*Schütz*, a.a.O.（Anm. 1), S. 189.

tungen)、信用詐欺（Kreditbetrug）が新設されている[47]。これらの規定は、最近のドイツにおける経済状況を背景として新たに規定されたものである。近時、ドイツで詐欺罪の本質論が論じられるようになってきたのは、これらの改正によって新設された詐欺の特別構成要件を「詐欺」（Betrug）として整合的に説明する必要性が生じたためである。ドイツのこのような立法の背景には、新しいシステムを利用した犯罪や悪徳商法の場合、従来の詐欺罪規定の適用が難しい、という事情がある。この事情は、日本にも共通している。そして日本では、この問題につき、法改正ではなく詐欺罪の解釈論によって対応しようとし、議論が盛んになってきている。その意味において、ドイツでの議論を参照することには意味があると思われる。

4　小　　括

　ドイツにおける歴史的展開の中で、詐欺罪に当たる犯罪類型の位置づけは、さまざまに変遷してきた。ローマ法では、詐欺行為は、当初、盗みを中心とした財産犯である盗罪（furtum）としてのみ処罰されていた。その後、「騙す」犯罪としての　偽罪（falsum）の登場に伴い、偽罪概念の内部に位置づけられる。偽罪が法的・経済的生活に関連した公的な信頼の保護を目的としたのに加え、偽罪の補充犯罪として規定された欺罔罪（stellionatus）が私的な個人の財産のみを保護客体とする規定として理解されたため、詐欺行為の類型は広い意味での偽罪概念の内部に組み込まれていく。その後の詐欺罪類型の理解において、長きにわたってその本質が真実の歪曲による損害惹起として捉えられたのは、その影響である。

　また、詐欺罪が財産犯として規定されるに至った背景として、啓蒙期における規定明確化の取組みの中で、犯罪の被侵害法益が明らかにされ、「国家を危殆化する犯罪」から「財産及び権利に関連する犯罪」へ理解が移行したこと、および、犯罪の捉え方が「権利」侵害から「法益」侵害へ

---

47)　また、1998年の第6次刑法改正においては、263条3項の「特に重大な場合（In besonders schweren Fällen）」につき刑が加重されるとする規定で、該当する場合をカズイスティックに列挙するようになった。これは、特に重い場合に限定したものとはいえ、欺罔行為を具体化して条文化した点で意義をもっていよう。

と移行したことが挙げられる。詐欺罪の目的の理解が国家的・社会的法益の保護から個人的法益の保護へ移るのに伴って、その罪質も、「信頼に対する罪」から「欺罔による財産犯罪」へと変容したのである。そして、財産犯であることの要請は、「騙すこと一般」をそれだけで処罰するのが困難なため、限定要素として「財産的損害」の発生が重視されるようになったことに起因すると考えられる[48]。

　偽罪として漠然と広い範囲で捉えられていた犯罪行為は、保護法益の見地を取り入れることによっていくつかの類型に分化し、その結果、それぞれの犯罪の成立範囲が限定された。詐欺罪も、その中の1つである。そのような経緯からは、詐欺罪は、財産犯になっても、「欺罔」を重要な要素としていることに変わりはなく、被害法益が財産であることによって他の「騙す」犯罪と区別されるようになった、と捉えることができる。

Ⅲ　日本における詐欺罪規定の発展過程

1　序　　論

　それでは、わが国における詐欺罪規定は、どのように発展してきたのであろうか。欺罔行為を財産侵害の手段として捉える考え方の背景を探るために、次に日本において詐欺罪規定がどのような形をとって発展してきたのかに目を向けることとする[49]。日本の近代的刑法典は、明治時代に西洋法を継受した影響を強く受けて制定されたものである。現行刑法への直接的関連があるのはこの時期以降の議論であるため、本節の概観は明治以降の旧刑法制定に至る経緯に遡ってはじめる。

2　旧刑法前史

　日本において現在のような「財産犯としての詐欺罪」が確立したのは、

---

48)　財産犯としての確定の理由をこのように解するものとして、木村・前掲注1）314頁。
49)　日本における詐欺罪規定の歴史についてまとめて言及するものとして、中村・前掲注1）(1)
　　94〜95頁、(3) 194〜204頁、浅田・前掲注1）314頁、内田・前掲注1）241〜242頁。なお、
　　佐々波与佐次郎『日本刑事法制史』（有斐閣・1967年）、同『続日本刑事法制史』（有斐閣・1972
　　年）も参照した。

19 世紀のことであるといわれている。[50]養老律（718 年）における詐偽律には、詐欺取財と文書偽造等が並べて規定されているし、江戸時代の公事方御定書（1742 年）も、欺罔犯罪と偽造犯罪を特に区別することなく並べて[51]規定していた。[52]

　明治の初期、政府が新たな刑法典作成までの当座の対応のために作成した刑事関連の法律の中には、江戸時代までの武家法の規定の形跡が残っている。「仮刑律」における詐欺罪関連の規定は、公事方御定書とほぼ同様の文言で詐欺取財の手段行為について 3 つの形態を挙げ、「窃盗に準じて」扱うことを定めていた。[53]このことは、当時の考え方においても詐欺と窃盗は区別して考えられていたことの現れでもある。規定の位置としては、強盗・窃盗などと並んで置かれており、財産犯としての位置づけが意識されてきた可能性がうかがえる。

　明治政府が正式な法典として編纂を計画していた本格的な刑法典である「新律綱領」においても、詐欺取財は、強盗・窃盗・恐喝などの条文と並んで賊盗律の中に規定された。[54]他方、官名詐称や各種偽造罪は「詐偽律」に規定されており、ここで、詐欺罪の位置づけが「財産犯」として意識されたことが表れている。

　これらのことから、旧刑法以前の日本の法においても、すでに詐欺罪規

---

50)　浅田・前掲注 1 ）314 頁。
51)　小野清一郎『新訂刑法講義各論』（有斐閣・1949 年）250〜251 頁はこのことを指摘している。
52)　浅田・前掲注 1 ）314 頁。
53)　「賊盗」という項目の下に他の財産犯規定とともに置かれているこの規定は、以下の通りである。
　　「人ヲ詐欺シテ財ヲ取
　　　凡人ヲ詐欺シテ財ヲ取又ハ人ノ物ヲ我ト云懸テ奪取或ハ事ヲ構ヘネタリ掛テ取若ハ功ナル
　　手段ヲ仕掛ケ人ヲ信セシメ財ヲ出サセ取之類並ニ賍ヲ計ヘ窃盗ニ準シテ論ス○若無罪之人ヲ
　　恐嚇シテ迫取モノハ一等ヲ加フ尊長卑幼ヲ犯スハ凡人ニ一等ヲ加フ卑幼尊長ヲ犯スハ本罪
　　一等ヲ加フ上ニ就親族相盗条ニ依減科ス」（旧字体を新字体に改めた。以下同様）
54)　条文は以下の通りである。手段行為の列挙はなくなった。
　　「詐欺取財
　　　凡官私ヲ詐欺シテ。財物ヲ取ル者ハ。並ニ賍ニ計ヘ。窃盗ニ準シテ論ス。罪。流三等ニ止
　　ル。二等親以下自ラ相詐欺スル者モ。亦親族相盗律ニ依リ。通減シテ。罪ヲ科ス。」
　　なお、その次に公布された改定例例においては、詐欺罪の規定は「賊盗律」にも「詐偽律」に
　　もみられない。もっとも「改定律例」は新律綱領と併行して用いられたものと位置づけられてい
　　るので、扱い方に変更がなかったことの現れであろう。

定は財産犯として位置づけられていたとともに、当時から財産犯について
は手段ごとに規定が分かれていたことがわかる。

3 旧刑法

　明治 13（1880）年に制定された旧刑法は、条約改正のための外圧が作成
の契機となって、1810 年のフランス刑法典を基礎に、ドイツ・ベルギー・
イタリアなどの立法例や草案をも参酌して編纂されたものである。旧刑法
は、詐欺と恐喝とを同じ条文（390 条）に規定し、恐喝を手段とした場合
についても「詐欺取財」とよんでいる。[55] このように、被害者の意思への不
当な働きかけをもって「詐欺」とする考え方は、今日、詐欺罪と恐喝罪を、
被害者の意思に働きかけるという共通の性質により「交付罪」と分類する
発想と共通する。また、同条 2 項には、詐欺の手段によって文書偽造をし
た場合についての規定があり、偽造罪の手段としての詐欺が意識されてい
た点において、詐欺罪と偽造罪が未分化であった「偽罪」概念の名残が見
受けられよう。

　旧刑法が成立した 1880 年代は、ヨーロッパにおいて古典学派と近代学
派の間で「刑法学派の争い」が展開されつつあった時代であり、その上日
本では、この刑法典に対して新律綱領・改定律例の復活といった守旧派の
立場からの批判も出されていた。憲法体制がプロイセン憲法を範とするも
のとなった影響もあり、刑法典についても、施行後まもなくドイツ法へ傾
斜する形での改正作業がはじめられた。当時、そのような流れとは別個に、
旧刑法の起草者ボワソナードも独自の改正案を作成しており、詐欺罪に関
しては、手段である欺罔行為の判断を裁判所の裁量に委ねるのではなく法
文中に列挙して構成要件を細分化することによる限定を試みていた。[56] 明治

---

55) 旧刑法は、詐欺罪を、第 3 編「身体財産ニ対スル重罪軽罪」第 2 章「財産ニ対スル罪」第 5
　 節「詐欺取財ノ罪及ヒ受寄財物ニ関スル罪」の中で、次のように規定する。
　　 「第 390 条　人ヲ欺罔シ又ハ恐喝シテ財物若クハ証書類ヲ騙取シタル者ハ詐欺取財ノ罪ト為シ
　　 二月以上四年以下ノ重禁錮ニ処シ四円以上四十円以下ノ罰金ヲ附加ス
　　　 因テ官私ノ文書ヲ偽造シ又ハ増減変換シタル者ハ偽造ノ各本条ニ照シ重キニ従テ処断ス」
56) 　ボアソナードの『刑法草案註釋』では、詐欺規定は次のように規定されている（ボアソナー
　 ド（森順正ほか訳）『刑法草案註釋 下巻〔復刻版〕』（宗文館書店・1988 年）697〜699 頁、707
　 頁）。

23年改正刑法草案は、この案を基にして作成されたものである[57]。しかし、現行刑法の原型をなすといわれている明治30年刑法草案においては、ボワソナードが主張した、欺罔手段を列挙する方式は採用されなかった。そして、そこでは、財物と財産上の利益とを区別して規定する現在のスタイルがはじめてとられている[58]。

「第3編　一私人ニ対スル重罪及ヒ軽罪　第2章　財産ニ関スル重罪及ヒ軽罪
　　第5節　詐欺取財及ヒ背信ノ罪
　　第434条　通常ノ詐欺取財
　　　　左ニ記載シタル罪ヲ犯シタル者ハ詐欺取財ノ犯人ト為シ二月以上二年以下ノ重禁錮四円以上四十円以下ノ罰金ニ処ス
　　　第1　仮想ノ危害ヲ以テ恐惧ヲ懐カシメ又ハ虚偽ノ利益ヲ希望スルノ念慮ヲ生セシメ其他有罪ナル計策ヲ以テ金額、有価物品、不動産若クハ動産又ハ権利ノ譲渡、義務若クハ義務ノ免脱ヲ記載セル証書ヲ自己ニ交付セシメタル者若ハ公私ノ証書ヲ偽造シタルトキハ第二百三十七条乃至第二百五十条ニ照シ重ニ従テ処断ス
　　　第2　売買其他消費物、商品若クハ或ル動産ノ物品ヲ目的トスル有償契約ニ付キ詐欺ノ手段ヲ用イ相手方ヲシテ契約物権ノ性質若シクハ量目、数高又ハ度尺ノ多寡ヲ誤マラシメタル者
　　　第3　自己ノ所有ニアラザルコトヲ知テ故ラニ詐欺ノ手段ヲ以テ動産不動産ヲ売渡シ又ハ有償ノ名義ニテ譲渡シ若クハ書入質入ヲ為シ或ハ其所有ニ係ルト雖トモ既ニ他ニ譲渡ヲ為シ書入質入又ハ或ル物上権ヲ該財産ニ付承諾シタル上物上権全部又ハ一部ヲ隠蔽シタル時亦タ同シ
　　　　但シ此ノ場合ニ於テハ犯人最初ノ起訴ノ際書入質ヲ有スル負債ノ全額ヲ償却シ又ハ其他ノ物上権ヲ該財産ヨリ脱却シタルトキハ其刑ヲ免ス」
また、その註釈においては、「詐欺取財ノ事項ニ付テハ法律ニ其詐欺手段ヲ予定スルノ必要アル事」という項目を設けて、次のように論じる（707頁）。
「〔第897号〕詐欺取財ヲ構造スヘキ計策及ヒ手段ハ数多ナルモノニシテ有罪ノ事実ニ属スルヨリモ寧ロ不良（有罪ニアラス）ノ事実ニ属スヘキ狡猾及ヒ詭計ニ甚タ近キモノナリ而シテ此等ノ手段ハ利益ノ一点ニ関シテ謹慎深カラサル所ノ不良ノ徒ノ往々用ユヘキモノナリ然レトモ本法ハ裁判所ニ此等ノ手段ヲ査定スル無限ノ権利ヲ委附スルコトヲ得サリキ即チ本法ニ自カラ其手段ノ性質、目的並ニ結果ヲ定ムルヲ要セリ」
57)　ここでの詐欺罪規定は、以下の通りである。出典は、松尾浩也解題／倉富勇三郎＝平沼騏一郎＝花井卓蔵監修『増補刑法沿革綜覧』（信山社・1990年）130頁。
「第3編　私益ニ関スル重罪及ヒ軽罪　第6章　財産ニ対スル罪
　　第4節　詐欺取財及ヒ背信ノ罪
　　第372条　自己又ハ他人ヲ利スルノ意ヲ以テ虚偽ノ事ヲ構造シ又ハ真実ノ事ヲ変更、隠蔽シ其他詐欺ノ方略ヲ用ヒテ人ヲ錯誤ニ陥レ以テ不正ノ利益ヲ得タル者ハ詐欺取財ノ罪ト為シ二月以上四年以下ノ有役禁錮及ヒ十円以上百円以下ノ罰金ニ処ス」
58)　ここでの条文は、以下の通りである。出典は、杉山晴康＝吉井蒼生夫〔編集・解説〕『刑法改正審査委員会決議録・刑法草案（明治28年・同30年）』（早稲田大学比較法研究所・1989年）264～265頁。なお、明治28年刑法草案も条文の文言は同じである。
「第2編　罪名　第14章　財産ニ対スル罪　第1節　賊盗ノ罪　第4款　詐欺盗ノ罪
　　第308条　人ヲ欺罔シテ動産ヲ騙取シタル者ハ詐欺盗ノ罪ト為シ十年以下ノ懲役ニ処ス

　その後、明治 34 年改正案では、詐欺罪に当たる規定は、独立の章を設けず、「第 2 編　罪　第 14 章　財産ニ対スル罪　第 1 節　賊盗ノ罪」の下に、窃盗、恐喝、強盗、背任などと並べて規定され、明治 35 年改正案でも「第 2 編　罪　第 35 章　賊盗の罪」の下に同様の位置づけで規定が並んでいた。しかし、明治 40 年制定の刑法典においては、詐欺罪の規定が再び盗罪系の条文から独立し、別個に「詐欺及ヒ恐喝ノ罪」という章が立てられた。[59] これらの経緯をみると、詐欺罪と恐喝罪が別の条文に分離されたこと、そして、財産上の利益を客体とするいわゆる 2 項詐欺が規定されたことが、旧刑法から現行刑法への大きな変更点である。

4　現行刑法

　日本の現行刑法典における詐欺罪規定は、極めてシンプルである。246 条は、「人を欺いて」「財物を交付させ（1 項）」または「財産上不法の利益を得、又は他人にこれを得させ（2 項）」る行為を処罰すると定めるのみである。そのほか、246 条の 2 に電子計算機使用詐欺について、また 248 条で準詐欺について定めるのみで、条文上に詐欺罪に関する規定はない。しかし、条文の内容自体が変化しない一方で、実際の事案解決においては、さまざまな変化が生じ続けている。判例における欺罔判定時期の早期化傾向や、特別法における前段階構成要件の制定などは、刑法典上の詐欺罪の理解および限界づけとの関係で、詐欺罪の本質にかかわる重大な問題である。

　　第 309 条　前条ノ方法ヲ以テ不法ニ財産上ノ利益ヲ得又ハ他人ヲシテ之ヲ得セシメタル者ハ詐
　　　欺盗ヲ以テ論ス」
59)　条文の規定自体は、明治 34 年改正案・35 年改正案・40 年改正案ともほとんど変化はない
　　（松尾解題・前掲注 57) 201 頁、474 頁、1591 頁）。
　　　刑法の平易化以前の条文は次の通りで、これは明治 40 年改正案の第 247 条とほぼ同文である。
　「第 247 条　人ヲ欺罔シテ財物ヲ騙取シタル者ハ十年以下ノ懲役ニ処ス
　　　前項ノ方法ヲ以テ財産上不法ノ利益ヲ得又ハ他人ヲシテ之ヲ得セシメタル者亦同シ」
　　　なお、1 項の「財物」は明治 34 年改正案では「動産」、2 項の「財産上不法ノ利益ヲ得」は 34
　年改正案、35 年改正案および 40 年改正案では「不法ニ財産上ノ利益ヲ得」との文言であった。

5　小　　括

　日本における財産犯規定は、かなり早くから、現在の詐欺罪に当たる類型と窃盗罪に当たる類型とを区別してきた。旧刑法以前の法典が、詐欺的行為に関する規定の量刑について窃盗の場合に準じて扱う旨規定されていることは、詐欺と窃盗とを手段行為の違いから意識的に条文上区別している一方で、ともに財産侵害行為であるという点に共通点をみていたことの現れとも考えられる。また、日本における詐欺罪発展の経緯において、詐欺と恐喝が同一条文中に規定されていた立法例は、現在両者を合わせて「交付罪」と分類することと考え方が共通し、被害者の意思形成への干渉に着目してきた歴史が長かったことの現れと考えられる。

　詐欺罪に関して以前から欺罔が意識され続けてきたことに鑑みれば、「虚偽」を利用して意思形成に干渉する財産侵害である詐欺罪において「欺罔」が果たす役割は、その重要性を現在も失っていないと考えられる。それゆえ、詐欺罪の適切な理解のためには、欺罔に着目して詐欺罪の本質を捉える必要がある。そのことによって、最近の問題についても、解決の方向性を見出すことが可能になると思われる。

IV　小　　括

　ドイツでは、詐欺罪規定は、虚偽を用いる犯罪としての「偽罪」から発展してきた。それゆえ、そこでは、「欺罔」は、詐欺罪の本質的な要素をなしていると考えられる。そして、詐欺罪が他の欺罔犯罪から分離され財産犯として確立されたのは、成立範囲の明確化・限定づけのためであったことがわかる。また、日本における詐欺罪は、早い段階から財産犯として捉えられており、それに加えて「騙す」という働きかけに着目することで発展してきた。このような詐欺罪の歴史的経緯に照らせば、詐欺罪の理解においては「財産犯罪」と「欺罔犯罪」の両側面がともに重要であること、そして両側面が詐欺罪の本質的要素をなすこと、さらに、それによって詐欺罪の成立範囲が限定されていること、がうかがえる。現在の詐欺罪理解においては、「財産犯罪」としての側面がより重視される傾向にあるが、

「欺罔犯罪」の側面も、詐欺罪の本質理解のためには必要であると考えられる。

　そこで、**次章**においては、このような歴史的展開の中でみられた、詐欺罪における「欺罔」という要素の重要性を念頭に置きつつ、現在の議論における「欺罔」の刑法体系論上、および詐欺罪の枠組内部での位置づけの検討を行う。

第3章

「欺罔」の体系的位置づけ

I　序　　論

　前章において歴史的展開を概観したことにより、「欺罔」という要素が詐欺罪内部において重要であり続けたのを見て取ることができた。ドイツにおいては、騙すことによる犯罪をすべて包含する「偽罪」が、構成要件を限定するために客体ごとに別の犯罪類型として切り分けて規定され、それらのうちの一類型として、現在の形での「詐欺罪」が登場した。日本においては、「欺罔」が財産を奪う手段の一類型として捉えられてきており、外形上は被害者が自ら財産を交付する詐欺罪の行為類型は、財産犯の一形態として理解されてきた。

　現在の形で詐欺罪規定が確定したことは、取引社会の発展とそれに伴い発生してきた諸問題に対処するための1つの選択であった。そして、財産犯として確立した詐欺罪には、その経済社会における「財産」についての考え方に沿って機能することが要請される。現在の日本およびドイツでは、自由な市場経済の下、「私的自治」「契約自由」の大原則に基づいて財産取引が行われ、当事者間の合意の下にある取引関係の内容について広範な自由が認められている。詐欺罪規定は、その「財産取引」領域において、法益保護のために、一定の行為に対して刑罰を科することを通してその自由を制限するものである。かような「取引観」は、詐欺罪の成立範囲が限定的に解されることを要請する。

1）「私的自治」「契約自由」の内容を、「自由」の意義、殊に憲法上の「自由」としての位置づけを通して詳しく論じるものとして、山本敬三『公序良俗論の再構成』（有斐閣・2000年）18頁以下がある。

　詐欺罪という犯罪類型の構造にもまた、詐欺罪を限定的に理解することの必要性が内在している。詐欺罪においては、行為者の直接的関与は被害者に対する欺罔行為のみであり、法益侵害に直結する行為を実行するのは、行為者の欺罔によって錯誤に陥った被害者自身である。このことから、行為者が自らの手によって結果を発生させたのではなく被害者自身の行為による場合であっても法益侵害結果が発生したといえるか否か、また、結果の発生が認められるとして、それが直接的に結果惹起をしたわけではない行為者に帰責されるか否か、という点の検討が必要となる。

　詐欺罪は一般に、「欺罔によって被害者を錯誤に陥れて財産を交付させる罪」である、と説明される。詐欺罪が被害者による行為の介在を必要とするという特徴に注目し、この現象を被害者の側から捉え直すならば、「被害者が、①行為者の欺罔によって陥った錯誤の下で外形上自己の財産法益処分に同意し、②欺罔行為者が意図した交付行為（＝法益処分行為）を被害者自ら行なう」と説明することができよう。そして、この説明からは、①の部分が「錯誤に基づく被害者の同意」の、また②の部分が「被害者利用の間接正犯」の構造の一形態であることがわかる。そして、①は法益侵害結果が発生しているか否かについての問題、また②は行為者への結果の帰責の問題である。このことからは、成立範囲の限定が、事例ごとの個別的判断によってではなく、類型的判断として理論的に行われることがより適切であることがわかる。そしてそのためには、詐欺罪の構成要件構造を解明することが必要となる。

　詐欺罪の構成要件構造は、「欺罔」という要素によって特徴づけられる。なぜなら、詐欺罪において、行為者は、「欺罔」行為によって錯誤に陥った被害者を利用することで、自らは直接的に法益侵害行為に関与することなく結果を惹起し、被害者は、行為者による「欺罔」によって惹き起こされた錯誤に基づく意思決定に基づいて、自己の法益処分に同意するからである。これらのことから、詐欺罪の構成要件構造を理解するためには、「錯誤に基づく被害者の同意」と「被害者利用の間接正犯」の問題についての考え方をまず明らかにする必要がある。被害者の法益処分の有効性に関する「被害者の同意における錯誤」と、行為者の正犯性および結果の帰

責に関する「被害者利用の間接正犯」についての議論と理解は、基本的に詐欺罪にも妥当し、これらの検討から、詐欺罪の構成要件構造の理解および成立要件の限定への有用な示唆が得られると考えられる。学説においても、近時は、これらの一般理論と詐欺罪との関連に意識的な見解が見受けられるようになってきている。

　他方、詐欺罪の構造がかように理解されるのであれば、逆に、なぜそれらの一般理論のみで説明し尽くしえないのかを考える必要が出てくる。つまり、詐欺罪に当たる行為類型には、ある特定の財産犯規定——例えば窃盗罪——の間接正犯としての処理ではなく、詐欺罪という独立の構成要件が用意されていることがもつ意味についての検討が必要となる。そして、そのために、前述した犯罪論上の一般理論と詐欺罪との対応関係と相違を検討することから、詐欺罪の本質を示す「欺罔」の理解のために重要な示唆が得られよう。

　本章では、詐欺罪が「錯誤に基づく被害者の同意」「被害者利用の間接正犯」の一類型であることを踏まえ、これら一般理論と詐欺罪との対比を通して、詐欺罪の構成要件構造を明らかにすることを目指す。具体的には、まず「錯誤に基づく被害者の同意」の問題 (II)、次いで「被害者利用の間接正犯」の問題 (III) について、詐欺罪を整合的に理解するという本書での目的を念頭に置いて議論状況を概観し、そこで採るべき立場を検討する。それらの議論と詐欺罪とを対比しその相違点を検討することを通して、詐欺罪の構成要件構造、および詐欺罪の財産犯体系における独自性を明らかにすることを目指す。

II　詐欺罪と「錯誤に基づく被害者の同意」

1　序　　論

「被害者の同意[2)]」とは、法益主体が法益侵害に対して同意を与えること

---

2)　かつて、ゲールズ（F. Geerds）は、被害者の同意が構成要件該当性を阻却する場合と違法性を阻却する場合とではその性質が異なると主張し、前者を Einverständnis、後者を Einwilligung とよんで、その成立要件を区別していた（*F. Geerds*, Einwilligung und Einverständnis

をさす。この同意によって当該法益の法益性ないし要保護性が失われ、犯罪成立が否定されると一般に解されている。[3]そして、かような被害者の同意が有効に存在するためには、法益処分の意義と内容を理解する能力を有する者によって、当該法益処分の意義と内容を十分に理解した上で、自由で真意による意思決定に基づく同意がなされねばならない。[4]それゆえ、同意が錯誤に基づいてなされた場合、すなわち「錯誤に基づく被害者の同意」は、同意の有効性が否定される可能性のある一類型となる。

　詐欺罪における財産交付は、被害者が、行為者の欺罔によって惹き起こされた錯誤の影響の下に自己の財産法益を処分する意思決定をすることで実行される。この構造はまさに、「錯誤に基づく被害者の同意」における被害者の意思決定の一類型である。このことから、詐欺罪において「欺罔」と「錯誤」が被害者にもたらす影響の意味について理解を深め、その成立範囲の限定を行うためには、「錯誤に基づく被害者の同意」についての議論の枠組みを通して詐欺罪の構成要件構造をみていくことが役立つと考えられる。

　そこで、以下においては、被害者の同意に「錯誤」が及ぼす効果について概観した後に、同意の有効性を否定する「錯誤」の限定づけと、そこでの議論と詐欺罪の解釈論との関係を検討することとする。

---

des Verletzten im Strafrecht, GA 1954, S. 262ff.）。当時、ドイツで通説となったこの見解の影響を受け、日本でも、前者を「合意」、後者を「同意」として区別し、両者を合わせたものとして「承諾」の語が用いられていた（この見解を採用し、承諾を2つにわける見解として、井上祐司「被害者の同意」日本刑法学会編『刑法講座 第2巻』（有斐閣・1963年）160頁以下、宮野彬「被害者の承諾」中山研一ほか編『現代刑法講座 第2巻』（成文堂・1979年）109頁以下、木村静子「被害者の承諾について」平場安治ほか編『団藤重光博士古稀論文集 第2巻』（有斐閣・1984年）321頁以下など）。もっとも、現在は、両者の間に理論上・実際上の明瞭な区別ができるとの点は支持されておらず、特に区別することなく両者を指して「承諾」または「同意」の語が用いられるようになっている。本書も、この広い意味で「同意」の語を用いることとする。

3）　内藤謙『刑法講義総論（中）』（有斐閣・1986年）587頁、大谷實『新版刑法講義総論〔追補版〕』（成文堂・2004年）271頁、山口厚『問題探究刑法総論』（有斐閣・1998年）75頁、同『刑法総論〔補訂版〕』（有斐閣・2005年）141頁、上嶌一高「被害者の同意（上）」法教270号（2003年）50頁など。

4）　内藤・前掲注3）591頁、大谷・前掲注3）274頁、曽根威彦『刑法総論〔第3版〕』（弘文堂・2000年）141頁、山口・前掲注3）『問題探究刑法総論』77頁、上嶌・前掲注3）50頁、佐伯仁志「被害者の同意とその周辺(1)」法教295号（2005年）111頁など。

2 「被害者の同意」論における「錯誤」の位置づけ

　被害者の同意、すなわち被害者が自己の法益放棄に同意することは、当該法益の法益性ないし要保護性を失わせ、犯罪成立を阻却しうる、と一般に考えられている。同意のもたらす効果は、同意の存在が構成要件要素となっている、あるいはそもそも犯罪の成否に影響を与えない場合の他は、構成要件該当性または違法性を阻却するという形で、犯罪成立を阻却すると構成される。もっとも、本書では、同意の有効要件、および同意と法益それ自体との関係を扱うことを中心とするので、構成要件該当性と違法性のいずれを阻却すると理解するのが適切かという点については詳述しない。

　被害者の同意の効果は、原則的には保護されるべき法益について、法益主体の同意の存在を理由として例外的に法による保護を及ぼさなくするというものである。それゆえ、同意は形式的に存在すれば足りるとするのではなく、かような効果を及ぼすことの趣旨を踏まえた、有効性判断のための限定的な基準が必要となる。「錯誤」に基づく被害者の同意の有効性を認めるか否かについての議論も、その基準を見出す試みの1つである。

　被害者の同意が錯誤に基づく場合、その同意は、形式上は被害者自身の意思による法益処分の決定であるが、錯誤がなく自己の置かれた状況を正確に把握していたならばそのような判断をしなかった、つまり被害者の真意に沿った同意ではなかった可能性がある。それゆえ、一定の場合には、同意の有効性を否定することが、原則である法益保護の趣旨に適うことになる。詐欺罪においても、被害者は、行為者による欺罔によって惹起された錯誤に影響されなければ、自己の財産処分の意思決定をしなかったはずである。

　もっとも、外部からの影響を全く受けないという意味で「自由」な自己決定・意思決定は、観念的なものにすぎない。現実には、人は他者からもたらされる情報に影響されながら生活し、さまざまな決断を行っている。とりわけ、詐欺罪が関係する財産領域においては、相手方が提示する条件を受け入れて、あるいは交換の相手方と互いの条件を提示し調整し合うことを通して、はじめて財産交換の合意が成立する。他者の影響を一切排除して1人で決定する場面を想定することは困難である。また、同意する者

に何一つ錯誤のない状態を要求することは、同意を受ける側の説明責任を過度に重くし、同意が機能する状況の実現を不可能にしてしまう。このことから、被害者の錯誤の存在を理由に同意の有効性を否定する場合には、かような効果を伴う錯誤の範囲につき、何らかの適切な限定を加えることが必要となる。

　被害者の同意の有効性を否定することは、法益侵害結果の発生が認められるという効果をもたらす。それゆえ、その有効性判断の基準には、結果の存在を認めるか否かを判断するにふさわしいだけの明確さが求められる。同意の有効性が否定される「錯誤」の範囲を限定することは、かような要請に対応するために必要なのである。

3　同意の有効性を否定する「錯誤」の限定

　被害者の同意における「錯誤」の問題は、かつての個々の構成要件解釈での実際的処理における判断の集積とその一般化にはじまる。そして、それらの総論的解決の必要性が意識されることで、より適切な解決が検討されてきた。現在、錯誤に基づく被害者の同意の有効性の基準として学説上主張されている考え方は、大きく以下の 4 通りに分類することができる[5]。すなわち、①被害者の錯誤が法益処分の決定にとって重大なものであった場合に同意の有効性が否定されるとする「重大な錯誤説」[6]、②当該錯誤が動機の錯誤にすぎない場合には同意の有効性は否定されないとする「動機

---

5)　以下の分類に当たっては、山中敬一「被害者の同意における意思の欠缺」関法 33 巻 3〜5 号 (1983 年) 271 頁以下、森永真綱「被害者の承諾における欺罔・錯誤(1)」関法 52 巻 3 号 (2002 年) 200 頁以下、塩谷毅『被害者の承諾と自己答責性』(法律文化社・2004 年) 7 頁以下、23 頁以下、および上嶌・前掲注 3) 50 頁以下を参考にした。もっとも、論者によっては「重大な錯誤説」と「動機の錯誤説」とを分けない分類が採用されている場合もあり、この点の相違に起因する、「重大な」との用語に対応させて想定されている内容についての食い違いがありうる。

6)　これが通説的見解とされている。大コンメンタール刑法における、「錯誤による承諾については、行為者の欺罔等にもとづく場合や錯誤による承諾であることが判明している場合は違法性阻却事由とはならないことは明らか」との記述は、この立場が通説であるとの理解に基づくものといえる (大塚仁ほか編『大コンメンタール刑法 第 2 巻〔第 2 版〕』(青林書院・1999 年) 252 頁〔古田佑紀〕)。その他、大谷・前掲注 3) 274 頁など。なお、塩谷・前掲注 5) では、「主観的真意説」との名が用いられる。

の錯誤説」[7]、③被害者の錯誤が当該犯罪の保護法益に関係する場合のみ同意は無効であるとする「法益関係的錯誤説」[8]、④法益関係的錯誤がなくとも、不自由になされた同意は無効であるとする「自由意思喪失的錯誤説」[9]である。それでは、これらの説が主張している錯誤の範囲を限定するための基準を詐欺罪における「錯誤」を説明するために用いるならば、それぞれどのような結論が得られるだろうか。

　重大な錯誤説の考え方によれば、詐欺罪において被害者が錯誤に基づいて交付行為を行ったことは、それ自体が錯誤と法益処分との間に因果関係があることの現れであり、すなわち当該錯誤が法益処分の決定にとって「重大」であったと判断されることになると考えられる。しかし、詐欺罪における欺罔と錯誤については、結果との因果関係が存在することのみでは十分な限定がなされえないと考えられている。一般に、「詐欺罪において、騙す行為のすべてが『欺罔』に当たるわけではない」といわれるのは、そのことの現れである。何が当該意思決定において「重要な意味」を有していたと考えるかがまさに現在の問題であるが、欺罔によって錯誤に陥りその結果法益処分をした場合は、すべて「重要」と評価されることになろう。また、重大な錯誤説の考え方からは、錯誤が行為者の「欺罔」に基づく場合には同意の有効性がすべて否定される、と考えられることが指摘されている[10]。このことから詐欺罪において、交付行為の存在によって常に錯誤が重大であると判断されるのであれば、詐欺罪の成立範囲を限定する役割を果たすとはいえない。

7）　内藤・前掲注3）591頁、川端博『刑法総論講義』（成文堂・1995年）305頁、曽根・前掲注4）141頁など。なお、井田良『刑法総論の理論構造』（成文堂・2005年）198頁以下は、「重大な錯誤」として扱われてきた内容のうち「法益関係的錯誤」以外の錯誤を、「動機の錯誤」とされる。

8）　山中・前掲注5）302頁以下、佐伯仁志「被害者の錯誤について」神戸法学年報1号（1985年）51頁以下、山口・前掲注3）『問題探究刑法総論』79頁以下など。特に近年のものとして、小林憲太郎「いわゆる『法益関係的錯誤』の意義と限界」立教68号（2005年）27頁以下。

9）　林美月子「錯誤に基づく同意」松尾浩也＝芝原邦爾編『刑事法学の現代的状況──内藤謙先生古稀祝賀』（有斐閣・1994年）21頁以下、林幹人「錯誤に基づく被害者の同意」芝原邦爾＝西田典之＝井上正仁編『松尾浩也先生古稀祝賀論文集上巻』（有斐閣・1998年）233頁以下など。

10）　須之内克彦「被害者の承諾」阿部純二編『刑法基本講座 第3巻』（法学書院・1994年）150頁以下、林（美）・前掲注9）24頁など。

　動機の錯誤説は、被害者の動機にのみ錯誤がある場合、同意の内容と意味を理解しているのであれば、錯誤の存在によって同意の有効性は否定されないと解する。しかし、「動機の錯誤」の概念は広い意味を持ちうるため、基準としての曖昧さは否定しきれないと思われる。それゆえ、ここから範囲限定の手がかりを得ることも難しい。[11)]

　他方、法益関係的錯誤説、および自由意思喪失的錯誤説は、同意の有効性に影響を与える錯誤の範囲の限定を、その基準となる錯誤の内容を明確化することで説明しようと試みる。

　法益関係的錯誤説は、当該錯誤が「法益関係的」であるか否かを、錯誤に基づく同意の有効性判断の基準として提示する。刑法が法益保護に資することをその役割とし、個々の法益の保護のために条文が設けられていることに鑑みるならば、この基準は、本来的な刑法の目的に適うものであるといえよう。もっとも、「法益関係的」かどうかは、各構成要件の予定する保護法益の内容の理解によるため、このテーゼを立てるのみでは内実が明らかにされるとはいえない。同説を主張する論者が言及しているように、この基準に実効性をもたせるためには、さらに、法益の性質によって関係する範囲が異なってくることを踏まえて、何が「法益関係的」であるかを明らかにすることが必要となる。つまり、法益の種類ごとに同意の有効性の範囲を確定することが可能なこの基準こそが、現実的に同意の有効性を限定づける機能を果たしうるものであると考えられる。

　自由意思喪失的錯誤説は、法益関係的錯誤でなくても同意の有効性が否定されるべき場合として、「利他的目的についての錯誤」や「緊急避難類似状況にあるとの錯誤」が存在することを指摘し、法益関係的錯誤に限らずこれらの錯誤の場合も含めうる限定の基準として、「自由意思を喪失したか否か」という判断基準を提示する。確かに、「法益関係的か否か」という判断のみが同意の有効性の問題についての絶対的で完全な基準となりうるわけではないことは、法益関係的錯誤説を支持する論者からも指摘されており、それらの場合も含めて統一的に理解しようとする試みとして、

---

11)　かような批判をするものとして、佐伯・前掲注8）60頁。

この見解には意義があろう。もっとも、「自由意思喪失的」か否かという基準も、十分に限定に役立つ基準とするためには、その適用される内容を明確にすることが必要となる。内容の明確化の試みは、現実に、自由意思の喪失を客観的に判断するか主観的に判断するかについての議論の形でなされてきている。

　これらの、同意の有効性に影響を及ぼす錯誤の内容についての基準の明確化を進めようとする見解からは、被害者の同意における「錯誤」の有効性についての見解は詐欺罪の成立範囲の考察においても妥当すべきである旨[12]が、積極的に主張されている。そこで、以下においては、「法益関係的錯誤説」「自由意思喪失的錯誤説」の両説を中心にして、詐欺罪における「錯誤」を限定的に理解しようとする試みを概観し、妥当な基準のあり方を検討することとする。

4　詐欺罪における「錯誤」の理解
(1)　重大な錯誤説および動機の錯誤説による詐欺罪理解

　「重大な錯誤説」における「重大」という基準が意味するのは、被害者が法益処分を決意するに当たって影響をもたらす要素であったか否かである。この基準によれば、同意の有効性を否定する錯誤の範囲から、意思決定への関連性が極めて希薄な錯誤を排除することは可能である。しかし、当該法益に直接関係する要素もその周辺事情も広く含みうる基準であるため、十分に明確な範囲の限定をここから導くことは難しい。さらなる限定は、事例ごとの個別的判断に頼ることになる。そして、かような錯誤についての理解を詐欺罪の場面に適用しても、その効果は、財産処分決定への影響がほとんどない錯誤を、同意の有効性を否定する錯誤から排除することのみである。

　また、「動機の錯誤説」においては、何を「動機の錯誤」と判断するのかの基準が明確にされているとはいえない。詐欺罪は、行為者の欺罔によって法益処分を動機づけることにより行われる犯罪類型であり、欺罔が惹

---

12)　佐伯・前掲注8）102頁、林幹人「詐欺罪における財産上の損害——最高裁平成13年7月19日判決を契機として」現刑44号（2002年）54頁。

き起こすのはその法益処分に向けられる動機の錯誤である。それゆえ、
「単なる動機の錯誤に過ぎないもの」を選び出して同意の有効性が否定さ
れる錯誤の中から排除する、という取扱いをするよりはむしろ、動機づけ
においていかなる要素について錯誤があった場合に同意の有効性が否定さ
れるかを基準とする方向性をとることの方が、とりわけ詐欺罪との関係で
は適切と考えられる。

　以上のように、詐欺罪における「錯誤」を考える上では特に、より限定
的かつ具体的な基準によって判断するのが適切であることがわかる。そこ
で、以下においては、「法益関係的錯誤説」および「自由意思喪失的錯誤
説」が、どのような詐欺罪理解を提示してきたかを概観する。

(2)　法益関係的錯誤説からのアプローチ

　法益関係的錯誤説は、アルツト（G. Arzt）により提唱された見解であり[13]、
日本へは、山中敬一教授の論文[14]によって、広く日本に紹介された。そして、
佐伯仁志教授が、この考え方によって実際に各構成要件を解釈することを
試みられ、その中で、法益関係的錯誤説による詐欺罪の理解が提示された[15]。
以下では、法益関係的錯誤の考え方によって詐欺罪を理解しようとする試
みの内容を概観し、検討を加える[16]。

　アルツトは、それまで主張されてきた、合意と同意とで犯罪成立阻却の
要件を区別する考え方を批判し、体系的問題から離れて、（広義の）同意
の有効性を否定する錯誤を限定する見解を提示した。彼の見解によれば、
「交換の自由」（Tauschfreiheit）を保護する民法とは異なり、刑法において
提供されているのは「保持の保護」（Bestandsschutz）であるため、同意は、
欺罔が法益に関係する錯誤を惹き起こす場合に限り無効となり、その錯誤
が期待された反対給付のみにかかわっている場合には無効にならない[17]。こ

---

13)　*G.Arzt,* Willensmängel bei der Einwilligung, 1970.

14)　山中・前掲注5）271頁以下。

15)　佐伯・前掲注8）102頁以下が、特に詐欺罪を扱った箇所である。

16)　佐伯・前掲注8）51頁以下、山口厚「詐欺罪における財産的損害」同『問題探究刑法各論』
　　（有斐閣・1999年）161頁以下、同「『法益関係的錯誤』説の解釈論的意義」司研111号（2004
　　年）97頁以下。

17)　*Arzt,* a.a.O.（Anm. 13）, S. 16ff.

の基準が、彼によって「法益関係的錯誤」（rechtsgutsbezogene Täuschun-
gen）と名付けられた。[18]

　佐伯教授は、法益関係的錯誤説を支持される理由として、「刑法が罪刑
法定主義に基づいて各構成要件にそれぞれの保護法益を相互に区別して規
定している趣旨」を尊重すべきであり、「ある構成要件の保護法益と無関
係な利益についての欺罔行為を、被害者の承諾を無効にすることを通じて
当該構成要件で処罰するならば」「実質的には当該法益を錯誤が関係する
別の法益に変換することになるか、あるいは、欺罔から自由であるという
意思活動の自由一般を保護することになってしまう」ことを挙げられる。[19]

　また、佐伯教授は、詐欺罪の成立を欺罔による錯誤の種類を問わずに認
めた場合に想定可能な立場に検討を加えられる。すなわち「欺罔による錯
誤に基づく被害者の法益処分はすべて無効であり、詐欺罪は被害者を利用
した財産侵害である」と構成する立場については、その拠って立つ、錯誤
に基づく同意の有効性についての理解が異なることを理由に、また「欺罔
によって被害者に錯誤を生じさせたこと、財産的処分意思に不当な影響を
与えたこと自体に詐欺罪の違法性を求める」立場については、「詐欺罪を
個人の財産を侵害する罪ではなく、経済取引において嘘をつく罪あるいは
意思決定の自由一般を侵害する罪」にしてしまうことを根拠に、支持でき
ないとされる。[20] そして、「詐欺罪を個人の財産を侵害する罪と考え、しか
も被害者の錯誤に基づく法益処分を法益関係（的）錯誤の場合にのみ無効
と解する」（括弧内は筆者による補足）自説の立場から、詐欺罪の成立範囲
の適切な判断のために必要な考慮が何であるかにつき検討を加えられる。
そしてそこでは、「詐欺罪の法益侵害としての財産的損害を単に財物の喪
失にではなく経済的損害の発生に求め」、[21]「反対給付に関する錯誤は経済的
損害についての錯誤として法益関係的であ」[22] り、詐欺罪においてだけは

---

18)　*Arzt,* a.a.O.（Anm. 13）, S. 20.

19)　佐伯・前掲注8）59頁。

20)　佐伯・前掲注8）104頁。

21)　佐伯・前掲注8）104頁。

22)　佐伯・前掲注8）107頁。

「法益処分行為の社会的意味の錯誤が法益関係的錯誤になる[23]」とされる。

　これらのうち、とりわけ「法益処分行為の社会的意味の錯誤」の点は、当該論文の中で他の個人的法益については法益関係的ではないとされてきていること、また法益関係的錯誤説が「何が法益関係的か」についての判断でその限界が決定されるものであることからすると、詐欺罪の性質を理解する上で重要な意味をもつと思われる。この点につき、佐伯教授は、「財産（特に金銭）という保護法益の性質」にその理由が存在し、「生命はそれ自体の価値で保護されるべき」であるのに対し、「財産という法益は、交換経済の下において、経済的利用・収益・交換の手段として保護に値」し、「特に金銭は、それ自体の価値においてではなく、交換手段、目的達成手段としてのみ保護に値する」ことに由来する差であるとされる[24]。そして「人間が財産的給付によって得ようとするのは経済的利益だけでなく社会的目的の達成も含まれる以上、法益処分の社会的意味を問題にしてよい」とされる[25]。

　この見解は、詐欺罪はあくまで「錯誤に基づく被害者の同意」の一形態であり、詐欺罪の独自性は、保護法益の内容についての理解が他の法益のそれと異なっていることから生じる、との理解に基づいていると捉えることができよう。

　山口厚教授も、法益関係的錯誤説を「一般的に妥当すべき『基礎理論』」と捉えるところから[26]、詐欺罪における法益関係的錯誤説の適用についての検討をはじめられる。そして、詐欺罪が「欺罔により物・利益を交付することにより成立する財産犯」であることから、「物・利益を移転させる意思の有効性は『法益関係的錯誤』がある場合にのみ否定されると解され」、「物・利益の移転自体が詐欺罪における法益侵害であるとすれば、その点に関する『法益関係的錯誤』がなく、移転は被害者の意思によるもので法益侵害の惹起自体が否定されて、詐欺罪の成立が否定されることにならな

23）　佐伯・前掲注8）116頁。
24）　佐伯・前掲注8）116頁。
25）　佐伯・前掲注8）116頁以下。
26）　山口・前掲注16）「詐欺罪における財産的損害」162頁。

いか」との問題提起をされる[27]。そして、この点を解消するため、詐欺罪における「法益侵害の内実の探究[28]」を通して、詐欺罪の構造の理解を試みられる。

　山口教授は、「詐欺罪においては物・利益の交付が被欺罔者の意思により行われるから、（特に完全な交付意思が存在する場合には）移転自体は被欺罔者の意思に合致しているため、法益侵害の発生自体に疑問が生じる余地がある」ことが、詐欺罪において財産的損害が論じられることの理由であるとされる[29]。そして、この点は、「法益関係的錯誤」の理論により解消されるものとして、理論を展開される[30]。つまり、「『法益関係的錯誤』に基づく財産移転がある場合には、それは被害者が引き受けた結果ではないから」、「遡及禁止」は働かず、「欺罔行為者について、不正な財産移転についての責任を追及することができる」とされる[31]。そしてそこから、「『法益関係的錯誤』に向けられた欺罔だけが、詐欺罪の構成要件に該当する欺罔行為となしうる」と理解される[32]。

　前述した、法益侵害の発生自体に疑問が生じうる場合の具体的な判断基準として、山口教授は、「単に財産を交付すること自体が問題とされているのではなく、財産の『交換手段、目的達成手段』としての側面に着目し、財産の一定の目的のための交付が問題とされており、そうした『目的の実現』の有無、反対給付やその他の社会的目的の実現と財産の『交換』の成否が問題となっている」、つまり「『目的実現』の失敗、『財産交換』の失敗が法益侵害として捉えられている」と理解することで、反対給付についての錯誤や寄付金詐欺の場合に関しても整合的な説明が可能になるとされる。この判断基準の内容は、「『財産交換』の失敗が実体的法益侵害であり、

---

27)　山口・前掲注 16)「詐欺罪における財産的損害」161 頁。
28)　山口・前掲注 16)「詐欺罪における財産的損害」162 頁。
29)　山口・前掲注 16)「詐欺罪における財産的損害」167 頁。
30)　なお、山口教授は、「『法益関係的錯誤』とは、より正確にいえば、『法益侵害関係的錯誤』であるとも説明される（山口・前掲注 16)「『法益関係的錯誤』説の解釈論的意義」100 頁）。
31)　山口・前掲注 16)「詐欺罪における財産的損害」168 頁。
32)　山口・前掲注 16)「詐欺罪における財産的損害」168 頁。
33)　山口・前掲注 16)「詐欺罪における財産的損害」169 頁。

『財産交換についての錯誤』が法益関係的錯誤」である[34]、と説明されることになる。そして、「法益関係的錯誤」がある場合には、「形式的ないし外形的に」存在する同意が「無効」になるのではなく、「法益の保護される価値及びその侵害の内実について正しい認識が存在しない」のであるから、「同意の不存在により犯罪の成立が阻却されないことになる」との理解を示される[35]。また、かように「錯誤」を理解することは、「現行法上存在しない『財産上の損害』の要件に代わって、詐欺罪の成立範囲を限定する」という積極的な意義があることも強調される[36]。

(3) 自由意思喪失的錯誤説からのアプローチ

　自由意思喪失的錯誤説の考え方は、前述(2)の法益関係的錯誤説に対する批判として登場した。この立場は、論者により程度の差はあれ、法益関係的錯誤説が提示する基準に一定の理解を示しつつも、同意の有効性が否定されるべき錯誤を法益関係的である場合のみに限定することはできないと考えることを出発点としている。そして、法益関係的ではないが同意の有効性が否定されるべき錯誤や、逆に法益関係的だが同意の有効性には影響しないと考えられるべき錯誤はいかなる場合かを検討し、同意の有効性を否定すべき錯誤の全体の属性として、「自由意思喪失的」である、との特徴を抽出したものである。

　ロクシン (C. Roxin) は[37]、前述 ((2)) したアルツトの見解に対し、法益関係的錯誤がなくても同意が無効となる場合があり、その場合にも、同意は、不自由になされたものであることを理由に無効とされるべきであると主張する。彼の、同意に対する基本的な考え方は、「同意は、事象が規範的基準からみて、なお法益保持者の自律性の表現と考えられる場合、つまり、自己の行為の自由の表現とみられる場合に、有効でありうる[38]」とする

34) 山口・前掲注16)「詐欺罪における財産的損害」170頁。
35) 山口厚「欺罔に基づく『被害者』の同意」廣瀬健二＝多田辰也編『田宮裕博士追悼論集上巻』（信山社・2001年）325頁。
36) 山口・前掲注16)「『法益関係的錯誤』説の解釈論的意義」108頁以下。
37) C.Roxin, Die durch Täuschung herbeigeführte Einwilligung im Strafrecht, Gedächtnisschrift für Peter Noll, 1984, S. 279f.
38) C.Roxin, Strafrecht Allgemeiner Teil, Band I, 3. Aufl., 1997, S. 489. 日本語訳として、平野龍一監修／町野朔＝吉田宜之監訳『ロクシン刑法総論 第1巻（翻訳第1分冊）』（信山社・2003

ものであり、この考え方は、日本では「規範的な自律性説」とよばれている。そして、法益関係的ではないが同意の有効性が否定されるべき錯誤がある場合として、法益保持者が処分する自己の法益については認識していたものの、その決定的動機となった利他的目的について錯誤があった場合[39]と、行為者が被害者に、実際には存在しない緊急避難類似の状況を思い込ませ、その錯誤によって法益放棄に至った場合とを挙げる。[40]

　「法益関係的錯誤か否か」が、同意の有効性判断全体について万能なわけではない、という点は、とりわけ緊急状況を装った場合については、日本において法益関係的錯誤説を採る論者も自覚的であったといえる。[41]そして、前述のロクシンの見解が日本へ紹介される中で[42]、この考え方は、日本においては、「自由な意思決定によらない」[43]同意、つまり「自由意思喪失的錯誤」[44]による同意として把握され、そのような条件下での同意の有効性を否定する見解として提唱されるようになった。

　齊藤誠二教授は[45]、欺罔に基づく被害者の同意の有効性の判断において問題にすべきなのは、「被害者の錯誤にもとづいてした承諾でも、なお、被害者の自発的な処分のあらわれとして評価してもよいのか、という客観的な法的な判断」であり、「法益の主体の自己決定権を妨げることになる欺罔と、法的な観点からその（法益の主体の）自由な処分とみることができる欺罔とを、どういうふうにわけたらよいのか」である、とされる。[46]

　また、林美月子教授は[47]、「法益関係的欺罔・錯誤説は基本的には妥当である」が、その理由は「法益関係的欺罔・錯誤がなければ原則として同意

　　年）がある。

39)　*Roxin,* a.a.O. (Anm. 37), S. 285f.
40)　*Roxin,* a.a.O. (Anm. 37), S. 286ff.
41)　山中・前掲注5）345頁以下。
42)　齊藤誠二「欺罔にもとづく承諾」『刑事法学の歴史と課題（吉川経夫先生古稀祝賀論文集）』
　　（法律文化社・1994年）175頁以下、林（美）・前掲注9）21頁以下、林（幹）・前掲注9）233頁
　　以下。
43)　林（美）・前掲注9）29頁。
44)　林（幹）・前掲注9）245頁。
45)　齊藤・前掲注42）159頁以下。
46)　齊藤・前掲注42）175頁。
47)　林（美）・前掲注9）21頁以下。

は自由な自己決定によっており、任意に法益が放棄されたと考えられるか
ら」であり、「法益関係的欺罔・錯誤の有無だけで同意の有効・無効を直
ちに判断することはできない[48]」とされる。そして、被害者の同意が「自由
な意思決定」によるものであったか否かを同意の有効性判断の基準とされ、
緊急避難類似の状況について、「法益衡量によって優越的利益のために当
該法益を放棄する場合」には「自由な意思決定」ではない、との客観的な
基準を提示される[49]。

　これらの見解は、「自由な意思決定」が存在するか否かを、可能な限り
において客観的に判断しようとする点に着目し、「客観的自由意思喪失的
錯誤説」とよばれる。

　他方、林幹人教授[50]は、これらの見解に対して、「自由意思喪失的錯誤の
有無」は、被害者個人の意思に即して、主観的に判断されるべきである[51]と
する、「主観的自由意思喪失的錯誤説」を提唱される。そして、この考え
方によれば、自由意思喪失的錯誤があるか否かの判断は、「彼（＝被害者）
がその処分した法益にどれほどの価値を認めていたのかを問題とし、他方、
処分することによってもたらされると信じた利益にどれほどの価値を認め
ていたかを問題としなければならない[52]」（括弧内は筆者による補足）とされ
る。

　自由意思喪失的錯誤説における客観説と主観説の相違は、客観説によれ
ば、被害者の誤信した状況が「現実だとしたら、行為者の行為は正当化さ
れる[53]」ような場合が自由意思喪失的錯誤である、とされる一方で、主観説
によれば、「被害者本人の個人的な価値判断の内容」を基準とし、「被害者
個人が、錯誤に陥っている事情・法益と、放棄に同意している法益につい
てどのような意味付け・価値観をもち、彼自身がどのような比較衡量を行

---

48)　林（美）・前掲注9）28頁。
49)　林（美）・前掲注9）51頁。
50)　林（幹）・前掲注9）233頁以下。
51)　林（幹）・前掲注9）247頁。
52)　林（幹）・前掲注9）250頁。
53)　林（美）・前掲注9）32頁。

ったか[54]」を問題として主観的に判断することが主張される点にある[55]。

　自由意思喪失的錯誤説を採って詐欺罪を理解する見解によれば、詐欺罪の一連の行為において被害者の財産交付が「自由意思」によらずに行われたことを理由に、同意の有効性が否定され、詐欺罪の成立が認められる。ここでいう「自由意思」は、「基本的に、行為者の意思によらず、被害者の意思によって、法益を処分した場合を意味する[56]」とされる。そして、法益関係的錯誤説ではなく自由意思喪失的錯誤説に立って詐欺罪を理解することのメリットとして、緊急状況の錯誤の事例において、詐欺罪の法益である財産について錯誤はないが自由な意思決定によるとはいえない場合のほかに、寄付金詐欺のように、法益関係的錯誤説からは財産処分の「社会的意味」を問題とする必要がある事例についても、自由意思を害されている、との観点から整合的に説明ができることが挙げられている[57]。

5　検　討

　法益関係的錯誤説は、被害者の錯誤を、放棄された法益の内容そのものに関する「法益関係的錯誤」とそれ以外の錯誤とに分け、同意の効力を失わせるのは前者の錯誤のみであって、それ以外の錯誤は法益を喪失すること自体を認識しているから同意の有効性に影響しない、とする考え方である。この考え方を詐欺罪の場面に単純に適用すると、詐欺罪が成立する余地はほぼなくなりそうにも思える。なぜなら、従来、詐欺罪の保護法益は「財産」であるとされており、被害者が交付行為をする際には、財産を喪失すること自体を認識しているといえるからである。それゆえ、法益関係的錯誤説の考え方を詐欺罪の解釈に適用しようとする論者は、この問題点を回避するために、物・利益の交付ではなく財産的損害を法益侵害と捉えることや、「財産」法益を漠然と捉えるのではなく、財産の法益としての内実や機能が何であるかを考えてそれらを「法益関係的」であると位置づ

---

54)　林（幹）・前掲注9）246頁以下。
55)　林（幹）・前掲注9）245頁以下。
56)　林（幹）・前掲注12）54頁。
57)　林（幹）・前掲注12）55頁。

け、それらが害されることについての錯誤の有無を判定することで構成している、と理解することができよう。

　詐欺罪を法益関係的錯誤説によって理解するために、さらなる法益の内実の分析が必要となる背景には、財産とその他の個人的法益とでは「法益侵害」の性質が異なるという、財産法益の特性があると考えられる。つまり、詐欺罪の保護法益である「財産」は、自己による法益処分を行うことが通常の出来事として想定されうる点で、他の個人的法益とは決定的に異なっている。被害者の同意は一般的に、通常は法益として保護され本人にとってもその存在と保全が重要な利益である要素について、処分権を有する法益主体が同意していることを理由として例外的に侵害を許容する、という構造をとっている。他方、詐欺罪の対象となる財産法益は、例えば生命・身体といった一身専属的な法益とは異なり、他者の手にわたった場合にはその他者が当該法益の主体として振舞うことが可能である、という性質——いわば「流通性」——をもつ法益である。生命・身体という法益を処分する場合には、死亡・傷害といった、効用を減失する方向にしか向かいえないのに対して、財産という法益は、法益処分によって他者の支配下に移っても、物質的な観点においては何ら効用を失うものではない。自由主義経済では、むしろ財産は流通することが自明の前提となっている。

　法益関係的錯誤説によって詐欺罪を説明する際に、財産法益については「法益処分の社会的意味」を考慮し、反対給付や社会的目的の達成についての錯誤によって同意の有効性が失われると考えることが許される理由は、かような財産の「流通性」に由来すると考えるのが妥当である。

　法益関係的錯誤説に対する有力な批判は、「自由意思喪失の錯誤説」[58]の考え方を提唱している。その批判は、主として、「緊急状況に関する錯誤」および「利他的目的に関する錯誤」の問題を法益関係的錯誤説で説明できるか否か、つまり、法益について認識があるときは、同意は常に有効としてよいのか、を問題とするものである。この点自体については、さらなる検討が必要と思われるが、詐欺罪の場面のみに限定して考えるならば、か

58）　林（美）・前掲注9）28頁以下、林（幹）・前掲注9）240頁以下、上嶌・前掲注3）「被害者の同意（上）」52頁以下、同「被害者の同意（下）」法教272号（2003年）76頁以下など。

ような「緊急状況に関する錯誤」および「利他的目的に関する錯誤」も法
益関係的であるといえるのではなかろうか。なぜなら、緊急状態に置かれ
ているとの錯誤や、交付した財産の用途についての錯誤によって、被欺罔
者は当該錯誤の対象である（誤認された）事態を解消するために用いる意
図で、財産を交付する決断をするのであり、財産法益に関しては、特に詐
欺罪における片面的交付の場合には、交付した財産の用途も、法益関係的
であると捉える余地があると考えられるからである。また、法益関係的錯
誤説は、構成要件解釈から導かれる「法益」の内容による限定がかかる点
において、「重大な錯誤説」「動機の錯誤説」よりもその判断基準を明確に
することが可能である。これらのことから、詐欺罪の検討を目的とする本
書においては、「自由喪失的錯誤説」による批判への対応によって補充し
つつ、基本的に「法益関係的錯誤説」に従うことが、最も適切であると考
える。

6　小　　括

　錯誤に基づく被害者の同意の一類型として詐欺罪を理解する試みからは、
詐欺罪における「錯誤」についても、欺罔に基づく錯誤をすべて法益処分
の同意の有効性が否定されるものと解するのではなく、錯誤の性質による
判断がなされるべきである、との帰結が導かれる。そして、詐欺罪を理解
する際には最も基準としての実効性があると考えられる法益関係的錯誤説
からは、財産法益の内実を踏まえた「法益侵害関係的」な範囲を解明する
ことを通して、同意の有効性を否定する錯誤と否定しない錯誤との線引き
が試みられた。ここでの方向性および結論は、概ね妥当である。

　この説の基準がもたらす結論は、法益関係的錯誤説によって個々の構成
要件を説明しようとする論者がすでに指摘されているように[59]、「何が法益
関係的か」という、各構成要件における保護法益の理解に依存し左右され
る部分が大きい。それゆえ、詐欺罪についても、何が保護法益であるのか
をさらに突き詰めて検討し、明確にすることが必要であると考えられる。

---

59)　佐伯・前掲注 8 ）123 頁。

そして、詐欺罪においては、かような錯誤によって行われた「交付行為」によって、「法益侵害結果」が発生することになる。それでは、この「結果」は、どのようにして欺罔行為者に帰責されることになるのだろうか。その点を明らかにすることが、次の課題となる。

III　詐欺罪と「被害者利用の間接正犯」

1　序　　論

詐欺罪においては、行為者による欺罔行為が構成要件該当行為であると一般に考えられている。このことは、詐欺罪では、法益侵害発生に直接的にかかわる行為を行った者の背後者に当たる欺罔行為者に当該法益侵害の正犯性が認められる、と理解できる。これは、被害者利用の間接正犯と同じ構造である。

もっとも、現在の刑法典においては、かように被害者利用の間接正犯の構造である詐欺罪が、独立の構成要件として犯罪類型を構成している。このことからは、現在の規定の形態が、財産犯規定の成立過程でいわば偶然に選択されただけというには尽きない、重要な意味を有しているのではないかと考えられる。そしてその「意味」は、財産犯の内部で詐欺罪がもつ独自の要素に起因するのではないだろうか。

詐欺罪が間接正犯構造をとっている、との捉え方は、日本においても従来よりしばしば示されてきている[60]。もっとも、そのことが何を意味するか、つまり、詐欺罪が他の財産罪の間接正犯としてではなく独自の構成要件として規定されていることが何を意味するかについて論じられることはあまりなかった。日本においては、詐欺罪を間接正犯（構造）として理解することの意義や是非について検討されることはほとんどなく、これまで論じられてきたのは、間接正犯として詐欺罪を理解する試みから導かれる、詐欺罪と窃盗罪との性質、すなわち保護法益や守備範囲の相違についてであり、それらは独立の論点として扱われるのではなく、間接正犯、詐欺罪、

---

60)　佐伯・前掲注8）112頁など。

あるいは被害者の同意について論じる中で付随的に若干の検討が加えられるに留まってきた。

　他方、ドイツにおいては、詐欺罪の構成要件構造の理解のために、あるいは刑法総論の考え方と各則における類型形成との関係について論じる際[61]の一例として、詐欺罪と間接正犯との関連についてしばしば言及されてきた。そしてそこでは、詐欺罪は間接正犯が定型化されたもの（Vertypung）である[62]、との見解と、かような理解に反対する見解とが、これまでに主張されてきている。

　そこで、以下においては、まず、詐欺罪の「間接正犯」としての理解について、より詳細な議論が存在する、ドイツの学説状況を概観することとする。具体的には、詐欺罪を間接正犯が類型化されたものとして理解する試みの展開、それに対して向けられた批判、そして批判に対する反論と現在の状況について、順に取り上げる。これらの概観からは、日本の議論においてはこれまであまり論じられることのなかった、詐欺罪を間接正犯構造の犯罪類型と捉えることから導かれる、構成要件構造の理解への示唆が得られよう。

　もっとも、このことからのみでは、詐欺罪が独立の規定として存在し、既存の他の財産犯罪の間接正犯として処理されているのではないことの意味が明らかになるわけではない。そこで、この点の解明が、次なる課題となる。そこで、次項以下においては、詐欺罪を間接正犯構造として理解することに付随して論じられるようになった、詐欺罪が独立して規定されていることがもつ意味を、ドイツおよび日本の議論の検討を通して明らかにすることを目指す。その際には、財産犯の構成要件が「財産」法益の侵害態様によって細かく規定し分けられているという特殊事情が、詐欺罪の保護法益の理解についても関係してくることになると考えられる。

---

61)　*K. Tiedemann*, Zum Verhältnis von allgemeinem und besonderem Teil des Strafrechts, aus: Festschrift für Jürgen Baumann, 1992, S. 7, 17ff.

62)　*U. Kindhäuser*, Betrug als vertypte mittelbare Täterschaft, aus: Festschrift für Günter Bemmann, 1997, S. 339.

2　詐欺罪を「間接正犯」構造として理解する議論の展開

⑴　序　　論

　詐欺罪は、法益侵害結果の発生に直結する行為を行為者に欺罔されて錯誤に陥った被害者（被欺罔者）自身が行うという構造をとっていることから、その構造上、間接正犯と同様のものと理解できる。日本では、この点について意識している見解は存在するものの、詳しく論じられることはこれまでほとんどなかった。これに対し、ドイツでは、詐欺罪の構成要件構造を間接正犯構造として理解する見解が主張され、そのこと自体の当否についての議論も存在している。そこで、本項においては、ドイツでかような理解についての議論がいかなる展開をたどってきているかを概観することとする。[63]

⑵　詐欺罪の被害者を「道具」として理解する見解

　詐欺罪の構造を理解する際に、行為者が被害者を「道具」として用いるという構造に着目して明示的に説明した比較的初期の議論として、クラーマー（P. Cramer）の見解が挙げられる。[64]

　クラーマー[65]は、財産概念全体の総合的検討の中で、詐欺罪で財産的価値の片面的交付が行われた際の損害の問題を、寄付金詐欺（Spendenbetrug）、乞食詐欺（Bettelbetrug）、贈与詐欺（Schenkungsbetrug）を対象にして論じる。その中で彼は、「詐欺罪はあくまで財産犯であり、処分の自由（Dispositionsfreiheit）の侵害は財産侵害を惹き起こす手段に過ぎない」と述べる。そして、かように考える手がかりとして、同じく財産犯と理解されている恐喝罪の構造と比較し、詐欺罪（263条）と恐喝罪（253条）は、「行為者が被害者を、財産侵害の手段（Medium）として用いる点において共通しており、両者を分かつのは、意思に影響を与える手段のみ」であり、その手段は、恐喝罪においては「脅迫または暴行」（強制力）であり、詐欺罪においては「策略」（List）であるとされる。この、詐欺罪の手段とし

---

63)　以下での議論の展開の整理に当たっては、*K. Tiedemann,* Leipziger Kommentar Strafgesetz-buch, 11. Aufl., 33-Lieferung, 2000, §263 Rn. 5; *U. Kindhäuser,* Nomos Kommentar Strafgesetz-buch, Band 2, 2. Aufl., 2005, §263 Rn. 45 を参考にした。

64)　*P. Cramer,* Vermögensbegriff und Vermögensschaden im Strafrecht, 1968.

65)　*Cramer,* a.a.O. (Anm. 64), S. 202ff.

ての「策略」に関する具体的な説明として、彼は、「策略による財産侵害
は、行為者が自身の目的のための道具として用いる被害者が、自己の処分
行為の影響を見通していないことを必要とし、この『道具』としての資格
は、損害をもたらす行為をするかしないかの選択可能性がある場合には否
定される」としている[66]。ここに、詐欺罪における行為者の行為の構造を、
被害者という「道具」を用いる行為として理解する考え方が見て取れる。

　クラーマーは、「間接正犯」という語は用いていないが、被害者の「道
具」性と財産侵害結果についての答責性を論じていることから、詐欺罪を
間接正犯と同様の構造をとる行為類型として捉えている、と理解できる。

　この見解が提示される以前にも、例えばシュレーダー（H. Schröder）は、
詐欺罪の手段を「行為者が目指す財産移転のための道具（Werkzeug）に
された被詐欺者（Betrogenen）に対する欺罔」と説明しており[67]、被欺罔者
を「道具」として捉える考え方は存在している。クラーマーの前述の見解
は、この詐欺罪における行為の構造の捉え方に解釈論上の意味を明確にも
たせたという点で、一歩前進したものといえよう。そして、かようなクラ
ーマーの理解は、その後レンクナー（T. Lenckner）によっても採用され、
「行為者が自身の目的のために道具として用いる被害者」という表現が用
いられている[68]。

(3)　詐欺罪を間接正犯として理解することへの批判的見解

　フリッシュ（W. Frisch）は[69]、これらの、詐欺罪の被害者を行為者の目的
のために用いられる道具として理解する見解に対して、異論を唱える。彼
は、詐欺罪における「錯誤」の解釈から、被害者の行為の解釈論的意味を
理解しようと試みる。そしてその検討の中で、「詐欺罪構成要件の本質」
を通して錯誤の機能を究明しようとした見解の1つとして、詐欺罪を間接
正犯の形態（Figur）とパラレルなものとして理解する見解を取り上げ、

---

66)　*Cramer*, a.a.O. (Anm. 64), S. 207.

67)　*H.Schröder*, Grenzen des Vermögensschadens beim Betrug, NJW 1962, 721, 722.

68)　*T.Lenckner*, Kausalzusammenhang zwischen Täuschung und Vermögensschaden bei
　　Aufnahme eines Darlehens für einen bestimmten Verwendungszweck, NJW 1971, 599.

69)　*W.Frisch*, Funktion und Inhalt des "Irrtums" im Betrugstatbestand, aus: Festschrift für
　　Paul Bockelmann, 1979, S. 647.

これが支持できないことを主張する。その理由としては、①間接正犯にお
いては行為者と非行為者の間での支配の分配基準が重要であるだけなのに
対し、詐欺罪では、被害者の保護の正当性・必要性の観点や、行動した者
の行動の自由、答責領域の限界づけまでもが問題となること、②詐欺罪の
解釈に間接正犯を再び取り上げることで、錯誤要件という中心的評価問題
をはじめから遮断してしまう危険を冒すこと、そして③間接正犯の場合、
背後者が被利用者の行為を自身で実行したとしても可罰的な行為を行って
いることが前提となるが、詐欺罪は、背後者が自ら直接的に財産侵害行為
を実行するという、間接正犯のいわば基本犯に当たる犯罪類型が存在しな
いことから、この前提には当てはまらないことが挙げられている[70]。

　このフリッシュの批判は、詐欺罪が被害者を犯罪実現の道具として利用
する点で間接正犯と同様の構造をとっていることを否定するものではない
が、「間接正犯」として理解することから解釈論上の帰結を導こうとする
場合に生じうる問題点を的確に挙げていると考えられる。

(4) 間接正犯の「定型化」としての詐欺罪理解

　詐欺罪を間接正犯構造として理解する考え方は、かような批判を受けて
放棄されるのではなく、その内容をより具体化し適合的なものとすること
を通して補強され主張されている。例えば、ヤコブス（G. Jakobs）[71]は、教
科書の間接正犯についての記述の中で、「詐欺罪は、処分について故意な
く行動する道具による間接正犯の定型化されたものである」と説明を加え
ている。また、ザイアー（J. Seier）[72]は、訴訟詐欺の構造の理解に、詐欺罪
の間接正犯としての理解を役立てようとしている[73]。

　とりわけ、キントホイザー（U. Kindhäuser）[74]は、前述のフリッシュによ
る批判を踏まえた上で、なお、詐欺罪を「間接正犯の定型化されたもの」

70) なお、これらの反論については、キントホイザーが、詳細な検討と再反論とを加えている
　（Kindhäuser, a.a.O. (Amn. 62), S. 348ff.）。
71) G. Jakobs, Strafrecht Allgemeiner Teil, 2. Aufl., 1991, 21/80.
72) J. Seier, Prozeßbetrug durch Rechts- und ungenügende Tatsachenbehauptungen, ZStW102,
　1990, 563ff.
73) もっとも、そこでの適用については、詐欺罪を「間接正犯の定型化」と理解することを同じ
　く支持するキントホイザーからの批判がある（Kindhäuser, a.a.O. (Amn. 62), S. 348 Fn. 26）。
74) Kindhäuser, a.a.O. (Amn. 62), S. 339ff.

として理解することを明確に主張する。その根底には、彼の、刑法総則の
分類構造は各則の諸犯罪類型を組み入れることができる、そしてその限り
においては、犯罪の解釈が、総則の当該規定の適用として理解されうる、
とする、刑法の総論と各論の関係についての理解がある。

　彼は、犯罪の大部分は「正犯中立的」（täterschaftsneutral）であるが、
正犯形式を定型化した犯罪が存在するとし、被害者の意思に反する行為が
構成要件に必要な「直接正犯の類型化」として住居侵入罪と窃盗罪を、そ
して被害者の意思を伴う行為を構成要件が要求する「間接正犯の類型化」
として詐欺罪と恐喝罪を挙げる。[75]

　詐欺罪を間接正犯構造として理解することの妨げとして、フリッシュは、
詐欺罪には基本犯に当たる犯罪類型がないことを挙げていた。これに対し
て、キントホイザーは、刑法典上の間接正犯規定（25条）の解釈として、
基本犯の存在は必ずしも要求されていない、と反論する。[76]

　そして、詐欺罪を間接正犯が定型化された犯罪として理解することから
は、その構造上、詐欺罪における行為者は、被害者の意思に働きかけるこ
とによって、その権利領域に直接介入することなく被害者に自身の財産の
減少をもたらす、との理解が導かれる。つまり、詐欺罪の構成要件が構造
上2つの部分に分解され、①本来の法益侵害行為は、行為者がこの財産減
少について答責的であると理解されうることを条件として、財産保持者
（あるいは法的効果を持つその他の行為者）が行為者または第三者のために行
う財産の減少を招く処分であり、②詐欺罪構成要件の欺罔を明確に規定す
る部分が詐欺罪特有の間接正犯構造を根拠づける要件を規定している、と
理解される。このことからもわかるように、キントホイザーは、欺罔を、
犯罪特有の法益侵害としてではなく、──他者に決定された財産減少の不
法の危険の設定として──行為者に、被害者の処分を行為者自身の行為と
して帰責するための基礎にすぎない、と理解している。[77]

　詐欺罪を間接正犯構造の犯罪として理解することについての現在の議論

75）　*Kindhäuser*, a.a.O.（Amn. 62）, S. 340f.
76）　*Kindhäuser*, a.a.O.（Amn. 62）, S. 350.
77）　*Kindhäuser*, a.a.O.（Amn. 62）, S. 351f.; *Kindhäuser*, a.a.O.（Amn. 63）, Rn. 49.

状況は、前述のように、肯定説が存在する一方で否定説も継続して支持されているというところにある。[78]

⑸　検　討

これまでの概観を基に考察すると、詐欺罪を間接正犯の構造をとる犯罪類型として理解することについて、肯定説と否定説の間に差異をもたらしている決定的な原因は、詐欺罪の構造についての理解の差にあるわけではないことがわかる。そうではなく、詐欺罪を「間接正犯」あるいは「構造上間接正犯に類似する犯罪」として理解することの帰結として、「間接正犯論」における解釈論上の議論が詐欺罪を理解する際にどこまで影響を及ぼすと考えるかについての程度の差にある、と考えられる。

本書の問題関心からすれば、詐欺罪が他の罪の間接正犯として処理されるわけではない現行規定の存在から、間接正犯論自体の解釈論的帰結がすべて詐欺罪に当てはまるわけではないことはむしろ当然の前提として受け入れられることになる。そして、検討の必要がある課題は、詐欺罪の行為類型に対して独立した構成要件が用意されている理由の解明である。つまり、行為者と被害者の関係について構造上は被害者利用の間接正犯と同じ形態をとるものとして把握することが可能であるにもかかわらず、なぜ、特定の財産犯の間接正犯とするのみでは説明できないのかを、明らかにする必要がある。フリッシュが指摘したように、詐欺罪の犯罪類型を間接正犯として理解した場合には、その基本犯となる形での、被害者を利用せずに行為者自身によって被害者の財産を侵害する規定が存在しないし、観念できない。この点について、なぜそのような基本犯が観念できないのか、例えば財産犯の最も基本的な形態であるといえる窃盗罪を基本犯とし、詐欺罪を窃盗罪の間接正犯として処理するという途がとられていない理由はどこにあるのかを検討する必要があると思われる。

⑹　小　括

本項における検討からは、詐欺罪を、間接正犯構造を有する犯罪類型として理解することが可能であり、かつ適切であることが明らかになった。

---

78)　例えば、*Tiedemann*, a.a.O. (Anm. 63), §263 Rn. 5.

確かに、間接正犯としての理解を極めて厳密に詐欺罪に適用しようとするならば、否定説が指摘する問題点が生じることは否定できない。しかし、独立の構成要件として存在している詐欺罪が行為者と被害者の関係について「間接正犯と同様の構成要件構造を有している」と解することに対しては、その批判は妥当しないものと考えられる。そして、かような構成要件構造の理解は、行為者による欺罔行為が惹き起こす法益侵害が、被害者自身の手による財産侵害結果であると理解することの明確な理論的説明を可能とする。

　それでは、間接正犯構造を有する詐欺罪が、他の財産犯の間接正犯ではなく、独立の構成要件として規定されているのはなぜだろうか。この点を解明することによって、詐欺罪の犯罪成立判断にとって重要な意味をもつ、財産犯全体の中でも詐欺罪に特有の性質が示されよう。

3　「間接正犯構造」としての詐欺罪とその他の財産犯との関係
(1)　序　　論

　詐欺罪規定は、被害者利用の間接正犯の構造を有しつつも、独立の構成要件として存在している。詐欺罪規定成立の歴史的経緯に鑑みると、現在の規定の形式は唯一の選択肢ではなかった。その中から、現在の形式が選択されたのは、単なる偶然によるのではなく、詐欺罪の特性を捉えるのに最適と考えられたためであろう。独立の構成要件として詐欺罪規定が存在することは、詐欺罪を他の財産犯の間接正犯として処理することができないことを示すものである。そしてその理由は、財産犯の内部で詐欺罪を特徴づける独自の要素である、手段行為・侵害態様の性質の違いに起因すると考えられる。

　そこで、以下では、まず、ドイツにおいて詐欺罪を間接正犯構造として理解する見解が、そこからいかなる解釈論上の帰結を導き出しているかを概観する。その後で、その理論的帰結の内容に関する日本における議論を概観し、検討を加える。

(2) ドイツにおける詐欺罪と間接正犯の理論的関係

　キントホイザー[79]は、前述（2(4)）したように、詐欺罪を間接正犯構造を有する犯罪類型として理解する。そして、彼は、この理解から、詐欺罪と窃盗罪とは、所有権侵害とそれによる財産侵害の一般的不法領域における、表現型が独立しただけの実体的には一致した犯罪である、との帰結を導く[80]。つまり、両罪が想定する保護対象は共通であるから、詐欺罪の保護法益も財産のみであり、詐欺罪の処罰根拠は本質的に他人の財産の侵害にある、と理解するのである。そして、欺罔は、被害者の処分を行為者自身の行為として帰責するための基礎にすぎず、欺罔による処分の自由の侵害は、財産的損害と並んで詐欺罪の法益侵害を構成するわけではない、とする。

　彼の見解は、詐欺罪が間接正犯構造を有することによって、詐欺罪と基本的な財産犯である窃盗罪との同質性を説明し、詐欺罪の実質も窃盗罪と同様に「財産」法益侵害である、とするものである。

　逆に、間接正犯論を出発点として詐欺罪の理解に接近しようと試みるのが、ホイヤー（A. Hoyer）の見解である[81]。彼は、詐欺罪・恐喝罪は、条文上規定された間接正犯の特別な場合であるとする。そして、強制（Zwangslage）により被利用者の意思が欠缺する特別の場合として253条の恐喝罪が、また錯誤により知識が欠缺する特別の場合として263条の詐欺罪が規定されている、と理解する。そして、行為媒介者の意思に瑕疵がある場合に行為媒介者の行為が背後者に帰属し、背後者が間接正犯とされるに足るだけの事情の基準を、詐欺罪・恐喝罪の規定の理解から導こうとする。つまり、この各則における規定の理解を実定法が想定している間接正犯の一場合と捉え、ここにおける理解を一般化し、間接正犯一般についても、正犯性を肯定するために積極的な欺罔行為・脅迫行為が要求される、と主張するのである。

　この見解は、欺罔を、財産犯の中における詐欺罪の独自性を示すに留まらず、間接正犯構造一般に共通の、正犯性を根拠づける一要素である、と

79) *Kindhäuser,* a.a.O. (Amn. 62), S. 350f.
80) *Kindhäuser,* a.a.O. (Amn. 63), Rn. 47.
81) *A.Hoyer,* Systematischer Kommentar zum Strafgesetzbuch, 7. Aufl., 2001, §25, Rn. 98ff.

考えるものである。

　他方、イェルデン（J.C. Joerden）[82]は、詐欺罪を間接正犯構造として理解する考え方には直接言及していないものの、詐欺罪規定と財産犯全体の関係について興味深い指摘をしている。彼は、被害者の同意の有効性について論じる中で、詐欺罪規定が存在するのは、一般的な財産侵害罪の規定がないためであり、そのような一般規定があれば、総論領域における被害者の同意の考え方を適用することで、詐欺罪に取って代わることが可能である、と述べている。

　この考え方は、詐欺罪が独立の規定として存在することが必要となる理由を、現行の財産犯規定においては一般的な財産侵害罪が存在せず侵害態様ごとに構成要件が細分化されているために、詐欺罪の守備範囲に対応する規定がほかに存在しないからである、と捉えているものと理解できる。

(3)　日本における詐欺罪と間接正犯の理論的関係

　日本では、ドイツとは異なり、詐欺罪が間接正犯構造を有するという視点から一般的かつ総論的に論じられることはほとんどなかったといってよい。従来の日本の議論で、欺罔による間接正犯の成立が検討されたのは、主として、偽装心中をめぐる殺人罪の間接正犯の成否の問題についてであった。また、詐欺罪と窃盗罪との関係は、被害者による交付の有無の判断に関連して論じられるに留まっていた。しかしながら、財産のみを保護法益と解する点において、窃盗罪は財産犯の領得罪の中で最も基本的である。それゆえ、窃盗罪と詐欺罪とを比較することは、財産犯の中で詐欺罪が特に有している独自性を明らかにするために有益である。また、近時は、前述Ⅱで取り上げたドイツの議論をめぐり、日本でも議論が散見されるようになってきている。

　そこで、以下では、これらの見解を概観し、検討を加えることとする。

　佐伯教授は、詐欺罪についてドイツで提唱されている「機能的連関」（funktionale Beziehung）説を検討する中で、詐欺罪を「被害者を『道具』

---

82)　*J.C.Joerden*, Einwilligung und ihre Wirksamkeit bei doppeltem Zweckbezug, Rechtstheorie 22, 1991, 165, 177.

として利用した間接正犯形態」と捉える考え方に言及し、「詐欺罪は間接[83]
正犯形態による他人の財産の侵害と考えてよいであろう」としておられる[84]。
ここでは、詐欺罪が間接正犯構造を有することは指摘されているものの、
詐欺罪の窃盗罪との同質性、あるいは差異については述べられていない。

　他方、山口教授は、「交付の有無」を詐欺罪と窃盗罪の区別の基準とさ
れ、それに関連して詐欺罪と窃盗罪の間接正犯との関係について論じてお
られる。そこでは、「詐欺罪は、実質的には、欺罔により法益関係的錯誤
を生じさせて財産の占有を移転する、被害者を利用した窃盗罪の間接正犯
形態のうち、交付意思・行為が欠如する部分を除外したものを、いわば窃
盗罪から取り出して規定したものともいえ[85]る、との見解が示されている。
かような見解の前提には、両罪の根底にある被害の実質が共通するもので
あるとの理解が存在するとみることができよう。

　島田聡一郎[86]教授は、間接正犯の成立要件を検討する中で、前述（(2)）し
たホイヤーの見解を取り上げられ、詐欺罪を「間接正犯」として理解する
ことの是非について論じておられる。そして、詐欺罪を単純に窃盗罪の間
接正犯と理解することに疑問を呈され、詐欺罪はむしろ窃盗罪の間接正犯
が成立しない場合に処罰を拡張することに（少なくとも主たる）意義があ
る、とされる。島田教授によれば、窃盗罪の保護法益は占有であり、占有
侵害の有無・程度に完全な認識があれば、その他の点の錯誤は窃盗罪の間
接正犯の成立を基礎づけうる瑕疵とはいえない。他方で、詐欺罪に関して
は、「少なくとも財物の事実上の占有移転について意識的である」場合が
その核心部分である。それゆえ、詐欺罪は、窃盗罪の間接正犯が成立しな
い場合に、そのような行為の頻発性および当罰性の高さから、窃盗罪とは
異なる「財産交換の失敗」を独自の法益侵害とすることで処罰を広げるも
のである。島田教授は、このように主張される[87]。

　この見解は、詐欺罪と窃盗罪とでは保護法益の内容が異なるとの理解を

83)　佐伯・前掲注8）111頁。
84)　佐伯・前掲注8）112頁。
85)　山口厚「詐欺罪における交付行為」同・前掲注16）『問題探究刑法各論』149頁。
86)　島田聡一郎『正犯・共犯論の基礎理論』（東京大学出版会・2002年）167頁以下。
87)　島田・前掲注86）170頁。

明示し、両者の保護法益の具体的な差異と詐欺罪の存在意義についての自身の理解を提示されるものである。これは、詐欺罪が財産犯体系の中で固有の性質を有するとしている点において、注目に値すると思われる。

　森永真綱教授は、被害者の同意について検討する中で、前述（(2)）したイェルデンの主張に着目しておられる[88]。そして、森永講師は、イェルデンの見解を受けて、「仮に詐欺罪の規定がなくとも、財産について被害者の承諾のルール（あるいは間接正犯のルール）を適用し事例解決を図ることも可能といえ」ること、また「窃盗罪の間接正犯という構成もありえ」ることを示唆される[89]。

　この考え方は、現行法の解釈論としてではなく、立法論として、立法段階における詐欺罪の規定形式の1つの選択肢として述べられているものである。この議論からは、詐欺罪に当たる行為を被害者の同意や間接正犯といった犯罪論の一般原理によって他の財産犯規定を適用して処理するのではなく、独立の構成要件として詐欺罪規定を置くことが選択されたことに、特別の意味があった可能性をうかがい知ることができよう。

　橋爪隆教授は、詐欺罪の基本的な理解を、「財産犯の基本形態ともいえる」窃盗罪と比較することによって示そうと試みておられる[90]。そして、詐欺罪を法益関係的錯誤の考え方を用いて理解する場合には、論理的には、詐欺罪と考えられていた犯罪類型は被害者を利用した窃盗の間接正犯の一部にすぎず、両罪の罪質には根本的な相違はない、との理解にたどり着く可能性もあることを示唆される[91]。しかし、橋爪教授は、このような理解を否定し、その理由として、窃盗罪と詐欺罪とでは保護法益の実体が異なり、それゆえ（同意を無効とする）法益関係的錯誤の内容が異なる、という考え方がありうることを指摘される。そして、このような考え方に基づいて、「詐欺罪（の一部）は、窃盗罪の間接正犯が成立しない場面を刑事政策的な理由に基づいて拡充したもの」との見解を示される[92]。

88）　*Joerden,* a.a.O.（Anm. 82), S. 177.

89）　森永・前掲注5）211頁以下。

90）　橋爪隆「重要論点刑法各論(11) 詐欺罪（上）」法教293号（2005年）71頁以下。

91）　橋爪・前掲注90) 72頁。

92）　橋爪・前掲注90) 72頁脚注10。

　この見解は、詐欺罪が間接正犯構造を有するとはいっても詐欺罪を完全に窃盗罪の間接正犯として捉え尽くすことはできないこと、その理由が両罪の保護法益の相違にあること、また、保護法益の相違により同意の有効性を否定する「法益関係的錯誤」の内容が異なってくる可能性があることに言及している点で、詐欺罪の理解に対して示唆に富んでいると思われる。

(4) 検　　討

　以上の議論を概観すると、詐欺罪が独立の構成要件として設けられた理由は、その保護法益の内実が窃盗罪とは異なるためではないか、と考えられる。なぜなら、イェルデンが詐欺罪規定が必要となる理由として「一般的な財産侵害罪の規定」がないことを挙げていることにも表れているように、現行の刑法上の財産犯規定のいずれを取り上げたとしても、その間接正犯の形では説明しきれないものが詐欺罪の守備範囲の内部にある、と考えられるからである。つまり、現在の詐欺罪の保護法益と考えられている内容には、窃盗罪の保護法益として考えられている「財産」の内容と重なり合わない部分が含まれているのである。

　詐欺罪に相当する「被害者利用の窃盗罪の間接正犯」が想定可能かを考えることが、ここでの考察に示唆を与えよう。そもそも窃盗罪は、被害者の意思に反していることを前提としているから、被害者の同意があれば構成要件該当性が阻却され、被害者が責任無能力であるなど特別な事情がない限り、通常は犯罪が成立しない。また、被害者自身が交付することになれば、「窃取」という概念からは遠ざかる。

　このことに加え、財産に関係する事実について「人を騙す」行為があっても詐欺罪ではなく窃盗罪の間接正犯が成立する場合があることについても、考える必要がある。つまり、詐欺罪の欺罔行為は、当該財産について交付行為をなしうる者に対して行われることが必要であるため、例えば、財産処分の権限・地位を持たない無関係の第三者に対して、他人の物を自己の物と申し向けて自己に交付させるような行為に対しては、窃盗罪の間接正犯が成立することになる。[93]

---

93)　小暮得雄ほか編『刑法講義各論——現代型犯罪の体系的位置づけ』（有斐閣・1988 年）208 頁〔中森喜彦〕。

　これらのことから、詐欺罪は、行為者が欺罔を用いて「被害者に対して」「その意思形成に直接的に影響を及ぼす」ことをその必須の要素とし、そのような侵害に晒されうる財産の側面を保護するために罰するものであることが理解できる。この点は、他の財産犯と決定的に異なるとともに、詐欺罪の罪質を特徴づける必須の要素なのである。ゆえに、詐欺罪は、窃盗罪に代表されるその他の財産犯のいずれとも、その保護の対象となる「財産」の側面が異なり、当該構成要件が念頭に置いている保護法益としての「財産」の内容にも異なる部分を有すると理解することが適切と考えられる。

(5) 小　　括

　本項の検討の結果、間接正犯構造を有する詐欺罪が、他の財産犯の間接正犯とはされておらず、独立の構成要件として規定されていることの意味についての1つの理解が得られた。詐欺罪は、例えば奪取罪である窃盗罪の間接正犯によってその守備範囲の全体をカバーすることはできない。このことは、詐欺罪と窃盗罪が、同じ「財産」の語で表される保護法益を有しつつも、当該構成要件が想定している被侵害法益の内容が完全に一致するわけではないことを意味するのである。そうだとすれば、詐欺罪の本質を理解するためには、財産犯一般についての保護法益論からさらに一歩踏み込んだ、「詐欺罪の」保護法益論を検討することが必要である。

4　小　　括

　本節の検討から、詐欺罪という犯罪類型が間接正犯構造を有しているにもかかわらず独立の構成要件として規定されていること——つまり、基本的な財産犯の間接正犯として処理されるのではなく、独立の構成要件が設けられていること——は、現存する各財産犯の間での保護法益の相違に由来すると考えることが適切であるのが判明した。このことは、詐欺罪の保護法益が従来「財産」であると説明されるに留まり、詐欺罪の保護法益論を独自の問題として論じることがほとんどなかった状況に対して再考を促すものといえる。間接正犯構造に注目した本節での検討からは、詐欺罪が、財産侵害結果をもたらす間接正犯構造を有しながら、基本的な財産犯であ

る窃盗罪の間接正犯としてではなく独立の構成要件として規定されている点に、想定する保護法益の差異を読み取ることが可能である。つまり、詐欺罪が財産犯体系の中で独立の構成要件として存在していることの理由の1つは、窃盗罪の——あるいは現存する財産犯の内のいずれかの——間接正犯としてでは、詐欺罪規定が対象とする行為の全体を処理することができないからではなかろうか。そして、この理解こそが、その本質により即した詐欺罪の理解をもたらしうるのである。

　かような帰結からは、詐欺罪の「保護法益」の内容の明確化が、次なる課題となる。「詐欺罪の保護法益は窃盗罪の保護法益とは異なる（あるいは異なる部分をもつ）」との前提から出発することから、詐欺罪の保護法益の内容は、物質的な側面での財産に尽きるのではなく、両罪の差異である手段行為の行為態様にも関係するものになると考えられる。そしてこのことは、「欺罔」という要素が、詐欺罪の保護法益に密接にかかわってくることをも示している。

IV　「欺罔」の体系的位置づけと詐欺罪の保護法益

　本章では、詐欺罪の構成要件構造を、「錯誤に基づく被害者の同意」および「被害者利用の間接正犯」の議論との対比によって把握することを試みた。

　従来、詐欺罪における「欺罔」は、手段行為の行為態様であることから、違法性の本質に関して行為無価値論の立場を採るか結果無価値論の立場を採るかによって、その位置づけが異なると考えられてきた。一般に、行為無価値二元論からは、不法内容は法益侵害という結果無価値と侵害態様という行為無価値の両方によって規定されると理解され、他方、結果無価値論からは、不法内容は法益侵害のみであり、その法益侵害の内容は現実の侵害結果およびその危険性であると理解されている[94]。このことから、詐欺罪における欺罔については、行為無価値論からは、いかなる態様の欺罔行

94)　内藤・前掲注 3 ）320 頁以下参照。

為が非難に値する「違法な行為」かを判断する基準として把握されるのに対して、結果無価値論からは、違法性には直接関係しない手段行為を制限する要素として把握される、との理解が漠然ととられていたように思われる。しかし、**本章**での検討によれば、「欺罔」は、より本質的に、保護法益の内実に密接にかかわってくる要素とみることがより適切と考えられる。

　詐欺罪と「錯誤に基づく被害者の同意」および「被害者利用の間接正犯」の議論との対比により、詐欺罪の保護法益の内実の捉え方についてさらなる明確化が必要であることが明らかになった。前者の議論との対比からは、詐欺罪の「欺罔」によって陥った、詐欺罪の成立要件としての「錯誤」の範囲を限定的に解するために、詐欺罪における「法益関係的」の意味を明確にする必要が生じ、そこから「何が詐欺罪の法益か」の確定が必要とされることが明らかになった。また、後者の議論との対比からは、間接正犯と解した場合に詐欺罪の基本犯となりうる財産犯規定が存在しないことを手がかりに、詐欺罪規定の他の財産犯との相違が明らかになり、その根底にある財産犯の構成要件ごとの保護法益の相違を明らかにすることの必要性が顕在化した。

　「詐欺罪の保護法益」は何か、という問いに対しては、手段行為である「欺罔」についての観点を組み入れることなく答えることはできないと考えられる。財産法益は、その保持と並んで、交換され流通することの保護も予定されているという、他の法益とは決定的に異なる特徴をもつ。その侵害態様によって構成要件が規定し分けられているのは、財産法益は「侵害の受け方」を選ぶ法益であることの現れであると解することが可能である。そして、財産犯の保護法益に関して従来論じられてきたのは、各構成要件が対象とする保護法益としての「財産」の中核部分、あるいは共通部分であった、と考えられる。

　他方で、財産法益は、侵害行為の態様によって、保護のあり方が分かれている。このことから、財産犯の各構成要件は、それぞれに、当該構成要件が保護する「財産法益」を有する、と解することができよう。例えば、詐欺罪における財産法益の保護は「騙されて財産を交付させられることからの保護」であり、恐喝罪における財産法益の保護は「脅されて財産を交

付させられることからの保護」であるように、それらは、漠然とした「財産一般」の保護ではなく、ある特定の態様による侵害行為からの財産の保護なのである。

　そして、かような理解からは、財産法益総論としての「財産」概念に加え、各構成要件が予定している保護法益としての「財産」の内容についての検討もまた、必要となると考えられる。確かに、詐欺罪と同じ交付罪として分類される恐喝罪については、財産のみならず「身体の安全」もまた保護法益であると考えられ、「身体の安全」については、それが単独で侵害された場合にも犯罪が成立することから、「欺罔」のみで犯罪が成立する、いわば基本犯にあたる類型をもたない詐欺罪については事情が異なる、との考え方もありえよう。しかしながら、欺罔がそれ単独で犯罪を構成しないことは、欺罔が保護法益の内実にかかわってこないことを意味するものではない。財産にとって通常の機能として想定される「交換」の外形を備えながらもなお犯罪を構成すると判断される状態をもたらすのが「欺罔」なのである。この点を踏まえるならば、「欺罔からの保護」、つまりある種の「交換の自由」もまた、詐欺罪の保護法益の内実を構成すると理解することが、1つの解決なのではなかろうか。

　かような理解に基づいて詐欺罪を説明しようとするならば、ここでいう「交換の自由」が指し示す意味を明確にすることが必要である。それには、詐欺罪の保護法益としてこれまでに何が論じられてきたか、また、詐欺罪の保護法益であると考えられる「財産」についてこれまでいかなる理解がなされてきたかをより詳細に検討し、明らかにする必要がある。そこで、そのための考察を、次なる課題として、以下の章において行う。

第4章

「欺罔」と詐欺罪の保護法益との関係

Ⅰ　序　　論

　前章における詐欺罪の構成要件構造についての検討から、詐欺罪の本質に即した理解のために詐欺罪の保護法益の内実を明確にすることの必要性が導かれた。それゆえ、次に論じられるべきであるのは、詐欺罪の保護法益それ自体である。その内実を解明するために、一方では詐欺罪固有の保護法益が存在すると考える必要があるか否か、あるとすればそれは従来の「財産」法益とはどう異なるのかを、他方では一般的に詐欺罪の保護法益と理解されている「財産」法益はいかなる要素・内容を含む概念であるかを、それぞれ明らかにする必要がある。そこで、前者について**本章**で、後者について次の**第5章**で論じる。

　従来、日本における詐欺罪の議論で詐欺罪固有の保護法益について論じられる機会はほとんどなかった。せいぜい、信義誠実が詐欺罪の保護法益に含まれるか否かについて論じられた程度で、かつこの点については現在ほぼ否定されてきている。

　しかし、近時、この状況は変わりつつある。**前章**において取り上げた、被害者の同意論における「法益関係的錯誤説」の登場とそこでの議論の精緻化によって、詐欺罪の保護法益の内実を詳細に掘り下げる必要が生じてきた。そしてこのことを契機として、単に「保護法益は財産である」と説明すれば足りるとするのではなく、詐欺罪が対象としているのは財産のいかなる側面であるかについても論じる見解が散見されるようになってきている。この傾向は、詐欺罪の本質的理解の追究へとつながるものであり、極めて興味深い。

　もっとも、日本で保護法益に注目する見解が主張されるようになったのは、近時になってからである。他方で、ドイツにおいては、詐欺罪がかつての「偽罪」概念から派生したという沿革ゆえに、その保護法益は何であるかが、これまでに何度も議論の対象とされてきている。そして、現在もなお、詐欺罪規定は刑法改正の中で少しずつ形を変え続けており、詐欺罪の特別構成要件が刑法典の内部に次々と新設されている状況にある。それゆえドイツでは、かような特別構成要件を含めた詐欺罪全体について統一的理解が可能か、また必要か、との観点からも、詐欺罪の保護法益が何であるかということが検討すべき課題であり続けている。

　そこで、**本章**では、まず近時の日本における議論状況について概観し、詐欺罪の保護法益を理解するためにいかなる観点が必要とされているのかを把握する。その後で、ドイツにおいて、詐欺罪が規定上明確に「財産犯」になった後に、その保護法益に関して何が論じられてきたかを概観する。ここでの検討からは、詐欺罪の本質として把握されるべき「性質」が何であると考えられてきたかを見て取ることができるとともに、詐欺罪の保護法益についての把握のしかたも幾通りか見出すことができよう。そして、これらの議論を検討することを通して、現在の日本においては詐欺罪の保護法益をどのように捉えることが適切であるかを明らかにする。

Ⅱ　日本における議論状況

1　序　　論

　前述したように、日本では近時まで、詐欺罪の保護法益について論じられる機会はごく少なかった。詐欺罪の保護法益に関して従来問題とされてきたのは、以下の３点である。すなわち、①国家的法益に対する場合に詐欺罪が成立するか、②詐欺罪の保護法益である「財産」は所有権その他の本権かあるいは所持それ自体か、[1] そして③詐欺罪の保護法益は財産に尽き

1）　この点を論じたものとして、井上正治「財産罪の法益」日本刑法学会編『刑法講座　第６巻』（有斐閣・1964年）9〜11頁。

るかについての議論が、これまで行われてきた。[2)]

　第一の問題は、「国家」と「財産」との関わりをどのように捉えるか、つまり、詐欺罪が個人的法益に対する罪と理解されていることの意味についての問題である。これは、そこで採る立場から本書の検討への示唆を得るというよりもむしろ、本書で導かれた詐欺罪の保護法益についての理解を適用してその解答を導くべき問題であるといえるため、ここでは扱わない。第二の問題は、奪取罪全体に関する（そして主に窃盗罪について論じられる）「奪取罪の保護法益」の理解における本権説と所持説の対立に由来するものであり、詐欺罪のみに固有の保護法益について論じているわけではない。これは、保護法益としての「財産」をどのように把握してきたかという問題であり、「財産」概念という枠組み自体を検討の対象とする、次の**第5章**において論じるべき問題である。そして、本書の考察においてまず論じられるべきなのは、第三の、詐欺罪の保護法益が財産のみであるか否かの問題であることがわかる。

　日本における通説的見解は、詐欺罪の保護法益を財産のみと解してきた。学説においては、取引における信義誠実も保護法益であると解する説も存在こそするものの、少数説に留まっている。[3)]　また、判例の表現において[4)]「信義則」「取引における信義誠実」などが詐欺罪成立の根拠の中で挙げられることも少なくないが、それらも補足的な理由づけに留まると解されている。もっとも、他の財産犯についてその保護法益を想起すればわかるように、詐欺罪が財産犯であることそれ自体は、財産以外の要素を保護法益から排除するものではない。また、「保護法益は財産である」ということ

---

2)　団藤重光編『注釈刑法(6)』（有斐閣・1966年）164～170頁〔福田平〕。
3)　長島敦「詐欺罪の研究」同『刑法における実存と法解釈』（成文堂・1986年）145頁、佐久間修『刑法講義各論』（成文堂・1990年）131頁（副次的な経済取引上の信義誠実性の維持という側面がある、とされる）。また、団藤博士は、取引における信義誠実を詐欺罪の保護法益に加えて理解することが可能であり、その場合には社会的法益と理解されると示される（団藤重光『刑法綱要各論〔第3版〕』（創文社・1990年）610頁）。
4)　大塚教授はこの点につき、「詐欺行為を処罰することには、取引の安全や信義誠実の保障に貢献する一面があり、詐欺の罪は、その意味における社会的秩序の維持にも奉仕している」ものの、それは詐欺罪処罰の「反射的効果」であって、「詐欺罪そのものの直接の保護法益と解されるべきではない」とされる（大塚仁『刑法各論 上巻〔改訂版〕』（青林書院・1984年）487頁）。

それ自体も、「財産」という語を用いることで法益の内容を具体的かつ物質的に把握しているかのような印象を与えることとは裏腹に、実際にそれが何を内容としているのかについてはまだ漠然としたままである。詐欺罪の保護法益についての理解を明確にするためには、ここでいう「財産」がいかなる内容を示すのかについて、その内実により立ち入って考えていく必要があると思われる。

　詐欺罪において、外形上では交付行為者の意思に即した財産の移転を捉え、財産交付の決定過程における働きかけとそれに基づく意思の瑕疵を理由に犯罪の成立が認められるのは、欺罔という手段が用いられていることによる。つまり、欺罔がなければ通常の取引・交付である財産移転が、欺罔の存在を理由に、詐欺罪の構成要件的実行行為となるのである。かように考えるならば、詐欺罪における保護法益は、欺罔からの保護であるとの側面をその内容として含んでいることになる。そして、このことと「財産」という保護法益とがどのような関係にあるのかを明らかにする必要がある。

　日本において、詐欺罪における「財産」法益の内実が意識的に論じられるようになったことには、前述（**第3章**Ⅱ）の、「錯誤に基づく被害者の同意」の一理解として提唱された、法益関係的錯誤説の影響が大きいといえよう。法益関係的錯誤説を採る論者は、この理論を一般的に妥当すべき基礎理論と考えて詐欺罪への適用を試み、そのために詐欺罪における「法益」、つまり「財産」の内実をより明確化する必要に迫られることになった[5]。また、かような取組みと前後して、ドイツでの議論の影響を受けた独自の財産概念理解から詐欺罪の保護法益について論じる見解も、少数ながら存在している。

　以下では、近時の日本における、詐欺罪の保護法益理解にみられる新しい傾向を把握することを試みる。まずは、法益関係的錯誤説による詐欺罪理解がもたらした帰結を、次いで、それを契機として登場した議論を中心とした、詐欺罪の保護法益について言及する見解を取り上げて検討する。

5）　佐伯仁志「被害者の錯誤について」神戸法学年報1号（1985年）102頁以下、山口厚「詐欺罪における財産的損害」同『問題探究刑法各論』（有斐閣・1999年）162頁。

2 法益関係的錯誤説が提示する「財産」の内実

　近時、詐欺罪の保護法益の内実について論じられるようになった大きな契機は、前述（**第3章**Ⅱ）した、被害者の同意論における法益関係的錯誤説を詐欺罪解釈論へ適用する試みの登場であろう。それまでは、詐欺罪が財産犯であることの意味は「財産に関連している」ことである、と大まかに捉えて理解され、それで足りるとされてきたと思われる。しかし、法益関係的錯誤説を詐欺罪に適用しようとするならば、「財産に関係している」というだけでは、範囲の確定が不十分になってしまう。単に「財産」に関係していればよいのであれば、範囲は相当広くなるであろうし、財産の得失・増減を物質的に捉えようとするならば、範囲は狭きに失する。かような事情から、詐欺罪において「法益関係的」であることの意味を明確にすることが必要とされ、何が詐欺罪によって保護される「法益」の内容であるのかが論じられることとなった。詐欺罪の保護法益について論じるためには、まず、そこで内実として言及された内容を再度確認することからはじめるのが適切であろう。

　佐伯仁志教授は、法益関係的錯誤説を詐欺罪に適用する場合に、「法益関係的」であるか否かの判断に際して他の個人的法益とは異なる考慮が必要となることの理由を、「生命がそれ自体の価値で保護されるべき」であるのに対して、「財産という法益は、交換経済の下において、経済的利用・収益・交換の手段として保護に値」し、「特に金銭は、それ自体の価値においてではなく、交換手段・目的達成手段としてのみ保護に値する」ことに求められる。[6] そしてこのことから、財産的給付によって得ようとするのは経済的利益だけでなく社会的目的の達成も含まれる以上、[7] 財産法益においては、法益処分行為の社会的意味の錯誤が法益関係的錯誤になると主張される。[8]

　このアプローチは、詐欺罪の保護法益を特別扱いするというよりはむしろ、「財産」概念それ自体の理解の中に、その差を読み込んで解消しよう

6）　佐伯・前掲注5）116頁。
7）　佐伯・前掲注5）116頁。
8）　佐伯・前掲注5）117頁。

とするものであったといえよう。

　山口厚教授によれば、物・利益の（交付による）移転・喪失について詐欺罪の「法益侵害性」が認められるのは、「交付意思に『法益関係的錯誤』が認められ、『完全な意思』とはいえない場合」である。そして、欺罔によってもたらされた影響は、「目的実現」の失敗、「財産交換」の失敗として把握され、これらが法益侵害として捉えられていることになり、「財産上の損害」は「物・利益の移転・喪失自体に実質的な法益侵害性を肯定しうるか」の判断基準にすぎない、と述べられる。

　詐欺罪は、「欺罔による財産の交付」を処罰の対象とし、しかも交付自体には錯誤がない場合をも処罰の対象に含む。このことから、詐欺罪において問題とされているのは、単に財産を交付すること自体ではなく、侵害されている財産の機能である、との帰結が導かれよう。そして、山口教授の見解においては、この財産の機能である「目的実現」「財産交換」が、法益としての「財産」の内部に、財産の一側面として位置づけられていることがわかる。

　法益関係的錯誤説を詐欺罪へ適用するために必要となった、財産法益において「法益関係的」であるとはいかなることかを明らかにする取組みは、「財産」法益の機能についての理解を深める形で行われた。これらの見解は「詐欺罪の保護法益＝『財産』」という命題を前提に、法益関係的錯誤説で詐欺罪を整合的に説明することを目指して提示されたものである。それゆえ、ここで付加されることになった新たな「財産」概念の理解の射程範囲については、十分に検討され尽くしてはいないように思われる。つまり、財産犯全体についての「財産法益」の理解にかかわってくるものなのか、あるいは財産犯の各類型ごとに財産の異なる側面に注目した保護法益理解を必要とするものなのかについては、ここでは言及されていない。そしてこの点が、次なる課題となると考えられる。

---

9 ）　山口厚「『法益関係的錯誤』説の解釈論的意義」司研 111 号（2004 年）109 頁。

10）　山口・前掲注 5 ）169 頁。

11）　山口厚『刑法各論〔補訂版〕』（有斐閣・2005 年）263 頁。

3　詐欺罪の保護法益の詳細に言及する見解の検討

　法益関係的錯誤説を適用して詐欺罪を理解する見解は、欺罔によって生じた「財産交換の失敗」「目的不達成」を法益侵害と捉えることを通して、詐欺罪の保護法益は「財産」である、との理解を維持している。そして、かような理解のしかたが登場したことで、財産の「機能」に注目することの必要性が再認識されるようになる。つまり、従来の「詐欺罪の保護法益＝『財産』」という把握のしかたではなく、むしろもっと端的に、詐欺罪の保護法益自体を捉え直す見解が提示されるようになってきたのである。

　以下では、「詐欺罪の保護法益」それ自体を再考する必要性に言及している見解を取り上げ、検討を加える。

　酒井安行教授[12]は、法益関係的錯誤説による詐欺罪解釈のアプローチを、「財産は専ら『交換手段』として把握され」、そこでの損害ないし法益侵害概念には「自由に設定した交換関係の不達成、失敗という要素が入る」と理解される。そしてこれを受け、「詐欺罪の法益ないし損害概念には『処分の自由』ないしその失敗という要素が入っており、財産と自由処分とが融合し、財産が物的な客体として純化していないため、その『損害』も『自由処分』の失敗として把握される」との理解を示される。そして、その一方で、かような理解を強調することが詐欺罪の「財産犯性をあいまいにする」こと、また「詐欺罪のみ財産概念・損害概念自体が他の財産犯と異なる」ことの問題性をも指摘されている。酒井教授は、この問題性を解消するために、「自由処分関連性」を財産・損害から切り離す方向性をとることを示唆される。

　この見解は、詐欺罪が財産犯であることと、「処分の自由」およびその失敗を問題としなければならないこととの整合的理解の難しさを的確に指摘している。もっとも、「自由処分関連性は、財産・損害から切り離し、『欺き』『錯誤』『処分』等の概念に位置づけることを目指」す、との方向性は、詐欺罪における「処分の自由」を財産法益特有の要素ではなく法益一般に共通の要素とみるものであると考えられる。この点については、私

---

12)　酒井安行「詐欺罪における財産的損害」西田典之＝山口厚編『刑法の争点〔第3版〕』（有斐閣・2000年）183頁。

見は立場を異にする。

　小田直樹教授[13]は、詐欺罪の限界を「損害」で画そうとすることへの疑問を出発点として、「財産犯論の枠組み」自体の再構成が必要である、と主張される。まず、従来の財産犯の保護法益についての考え方に対して、「財産犯」の内の奪取罪であるからといって窃盗罪と詐欺罪・恐喝罪の「法益」が共通するものとして議論される必然性はないことを指摘される。また、「『財産』は処分可能性を本質とするから、『被害者意思を経由した』のなら、それを『財産』侵害と言うべきではな」く、詐欺罪・恐喝罪の「『法益』は、『財産』自体の次元ではなく」「『財産取引の自由』という方が理に適う」と主張され[14]、したがって、詐欺罪における「『法益侵害』を『取引の目的』の不達成それ自体に求める[15]」ことが正当であるとされる。

　そして、そのような考えに対して想定される批判の根拠は、従来の見解の「『財産』という言葉の物質的・因果的な理解へのこだわり、被害へのこだわり、結局それは結果反（無）価値的な原理原則へのこだわり[16]」であるとの理解を示され、詐欺罪で問われるべきなのは当事者の「取引」関係の分析であり、民法における財産秩序の「側面援助」としての刑法がどのように機能すべきかについての政策的選択の問題である、と主張される[17]。

　この見解においては、詐欺罪の保護法益は「財産」ではなく「財産取引の自由」である、と理解されている。つまり、物質的に把握される財産の喪失についてではなく、財産関連的行動の自由が害された、いわば「自由に対する罪」としての性格を、詐欺罪（および恐喝罪）に認めるものである。もっとも、この見解が、法益の理解についてより徹底して、詐欺罪を「自由侵害罪」として捉えるところまで行きつくものなのか、あるいはかような性質を認めてもなお「財産犯」の枠組みに留まるものと理解するのか、換言すれば、「財産犯の保護法益は『財産』である」という命題とこの「財産取引の自由」という保護法益を認めることとの整合性をどのよう

---

13)　小田直樹「財産犯論の視座と詐欺罪の捉え方」広法 26 巻 3 号（2003 年）205 頁。

14)　小田・前掲注 13) 208 頁。

15)　小田・前掲注 13) 210 頁。

16)　小田・前掲注 13) 212 頁。

17)　小田・前掲注 13) 227 頁。

な形で説明するのかについての答えは、当該論文においては未だ明確には示されていないように思われる。

長井圓教授は、「刑法の保護法益としての『財産』は、個人が生存・生活し人格として社会的に発展するための不可欠な手段として、公共の福祉（共存・共同生活）に反しない限り、『個人の自由な自己決定』が最大限に尊重されるべき物質的ないし精神的な利益の包括的な排他的利用価値（人による財の占有・所有）である」と理解される。そしてこのことから、「『財産』とは客体自体の特質ではなく人の客体に対する自由な利用支配の関係（占有・所有）」であるとする「人格的財産概念」を支持され、これは憲法に由来する自明の概念であると主張される。そして、「形式的個別財産概念」を「人的・主観的財産概念」として再構成することを試みられるとともに、「個人の財利用の自由な選択権」を担保する「取引の自由」は「人格的個別財産概念」に不可分の要素であるとされる。

この見解は、当該「財産」についての「価値」を判定するに当たり、客体自体の性質に基づく客観的・絶対的な基準のみでなく、個人が自由に設定することが許される主観的・相対的な基準も考慮されるべきであることを踏まえている点で、注目すべきである。従来、財産概念、ことに「財物」概念について、財物といえるために必要とされる財産的価値には、客観的な交換価値に限らず主観的な価値も含まれる、と解されてきた。しかし、詐欺罪に関しては、その場面が「取引」「交換」であることが多いためか、客観的な交換価値を求める傾向があった。この傾向は、詐欺罪規定による財産保護を不完全なものにしかねない。詐欺罪も財産犯の一形態として置かれているのであるから、それによって保護される「財産」の内容は物質的な財産に限られるものではなく、主観的な価値も一定程度、法益として保護される、と理解できる。それゆえ、詐欺罪の保護法益は、かような趣

---

18) 長井圓「証書詐欺罪の成立要件と人格的財産概念」板倉宏博士古稀祝賀論文集『現代社会型犯罪の諸問題』（勁草書房・2004年）316頁。なお、この「主観（主体）的財産概念」への言及は、かつての論稿においてもなされていた（同「消費者取引と詐欺罪の保護法益」刑法34巻2号（1995年）321頁以下）。
19) 長井・前掲注18)「証書詐欺罪の成立要件と人格的財産概念」332頁。
20) 長井・前掲注18)「証書詐欺罪の成立要件と人格的財産概念」339頁。

旨を踏まえて理解されるべきである。

4　小　　括

　本節での概観から見て取れるように、日本においても、従来型の財産犯一般に共通の「財産犯の保護法益論」のみで詐欺罪の保護法益を十分に理解することはできない、との認識がなされるようになってきた。それゆえに、保護法益を画一的・客観的に把握された「財産」として理解するのでは不十分とし、財産の機能、欺罔行為が行われる場面となる「取引」の性質、財産と人との関係性などについても検討の対象に組み入れることの必要性を主張する見解が提示されるようになってきているのである。

　もっとも、この点についての問題意識は比較的新しく、議論の蓄積が日本ではまだ少ないため、欺罔と保護法益との関係について十分な検討が加えられているとはいえない。他方、ドイツにおいては、この点は古くから詳しい議論がされてきている。そこで次節においては、ドイツにおいて論じられた、客観的・物質的に把握された「財産」以外の要素を保護法益として理解しようとした見解の検討を行う。それらは、詐欺罪の「欺罔犯罪」としての側面を保護法益の理解においても取り入れようとするものである。

III　ドイツにおける議論状況

1　序　　論

　現在のドイツでは、1851 年のプロイセン刑法典において詐欺罪が財産に対する罪とされ、それを引き継いだ現行刑法である 1871 年のドイツ帝国刑法典においても財産犯として規定されていることから、詐欺罪（263条）の保護法益は財産であると解する立場が一貫して支配的見解である。もっとも、現在のドイツ刑法典において「詐欺罪」の名を冠しているのは、日本の刑法 246 条に相当する基本構成要件である 263 条のみではない。これに加えて、264 条以下には、詐欺罪の特別構成要件が新設されており、その中には抽象的危険犯とされているものもある（補助金詐欺（264 条）、

投資詐欺（264条a）、信用詐欺（265条b））。抽象的危険犯である特別構成
要件においては、侵害結果が現に発生することを必要とせずに、財産侵害
を目指すことで既遂犯の成立が認められることになる。つまり、いわゆる
「欺罔行為」があれば構成要件が充足されることになる。かような動向は、
詐欺罪における欺罔行為の重視化傾向と捉えることもできよう。

　この状況を受け、現在のドイツでは、263条a以下の特別構成要件にお
ける保護法益は何であると考えるか、すなわち、263条と同様に財産保護
を目的とするのか、それとも超個人的法益の保護を目指すと理解するのか
について、議論がなされている。また、基本構成要件である263条自体に
ついても、詐欺構成要件に、財産侵害という結果面に関連する財産法益に
加えて、行為面に由来する欺罔関連的な（副次的）法益を認めるかについ
て、議論が存在する[21]。

　そこで、以下においては、現在のように「財産犯としての詐欺罪」との
規定の位置づけが定まった時期以降に、欺罔に由来する要素を法益と関連
づける見解がいかなる主張をしてきたかを、時系列に沿って概観する。そ
してその後で、それらの見解の中で提示された捉え方を整理し、検討を加
える。

2　欺罔に関連させて保護法益を論じる見解の展開

(1)　序　論

　ドイツでは、詐欺罪は、**第2章**で前述した歴史的展開を経て、最終的
に財産犯として確定した。しかし、その後も、「欺罔」という手段行為に
由来する要素を保護法益の内部に取り込もうとする試みは、幾度かなされ
てきている。このことは、詐欺罪規定の制定過程でもみられたように、詐
欺罪において「欺罔」が本質的要素であり、客観的に把握可能な財産の移
動のみでは詐欺罪規定を通して保護するべき内容を確定することができな
いのではないか、と考えられたことの現れであろう。そして、これらの試
みの中に、現在の問題状況を解消するための重要な示唆を見出しうると考

---

21)　*K. Tiedemann,* Leipziger Kommentar Strafgesetzbuch, 11. Aufl., 33. Lieferung, 2000,
　　Vor§263 Rn. 18.

えられる。

　以下では、かような観点から、これまでにいかなる見解が主張されたか
を時系列的に概観する。[22]

(2)　「財産犯としての詐欺罪」前史における「欺罔」

　「真実に対する権利」（Recht auf Wahrheit）の考え方は、フォイエルバッ
ハ（Feuerbach）[23]の説に遡ることができるとされる。[24]彼は、教科書の記述
において、現在の詐欺罪に当たる類型を、「信義誠実な契約の侵害」（Ver-
letzung der Verträge auf Treue und Glauben）として捉えている。[25]また、彼
が制定に深く関与した 1813 年制定のバイエルン刑法典では、詐欺罪の章
名が「詐欺による他人の権利の侵害について」[26]となっており、詐欺罪につ
いても「権利侵害」の枠組みで捉えられていたことがうかがえる。

　また、ドイツの現行刑法典の前身となった 1794 年のプロイセン一般ラ
ント法は、詐欺罪について、「錯誤を生ぜしめ他人の権利を侵害した者は
詐欺罪とする」[27]との規定を置いていた。ここから、詐欺罪の条文は、当時
まだ財産に対する罪として確立しておらず、真実を歪曲・隠蔽して他人の
利益を侵害する場合のすべてが含まれうる形態であったことが見て取れる。[28]

　これらの考え方は、前近代的な偽罪（falsum）概念の影響を色濃く残す
理解のしかたであった。そして、近代的な刑法典における刑罰規定の明確
化・客観化の要請から、曖昧さを排除するために、財産犯としての詐欺罪

---

22)　以下の、詐欺罪の保護法益についての検討を構成するに当たっては、次の文献を参考にした。
　　Tiedemann, a.a.O.（Amn. 21）, Vor§263 Rn. 18ff.; *W.Naucke*, Zur Lehre vom strafbaren Betrug,
　　1964, S. 103ff.; *P.Cramer*, Schönke-Schröder StGB Kommentar, 26. Aufl, 2001, §263 Rn. 1.; *U.*
　　Kindhäuser, Nomos Kommentar StGB, 2. Aufl., 2005, §263 Rn. 12.

23)　*P.J.A. v. Feuerbach*, Lehrbuch des gemeinen in Deutschland gültigen peinlichen Rechts, 14.
　　Aufl., 1801, §410ff.

24)　*Tiedemann*, a.a.O.（Amn. 21）, Vor§263 Rn. 22; *M. Pawlik*, Das unerlaubte Verhalten beim
　　Betrug, 1999, S. 115.

25)　*Feuerbach*, a.a.O.（Anm. 23）, §410ff.

26)　原文：Fünftes Kapitel. Von Beeinträtigung fremder Rechte durch Betrug. 256 条以下が詐欺
　　罪規定である。日本語訳として、中川祐夫訳「1813 年のバイエルン刑法典（IV）」龍法 3 巻 3 =
　　4 号（1971 年）122 頁。

27)　1256 条の原文：Jede vorsätzliche Veranlassung eines Irrthums, wodurch jemand an seinen
　　Rechte gekränkt werden soll, ist ein strafbarer Betrug.

28)　*P.Cramer*, Vermögensbegriff und Vermögensschaden im Strafrecht, 1968, S. 24.

規定に取って代わられた。[29]

(3) 「騙す」犯罪としての理解の再登場

　1871 年のドイツ帝国刑法典の制定により、詐欺罪規定が財産犯として理解されることは確定的になった。

　かような詐欺罪の理解に変化が現れはじめたのは、1930 年代のことである。1930 年代以降 1945 年までのナチスの台頭と支配というドイツの特殊な社会政治状況[30]を受けて、刑法理論全体が国家主義的傾向を強め、財産犯の領域にもその影響が次第に及び、解釈論にも変化がでてくるようになる。[31]当時の刑法理論、とりわけ財産犯論においては、「権利」侵害を処罰の契機とする民事法に従属した考え方から脱し、刑法独自の判断をすべきであるとする主張が出されるようになる。また、刑法による社会統制の側面が重視されたことによる、社会倫理規範機能の強化を目指す傾向もあった。これらの変化を通して、法益として真実や信頼に着目する見解が次々と主張されるようになった。そしてその中で、詐欺罪を「騙す」犯罪として捉えようとする見解も強く主張されることになる。

　当時の、詐欺罪を「騙す」犯罪として理解し直そうと試みる見解は、「欺罔」に由来する要素と財産法益との関係の捉え方によって、大きく 3 つに分類することが可能である。すなわち、①詐欺罪の主たる保護法益を財産と捉え、欺罔に由来する要素を副次的な保護法益と考える見解、②欺罔に由来する要素自体を保護法益の主たる内容と捉える見解、そして③欺罔に由来する要素を財産概念の内部で捉えようとする見解、の 3 つである。以下においては、これらの見解を順に概観する。

　詐欺罪の主たる保護法益を財産と捉え、欺罔に由来する要素を副次的な保護法益と理解するものとしては、フランク（R. Frank）[32]の見解が挙げら

---

29)　*Tiedemann*, a.a.O. (Amn. 21), Vor§263 Rn. 22.

30)　ナチス期の社会状況と刑法の関わり一般について、山中敬一「ナチス刑法における『法の革新』の意義——その解明の試み」ナチス研究班編『ナチス法の思想と現実』（関西大学法学研究所・1989 年）159 頁以下。

31)　このことを指摘するものとして、福田平『全訂刑法各論〔第 3 版増補〕』（有斐閣・2002 年）166 頁、木村光江『財産犯論の研究』（日本評論社・1988 年）340 頁。

32)　*R.Frank*, Das Strafgesetzbuch für das Deutsche Reich, 18. Aufl., 1931, §263 I (S. 581).

れる。

　フランクは、コンメンタールにおける詐欺罪についての記述で、詐欺罪を恐喝罪と比較する。両罪は、詐欺と恐喝という攻撃手段こそ異なるものの、その攻撃がなければそのようにしなかった、つまり、被害者の真意（wahren Willen）に合わないという共通点を有する。このことを理由に、詐欺罪も恐喝罪と同様に財産に対する罪であると同時に自由に対する罪でもあるとの理解が主張されていることを肯定的に紹介し、その際の「自由」の意味はいわゆる自由侵害犯（Freiheitsdelikte）における「自由」とは内容が異なることになる、と補足する。そして、「詐欺罪は、財産に対するのに加え、被侵害者の真意に対しても向けられる」との理解を示し、コーラー（J. Kohler）が詐欺罪を「人格（Personlichkeit）の濫用による財産に対する罪」と表現している[33]のはこの意味においてである、とする[34]。

　欺罔に由来する要素自体が詐欺罪の保護法益の主たる要素と理解するものとしては、ヘンケル（H. Henkel）[35]、コールラウシュ（E. Kohlrausch）[36]、ケムパーマン（E. Kempermann）[37]の見解が挙げられる。

　ヘンケルは、判例評釈において、詐欺罪の本質は「取引における信義誠実」（Treu und Glauben im Verkehr）への攻撃に存在するとし、詐欺罪の構成要件の中核的な内容を形成しているのは、被欺罔者に財産を減少させる措置に出ることを動機づけるような欺罔が詐欺罪として理解されるべきであるという法的思考である、との見解を提示する。そして、この立場から、問題となっている判例が示した、行為無能力者である被欺罔者には錯誤の惹起が欠けており事象全体の意味を理解していないため263条が含む法的思考に該当しない、との考え方は失敗である、と述べる[38]。

　コールラウシュは、ナチスの世界観に沿う刑法典のあり方を検討し、財

33)　*J.Kohler*, Studien aus dem Strafrecht. 1. Bd., 1890, 126/8. (zit. *Frank*, a.a.O. (Anm. 32), S. 581).
34)　*Frank*, a.a.O. (Anm. 32)、§263 I (S. 581).
35)　*H.Henkel*, Urteilsanmerkung in ZAkDR 1939, S. 133.
36)　*E.Kohlrausch*, Vermögensverbrechen im Wandel der Rechtsprechung und Gesetzgebung, aus: Beiträge zum Recht des neuen Deutschland: Festschrift für Schlegelberger, 1936, S. 207.
37)　*E.Kempermann*, Wesen und Unrechtsgehalt des Betruges, ZStW 57, 1938, S. 126ff.
38)　*Henkel*, a.a.O. (Anm. 35), S. 133.

産犯のグループ分けの再編成を試みている。そして、その中で、恐喝罪・暴利罪・詐欺罪・背任罪を、他人の財産に向けられていること、ならびに手段が巧妙なことから、1つの大グループとする。その内部で、前者2つを行う者は「困窮の搾取者」（Ausbauter fremder Not）であり、後者2つを行う者は「他人の信頼の搾取者」（Ausbauter fremden Vertrauens）であると分類する。そして、詐欺罪について、詐欺行為者は他人を利用するために他人の信頼（fremde Vertrauen）に巧みに取り入るものである、と述べている。[39] さらに、彼は法律的財産概念から経済的財産概念への転換は形式論（Formalistik）からの離脱を意味しているように思えると述べ、これに伴う解釈の変更には基本概念の修正が必要であるとする。そして、未来の刑法においては、「財産的損害」（Vermögensschädigung）の語を単なる「不利益」（Nachteil）に替えることで、財産概念による予断のない再検討が期待できるとする。[40]

　ケムパーマンは、詐欺罪において何が「不法」なのかを考えるためには、何世紀にもわたって真の不法要素であるとされてきた「欺罔」（Täuschung）に目を向ける必要があるとする。[41] そして、その検討を通して、詐欺罪は人的状況を偽ることや真実を歪曲することではなく、すべての法律交渉（Rechtsverkehr）の基礎を偽ること（Fälschung）であり、信義誠実を偽り、不可避に要求される誠実さ（Offenheit）と真実性（Wahrhaftigkeit）を破棄する犯罪として把握されるべきものであるとの結論に至る。[42]

　欺罔に由来する要素を財産概念の内部で捉えようとするものとしては、ボッケルマン（P. Bockelmann）[43] の見解がある。

　ボッケルマンは、財産概念自体の捉え方の基準として「財産人格」（Vermögensperson）との観点を提示した。これは、財産に関して保護を受けるべきなのは人間である、との観点から、刑法上保護される財産とは何

---

39) *Kohlrausch*, a.a.O. (Anm. 36), S. 207.

40) *Kohlrausch*, a.a.O. (Anm. 36), S. 221f.

41) *Kempermann*, a.a.O. (Anm. 37), S. 142.

42) *Kempermann*, a.a.O. (Anm. 37), S. 146.

43) *P.Bockelmann*, Der Unrechtsgehalt des Betruges, aus: Probleme der Strafrechtserneuerung: Festschrift für Eduard Kohlrausch, 1944, S. 227.

かを確定する考え方である。彼は、財産の全体とは、同量の財（Güten）よりも多くの内実を意味し、個々の権利の総体とは異なるものであるとする。そして、財産人格の見地から財産を捉えるならば、非物質的な利益や処分の自由を財産概念の内容として捉えることが可能になるとした。[44]

　当時の議論の問題意識には社会的背景による影響が色濃かったことは、ナチスの世界観に沿う刑法を模索することを意図する旨が述べられている論文が少なからず存在することからうかがうことができる。そして、戦後、かような発想は放棄されたことから、倫理面を過度に強調する見解は主張されなくなった。もっとも、当時の議論における理由づけのすべてが、特殊な政治的状況に合わせるためだけのものであったわけではない。それゆえ、戦後には、詐欺罪の保護法益は財産のみである、との見解が多数説となっているものの、欺罔に由来する要素を詐欺罪の本質や保護法益との関係でいかに理解していくかは、その後も何度か議論の的とされることになるし、今なお重要な問題であり続けている。

(4)　法益概念の精神化と詐欺罪の保護法益

　戦後にも、取引における信義誠実の要素が保護法益の一部分を構成するとする見解自体は存在している。いわゆる「法益概念の精神化」を受け入れる立場から、詐欺罪の保護法益を「財産」と解することに加えて法益概念に主観的な要素をも取り込んで理解しようとする見解も、その１つである。

　メッガー（E. Mezger）[45]は、戦後になってからも、財産のほかに第２次的法益として、財産法的取引における真実・信義誠実の保持を挙げる見解を維持している。このように考える理由として、彼は、財産だけを保護法益とすると、他の財産犯とりわけ同じ交付罪として位置づけられている恐

---

44)　*Bockelmann*, a.a.O.（Anm. 43），S. 227. この考え方は、「人的財産概念」（personalen Ver-mögensbegriff）とよばれる。

45)　*E.Mezger*, Strafrecht Ⅱ Besonderer Teil（Ein Studienbuch）(7. Aufl.), 1960, S. 167ff.（zit. *E.Mezger/H.Blei*, Strafrecht Ⅱ Besonderer Teil（Ein Studienbuch）(8. Aufl.), 1964, S. 167ff.）メッガー単著の第７版では信義誠実の保持を第２次的法益として挙げているが、第８版以降の改訂者であるブライは、この考え方を支持していない。第８版には、その旨の記載がある。

喝罪との区別が困難になることを挙げている。[46]

　ザウアー（W. Sauer）[47]は、詐欺罪の当罰的な内容を考えるに際し、財産に次ぐ第2の間接的かつ拡大された保護法益として、欺罔の試み（Täuschungsversuchen）に対する経済取引および法的交渉の安全（Sicherheit des Wirtschafts- und Rechtsverkehrs）を挙げる。この内容は、彼によれば、財産的価値の交換における権利享受者相互の信頼であり、財産的価値の移譲に際しての権利享受者の真実性と信頼性の保障である、と言い換えられる。そしてその限りにおいて、経済上および法律上の取引における誠実さ（信義誠実）も保護法益として説明されうるとしている。

　もっとも、これらの見解における法益の理解は、「法益概念の精神化」（Vergeistigung des Rechtsgutsbegriffs）の考え方が基礎にあるため可能なのであり、その考え方に批判的な通説的立場からは受け入れがたい。「法益概念の精神化」とは、法益概念を拡張し、行為の手段、態様、人的関係をも法益概念に包摂する考え方をいうとされる。[48]法益概念を精神化して考えるのであれば、詐欺罪の行為態様である欺罔を法益概念に包摂できることになり、詐欺罪において財産のほかに財産以外の要素を保護法益として理解することも可能になる。かように法益概念に主観的要素を取り込む考え方は、他方で、法益概念を肥大化しその内容を曖昧にしてしまいかねない側面も有する。そしてこのことが、法益概念を限定的理解のための基準として用いるために客観的に理解しようとする立場から批判される理由である。もっとも、法益概念から主観的要素を完全に取り除く必要があるのか、またそれが果たして可能かどうかについては、別に検討が必要であろう。

(5)　「真実に対する権利」の議論の再興[49]

　その後も、ドイツの通説が依然として詐欺罪を財産に対する罪と捉える一方で、欺罔に由来する要素を保護法益の一部分として理解しようとする見解も少数ながら存在してきた。[50]しかし、かような構成が再び注目を集め

---

46)　*Mezger/Blei*, a.a.O.（Anm. 45), S, 167.
47)　*W.Sauer*, System des Strafrechts: Besonderer Teil, 1954, S. 72f.
48)　福田平『違法性の錯誤』（有斐閣・1960年）156頁。
49)　*Pawlik*, a.a.O.（Anm. 24), S. 103ff.
50)　*M.Bergmann/G.Freund*, Zur Reichweite des Betrugstatbestandes bei rechts- oder sitten-

るようになったのは、キントホイザー（U. Kindhäuser）とパウリック（M. Pawlik）によって、詐欺罪の本質を「真実に対する権利」の侵害にみる見解が再び提唱されるようになったことによる。

　「真実に対する権利」に注目して犯罪を体系的に扱おうとする試みは、ヤコブス（G. Jakobs）による強要罪の研究にはじまるとされる。強要罪の保護法益は通説によれば意思形成と意思活動の自由であると解されているが、ヤコブスは、法的に保障された行為の自由（rechtlich garantierte Verhaltensfreiheit）が保護法益であるとの理解を示す[51]。ヤコブスは、自由に対する罪の基本構成要件である強要罪に関して、内容的に任意の意思を実現する実際の自由の保護が目的ではないとする。そして、自由侵害犯としての強要罪の本質は、行為者の行動の選択肢よりも法的に保障される、被害者の行動の選択肢が制限されることにあるとする。かような法的自由の構造についての説明は、例えば詐欺罪のような被害者の認識が問題となる場面においては、「真実に対する権利」（Recht auf Wahrheit）の問題として説明されることになる[52]。

　キントホイザーの主張は、詐欺罪を自由犯と捉え、ヤコブスの強要罪についての考え方を受け継いで詐欺罪に適用することを主張したものと理解されている[53]。

　キントホイザーは、詐欺罪を「財産に損害を与える自由侵害犯」（vermögens-schädigendes Freiheitsdelikt）として理解している。彼は、次のように主張する。詐欺罪の欺罔は、行為者の行動の自由（Handlungsspielraum）が被害者に負担されることで拡大していることを必要とする。自由侵害犯の保

---

widrigen Geschäften, JR 1988, 189ff. (192); *D.Sternberg-Lieben,* Die objektiven Schranken der Einwilligung im Strafrecht, 1997, S. 514f. など。

51)　*G.Jakobs,* Nötigung durch Drohung als Freiheitsdelikt, aus: Einheit und Vielfalt des Strafrechts. Festschrift für Karl Peters, 1974, S. 69ff. なお、ティムペ（G. Timpe）も同様の理論構成をとり、強制を「真実の保障」（Wahrheitsgarantie）の侵害、と理解する。vgl. *G. Timpe,* Die Nötigung, 1989, S. 136ff.

52)　*Jakobs,* a.a.O. (Anm. 51), S. 69ff.. *G. Jakobs,* Nötigung durch Gewalt, aus: Gedächtnisschrift für Hilde Kaufmann, 1986, S. 808. 真実に対する権利の大枠について、*G.Jakobs,* Die Aufgabe des strafrechtlichen Ehrenschutzes, Festschrift für Hans-Heinrich Jescheck, 1985, S. 633 (Fn. 29).

53)　*Pawlik,* a.a.O. (Anm. 24), S. 103f.

護法益は単に保護された自由のみであるから、処分の自由の攻撃において
は、行為者が法的に保護された被害者の行動の余地を侵害していることが
要求される。自由でない自己侵害という詐欺結果についての行為者の答責
性は、「他人の行動の余地の侵害に基づく管轄（Zuständigkeit）」から生じ、
この管轄は、被害者の真実に対する権利を侵害することから導かれる。そ
れゆえ、詐欺罪も財産と処分の自由とを侵害する犯罪として理解されるべ
きであり、被害者の真実権（Wahrheitsanspruch）を侵害するような欺罔の
みが詐欺関連的である[54]。

　もっとも、彼が詐欺罪の保護法益自体は「財産」であるとの理解を維持
していることから、彼が想定している「真実に対する権利」の内容は、か
つてフォイエルバッハが提唱した真実権の侵害が単独で当罰的となるとす
る考え方とは異なるし、真実や信義誠実、処分の自由を副次的法益として
理解する考え方とも異なっている。キントホイザーは、この「真実への権
利」の源泉につき、他律的な真実義務として、法や制度に基づく表明義務
（Äußerungspflichten）を、また自律的な真実義務として、それに基づいて
被害者が処分を決定する信頼を挙げている。

　パウリックは、前述のキントホイザーの主張を引き継ぐ形で、詐欺罪に
おける真実権についての検討をより深めていく[55]。彼の考え方は、「真実に
対する権利」に注目する点ではキントホイザーと共通しているが、その内
容の理解において異なっている。

　パウリックの見解によれば、被害者の真実権は、真実についての保障人
的地位の考え方から導き出される。彼は、財産を「法的に承認された自己
表現の自由、すなわち、個人的人格の明確な刻印（Ausprägung）」として
理解し、財産犯としての詐欺罪の保護法益である財産を、財産の扱い方、
あるいは財産管理の自由、といった形の自由として再構成する。そして、
彼が想定する真実に関しての保障人的地位は、引き受け（Übernehme）あ

---

54)　*U. Kindhäuser*, Täuschung und Wahrheitsanspruch beim Betrug, ZStW 103 (1991) S. 398ff.
　なお、キントホイザーは後になって改説している。vgl. *U.Kindhäuser*, Betrug als vertypte
　mittelbare Täterschaft, Festschrift für Günter Bemmann, 1997, S. 339.
55)　*Pawlik*, a.a.O. (Anm. 24), S. 103f.

るいは約束（Versprechen）から導かれる被害者の権利の範囲の拡大、つまり情報（Aufklärung）に向けられる真実義務から導かれる。

　これらの見解は、真実権という「権利」を基礎とする考え方であることから、法律的財産概念の新しい形態として分類されている[56]。また、財産保持者の自由に注目している点から、人的アプローチとの理解もされている。

　また、これらの見解は、詐欺罪の保護法益を「財産」として把握しつつ、「財産」の内容に「真実権」の考え方を反映させようとするものである。それゆえ、これらは、保護法益としての「財産」概念の内容を変更しようとする見解でもある。この点については、**次章**で再び論じることとする。

3　検　　討

　前項における議論の概観から、詐欺罪の保護法益に関して考えるべき観点として、次の2点があることがわかる。すなわち、①詐欺罪の保護法益は財産のみなのか、それとも財産以外の要素も独立した保護法益とされるべきなのかという点、および、②詐欺罪における欺罔に由来する要素はいかなる観点から把握されるべきなのかという点である。

　①の問題は、欺罔に由来する要素を「財産法益」と並立して位置づけるべきか、それとも「財産法益」の内容の一部として理解するべきかという問題と言い換えることもできよう。そしてこの問題は、保護法益としての「財産」をいかなる内容の概念として理解するかが明らかになるまでは解答を確定できないため、次なる**第5章**の課題として引き継がれることとなる。他方、②の問題は、本節において概観してきた、詐欺罪についての学説が行ってきた保護法益の把握のしかたを分析して、まさにここでその答えを見出すべきものである。

　本章で概観してきた法益との関係での欺罔の捉え方は、以下の4通りに分類することが可能である。つまり、欺罔に由来する要素を権利侵害あるいは法益侵害として構成する場合に、①他人の信頼の侵害、②取引におけ

---

56)　例えば、*K. Tiedemann*, a.a.O.（Anm. 21）, §263, Rn. 129. パウリック自身も、自説を「新たに定式化された法律的財産概念」（ein neuformulierter juristischer Vermögensbegriff）と名付けている（*Pawlik*, a.a.O.（Anm. 24）, S. 259.）。

る信義誠実の原則への違反、③真実権の侵害、④処分の自由の侵害、のそ
れぞれについて、財産と並んで詐欺罪の（副次的）法益となる可能性が検
討されてきた。[57]欺罔に由来する要素を詐欺罪の評価の中に組み入れること
が必要であり適切であると考える本書の立場からは、これらの捉え方が、
詐欺罪の保護法益の内容になることを考えた場合に、果たして適切である
か、いかなる捉え方がなされれば受け入れることが可能であるのかが、重
要な関心事となる。

　そこで、以下において、現行法の思考方法と照らし合わせて、これらの
捉え方を検討する。

(1)　他人の信頼の侵害

　詐欺罪における「欺罔」がもたらす影響を直感的に捉えるならば、それ
は「騙された」、つまり信頼を裏切られた、との説明がされることになろ
う。詐欺罪規定の歴史的展開の概観においても、詐欺罪の原型として位置
づけられる偽罪（falsum）概念は、公共の信頼の保護を念頭に置くものか
らはじまった。その考え方は、財産関係が個人間の私的領域の問題となっ
てくるのに伴い、現在の偽造罪のような社会的法益に対する罪の類型と分
離されるようになった。[58]かような沿革からも、この直感には一理あるとい
える。

　しかしながら、現行の詐欺罪規定の理解として、他人の信頼を悪用する
ことを詐欺行為と捉え、信頼違背をもって詐欺罪の保護法益（の一部）と
考えることは果たして適切だろうか。確かに、欺罔行為が行われることの
結果として、他人の信頼が害される。しかし、信認関係を前提とする財産
犯である背任罪と異なり、詐欺罪の場面においては必ずしも常に相手方を
全面的に信頼している必要はない。また、例えば信用毀損罪で問題となる
ような一般的な「信用」である必要はなく、当該取引関係の単位で契約内
容が守られていれば最低限の必要事項が満たされ、相手方の性質は特に問
題とはならない場合もありえよう。つまり、詐欺罪が問題となる場面にお

---

57)　このような分類を挙げるものとして、*Kindhäuser*, a.a.O. (Amn. 22), §263 Rn. 12; *Tiede-mann*, a.a.O. (Amn. 21), Vor§263 Rn. 21ff.

58)　詐欺罪の歴史的沿革については、本書**第 1 部第 2 章**参照。

いては、当該取引・交換関係において約束通りの履行がなされること以上
の信頼が常に必要とされるわけではない。したがって、個別的な財産交
付・交換関係についての詐欺罪規定が一般的かつ総合的な「信頼」を保護
していると解釈することには疑問があり、「信頼」の語で欺罔に由来する
要素を把握することには問題があると思われる。

　また、この「信頼の保護」という考え方が、私人間での信頼ではなく、
例えば「信頼に基づく取引社会」といった形での社会的な取引システムの
保護を志向するのであれば、超個人的法益あるいは社会的法益に対する罪
としての性質を詐欺罪に負わせることになる。これも、個人的法益に対す
る罪と解されている詐欺罪の理解としては妥当ではない。

(2)　取引における信義誠実の原則への違反

　取引における信義誠実とは、民法の一般原則として規定されている信義
則（日本では民法 1 条 2 項）と同様のものであり、取引において相互に信
頼し誠実な行動をすることを意味する。

　詐欺罪は、主として取引を通して行われる犯罪類型であるから、その実
行行為は、確かに、取引における信義誠実の原則に違反する行為である。
しかしながら、そのような事実的な分析の結果が重なり合うことは、必ず
しもそれが保護法益として理解されるべきであることを意味するわけでは
ない。「信義誠実の原則」の内容は、保護法益として捉えられる場合、個
人的法益としての財産を超え、システム保護的な観点による社会的法益と
なる。[59] 社会的法益を詐欺罪の内部に読み込むことは、詐欺罪が偽罪の有し
た曖昧さを排除するために客体ごとに分化する中で財産犯として純化して
きた流れに逆行すると思われる。

　また、経済取引の制度そのものの保護は、刑法典によるのではなく、む
しろ特別法によって目指されるべき内容であると考えられる。[60] それゆえ、
この把握のしかたは、個人の財産を保護することを目的とする詐欺罪の保

---

59)　団藤・前掲注 3）610 頁も、取引における信義誠実が保護法益とされる場合には、それは社会
　　的法益に属すると理解される。

60)　経済秩序を刑法で保護することの根拠と限界について検討を加えるものとして、平川宗信
　　『刑法各論』（有斐閣・1995 年）424 頁以下など。

護法益の理解としては適当でない。

(3)　真実権の侵害

　欺罔すなわち「騙すこと」は、相手方に真実でないことを信じさせることである。それゆえ、欺罔行為は、騙すことによって被害者の真実へのアクセスを阻害する行為である。かように考えると、歴史的展開の中で、「真実に対する権利」が詐欺罪の本質であると考えられてきたことは、十分理解できる。しかしながら、真実を知らされることを「権利」として理解することは、相手方に「義務」を課すことでもある。その根拠は、詐欺罪規定の理解からは必ずしも一義的に導かれるものではなく、明確なものとはいえない。

　また、近時のキントホイザーやパウリックの見解は、そのような批判に答えるために、「真実権」の源泉として民事法上の情報提供義務や刑法上の保障人的地位を挙げる。もっとも、それらの説明によってでも、かような理論構成の不明確さが完全に解消されるとはいえない。「真実権」は、それを単体で詐欺罪の保護法益あるいは副次的保護法益と捉えることは困難であり、現行法の詐欺罪規定の理解には適合的でないと思われる。なお、真実が侵害された状態は、現在の解釈論における詐欺罪理解からすれば「錯誤に陥った」という中間結果の時点ですでに満たされていることになるため、「真実権」が詐欺罪の保護法益だと考える場合には、詐欺罪の既遂時期を早める可能性もある。

(4)　処分の自由の侵害

　処分の自由とは、財産の所有者・占有者が自由にその財産を処分できること、ならびに処分するか否か自体を決定することが自由であることを意味する。この表現は、欺罔に由来する要素について前述の(1)〜(3)の捉え方を採用した場面の説明においても用いられることがある。その理由は、「処分の自由の侵害」という捉え方が、欺罔によって被害者の意思に及ぼす影響を、意味づけを加えることなく最も事実そのままに近い形で捉えていることにあると思われる。

　欺罔を「処分の自由」の侵害とする捉え方は、被害者の意思決定に影響を与えることをシステム保護的な超個人的法益あるいは社会的法益の次元

で考慮することを回避し、個人の行動の自由という個人的法益の次元で捉えようとするものである。この点において、「処分の自由」との構成は、詐欺罪規定を個人レベルでの財産保護を目指すものと考える本書の立場から考える場合、欺罔に由来する要素の捉え方として望ましいものである。もちろん、個人の自由を保護していると考える場合でも、詐欺罪において保護されるのはあくまで財産に関連する自由に限られるべきであるので、その対象は経済領域に関するものに限定することが要請される。そして、このような形で限定を加えた「財産的処分の自由」は、財産犯の保護法益において欺罔に由来する要素を考慮するために可能な把握のしかたであると考えられる。

4　小　　括

　本節における学説の流れの概観を通して、詐欺罪が条文上財産犯として確定した後にも、欺罔という財産犯において詐欺罪に特徴的な手段に着目し、欺罔に由来する要素を法益侵害の内容として理解しようとする見解が幾度も登場してきていたことがわかった。そして、これらの見解を現在の社会状況ならびに現行法の見地から検討する場合、欺罔に由来する要素を保護法益と関係づけて捉えようとするならば、これを「財産的処分の自由」として理解することが最も適切であると考えられる。

　もっとも、**本章**の目的は、かつての議論の中から見出された選択肢の中から最もよさそうなものを選択することで達成されるわけではない。これらの選択肢は、議論の再構成のための手がかりにすぎない。そこで、「財産的処分の自由」を詐欺罪の保護法益の内容の一部と考えることが詐欺罪の保護法益の理解においていかなる意味をもつのか、そしてその次に検討すべき課題は何であるのかを、次節において確認する。

IV　詐欺罪の保護法益における「欺罔」の位置づけ

　日本における欺罔と詐欺罪の保護法益との関係についての考え方は、かつての「財産」の内容をできるだけ客観的・物質的側面で把握しようとするものから、「欺罔」に着目し被害者の主観的要素を考慮に入れる人的・動的な側面を含めて把握しようとするものへと、次第に移行しつつある。ドイツにおいては、詐欺罪規定が財産犯として確定した前後の時期から現在に至るまで、欺罔に由来する要素を保護法益の内容として理解する見解が学説上次々と登場していた。それらの見解において保護法益とされた内容は、①他人の（個人的）信頼の侵害、②信義誠実の原則への違反、③真実権の侵害、④処分の自由の侵害、の 4 つに分類することができる。これらの理解のしかたのうちで、現在の詐欺罪解釈に最も適合的であると考えられるのは、欺罔に由来する要素を「処分の自由」の侵害として捉える考え方である。

　「財産」という法益を「人と財産との関係性」の観点から捉えようとすることは、従来あまり主張されてこなかった。しかし、**本章**での検討からは、かような考え方が現行刑法の理解としても受け入れ可能であることがわかった。この考え方に立つならば、「財産侵害」は、その「関係性」を害することとして把握されることになる。そして、ここでいう「関係性」こそが、「財産に関する自由」、つまり「財産的処分の自由」である。

　それでは、この「財産的処分の自由」は、財産法益の内容の一部分と考えられるべきなのか、それとも財産法益と並び立つ独立した保護法益と考えられるべきだろうか。前者の考え方を採用するならば、従来論じられてきたような「財産」概念は、「財産的処分の自由」を意識的に把握しておらず、「財産」の内実についての説明として不十分であることになる。また、後者の考え方を採用するならば、財産概念が「財産的処分の自由」を内側に取り込まない理由が何であるかを明らかにする必要がある。そして、いずれの立場を採るにせよ、従来の「財産」概念をめぐる説明のみでは、この問題への解答は得られない。それは、従来の、保護法益としての「財

産」をめぐる議論が、財産のすべての側面を論じ尽くしているわけではないためであると考えられる。

　そこで、**次章**においては、まず従来の「財産」概念について、ならびに財産が侵害された状態としての「損害」概念について、これまでにいかなる議論がなされてきたかを確認し、検討を加える。そして、そこで得られた帰結を元にして、財産的な「処分の自由の侵害」を「財産」という法益との関係でどのように位置づけるべきかを検討する。

第5章

保護法益としての「財産」

I　序　　論

　前章の検討から、「欺罔」に由来する要素である「財産的処分の自由」は詐欺罪の保護法益を構成する内容として理解されるべきである、との帰結が導かれた。それでは、この要素は詐欺罪の保護法益全体の構造において「財産」法益との関係でどのように位置づけられるのが適切であろうか。それを明らかにすることが、次なる課題となる。

　従来、「財産」が詐欺罪の保護法益であると一般に理解されてきていることについては、前にも述べた。また、日本の議論において「処分の自由」が取り上げられるのは、多くの場合、「詐欺罪は『処分の自由』一般を保護するものではない」といった、消極的な意味においてであった。しかしながら、詐欺罪が被欺罔者による財産交付、すなわち法益主体自身による法益処分を法益侵害の中核としている以上、詐欺罪における「処分の自由」は、より積極的に保護法益の内容として論じられるべき要素であると考えられる。

　それでは、「財産的処分の自由」が詐欺罪の保護法益の一部分であると考えることは、従来から詐欺罪の保護法益とされてきている「財産」概念にいかなる影響を及ぼすであろうか。「財産」概念をできるだけ物理的に把握するならば、「財産的処分の自由」は財産とは別個の独立した保護法益とし、両者を2つ並立させて詐欺罪の保護法益を構成することになる。他方、「財産」を詐欺罪の唯一の保護法益と考えるならば、「財産的処分の自由」は「財産」の中の一部分と位置づけられる。どちらの構成が適切であるのかは、保護法益としての「財産」概念自体が内容として含みうる要

素の範囲を決することにより判断される。

　本章では、まず、従来の議論において「財産」概念がどのような基準によって把握され、その内容としていかなる要素を含むものとして理解されてきたかを概観する（II）。財産概念の輪郭を明らかにすることが、「財産的処分の自由」を「財産」の内部に含まれる要素と理解すべきか否かの判断に必要である。また、日本における財産概念の理解に影響を与えたドイツでの議論は、「財産的損害」の捉え方をめぐって展開されてきた。何を「財産的損害」の内容と捉えるかは、何を「財産」と考えるかという問題と表裏の関係にある。そこで、ドイツにおける「財産的損害」についての議論をみていくとともに、これと比較する形で、日本では詐欺罪の「財産的損害」について何が論じられてきたかをみていく（III）。そして、これらの検討を通して、保護法益としての「財産」概念がいかに把握され、詐欺罪の保護法益において「財産的処分の自由」は「財産」との関係でどのように位置づけられるべきかを明らかにすることを目指す（IV）。

II　「財産」概念についての理論状況

1　序　　論

　従来、日本において保護法益としての「財産」概念について論じる際の切り口となってきたのは、本権説と所持説との対立、ならびに法律的財産概念と経済的財産概念の対立であった。前者の議論は、奪取罪の保護法益の問題として、侵害される利益が帰属している主体を確定するために採る立場の違いによるものであり、後者の議論は、財産法益における利益をいかなる尺度で判定するかの基準を定めるために採る立場の違いによるものである。両対立は、観点は異なるものの、それぞれ対応関係にある。法律的財産概念は、民事法上の所有権その他の権利を「財産」とするものであることから、本権説に対応する。他方、経済的財産概念は、権利に満たない利益をも「財産」とする考え方であり、この考え方に立つならば、所持説が提示する財産についての理解である「事実上の占有」との内容も包含しうることになる。

　法律的財産概念と経済的財産概念は、ドイツにおいて古くから財産犯の保護法益論として論じられてきた。他方で、かつての日本では、これらの議論は全体財産に対する罪固有の議論として限定的に理解されてきた[1]。しかし現在では、そのように限られたものとしてではなく、財産という保護法益一般の性質を示す把握のしかたと考えられている。財産の内容を法律的に捉えるか経済的に捉えるかという基準は、「財産」が刑法上いかなる観点からの保護を受けているのかを明らかにするとともに、財産概念の輪郭を明らかにするための手がかりの１つとなる。

　本節ではまず、日本で保護法益としての「財産」の理解につき提唱されている学説の状況を概観する（2）。次いで、財産を把握する際の基準について日本で議論される際の土台とされた、ドイツの議論状況を確認する。ドイツにおける財産概念は、財産法益の侵害結果としての財産的損害をいかに理解するかという問題の裏返しとして論じられている。それゆえ、「財産」概念と「財産的損害」概念とは不可分のものとなっている。また、ドイツでは、財産法益を捉える法律的財産概念・経済的財産概念という考え方への批判として、新しい観点から財産概念を規定しようとする見解も主張された。そこで、人的・主観的要素を財産概念自体に読み込む試み、ならびに近時の新しい主張もここで概観する（3）。

2　日本における「財産」概念

(1)　序　　論

　日本における財産犯の保護法益論として、かつては本権説と所持説の対立に関する議論が主として取り上げられてきたことは前述した。これは、窃盗罪（あるいは広く奪取罪）の保護法益は占有の基礎となっている所有権その他の民事法上の権利（本権）なのか、それとも事実上の占有（所持）であるのかという点についての争いであった。

---

1)　かような学説状況について述べている文献として、林幹人『財産犯の保護法益』（東京大学出版会・1984 年）3 頁、8 頁。例えば、福田平「詐欺罪の問題点」日本刑法学会編『刑法講座 第 6 巻』（有斐閣・1964 年）84 頁以下や、団藤重光『刑法綱要各論〔第 3 版〕』（創文社・1990 年）546 頁以下では、法律的財産概念と経済的財産概念との対立を、全体財産に対する罪についての議論とされている。

そして、近時は、この議論のほかに、財産犯全体の保護法益としての「財産」の基本的な性質をどのように捉えるべきかという観点から、「法律的財産概念」「経済的財産概念」「法律的経済的財産概念」の対立が論じられるようになっている。これらは、ドイツにおける議論に影響を受け、日本でも論じられるようになったものである[2]。ドイツの詐欺罪規定（263 条）が全体財産に対する罪として理解されていることから、日本においてもこの議論が取り上げられるようになった当初は、全体財産に対する罪に関しての議論として考えられる傾向にあった[3]。しかし近時は、財産犯全体についての議論として理解されている[4]。

本権説と占有説の対立は、保護法益としての財産を規定するのは私法上の権利関係かそれとも事実上の財産秩序かに重点を置くものであった。他方、法律的財産概念と経済的財産概念の対立からは、財産が私法上の権利関係によって規定されるものか否かだけではなく、いかなる性質が保護すべき対象としての財産を把握する際の基準として適切かということも明確にされることになる。そして、「財産」と「財産的処分の自由」との関係を明らかにするために意義をもつのは、この後者の対立における観点である。

そこで、以下においては、これらの見解について概観し、日本における「財産」についての議論状況を把握する。

(2) 学説状況

法律的財産概念とは、財産を民事法が権利として保護している利益・価値（すなわち財産権）であるとする考え方である。財産に対する刑法的保

---

2)　ドイツにおける法律的財産概念ならびに経済的財産概念を、その発生の経緯を踏まえて詳しく紹介し、さらに日本における財産犯の保護法益についての解釈に役立てようとしたものとして、林・前掲注 1) がある。日本においてこれらの概念が財産犯一般の問題として検討されるようになったことに、この論文が及ぼした影響は大きいものと思われる。

3)　団藤・前掲注 1) 546 頁以下。

4)　平川宗信『刑法各論』（有斐閣・1995 年）333 頁以下、林幹人『刑法各論』（東京大学出版会・1999 年）147 頁以下、大谷實『新版刑法講義各論〔追補版〕』（成文堂・2003 年）191 頁以下、曽根威彦『刑法各論〔第 3 版補正版〕』（弘文堂・2003 年）107 頁以下。前の 2 つが、各論の概説書のうちでは特に詳しく、法律的財産概念および経済的財産概念について説明を加えている。また、この問題を財産的損害の側面から説明するものとして、前田雅英『刑法各論講義〔第 3 版〕』（東京大学出版会・1999 年）278 頁以下。

護は民事法的保護を補充するものであると考え、刑法の民法への従属性を認め、刑法上保護されるべき財産は民事法上の財産権とする。

　この考え方は、財産保護に関して刑法が民法に対し補充的な役割を果たすに留まるとする点においては正当である。しかし、民法の権利体系に形式的に従属させることによる弊害として、権利に至らない経済的利益の侵害や、権利侵害に至らない権利の危殆化が財産犯を形成しないことになる点が、現在の経済社会の実態にそぐわないとして批判される。[5]

　経済的財産概念[6]とは、財産を、人が事実上有する経済的利益・価値とする考え方である。刑法は独自の見地から財産秩序を形成・維持すべきとする立場から、刑法の民法に対する独立性を認め、民事法上の権利関係とは無関係に、事実上の経済的利益を刑法上保護される財産と解する。[7]

　この考え方には、民事法上の権利にとらわれずに現代の経済社会の実態に適合した財産犯のあり方を追求できるという利点がある。しかし、法秩序によって保護されない不法な利益も経済的価値はあるため刑法上の財産[8]と解することになり、民法の財産秩序と刑法の財産秩序が矛盾する場合が生じうる点が不都合であるとして批判される。[9]

　法律的経済的財産概念とは、財産を、法的保護に値する経済的利益・価値であるとする考え方である。法秩序の統一性の見地から、刑法による財産保護と民事法による財産保護とを統一的に捉え、法秩序全体の見地から実質的にみて保護に値する経済的利益を刑法上保護される財産と解する。つまり、財産の刑法的保護と民法的保護の実質的調和を求め、財産犯の保護法益を刑法的保護に値する経済的利益に限定しようとする。このことから、日本においてはこの考え方を支持する論者が多い。[10]

5）　平川・前掲注4）334頁。

6）　後に登場する法律的経済的財産概念との対比において、「純粋経済的財産概念」とよばれることもある。

7）　前田・前掲注4）278頁以下は、背任罪における財産的損害の検討においてではあるが、この考え方を支持している。

8）　林・前掲注4）154頁。

9）　平川・前掲注4）334頁、林・前掲注4）155頁、大谷・前掲注4）191頁。

10）　平川・前掲注4）334頁、曽根・前掲注4）108頁。また、「全体としての財産」に限定した文脈においてであるが、団藤・前掲1）546頁以下も、この見解を採用する。

　そして、この考え方を支持する立場の内部には、刑法秩序に対する民法秩序の優位を認めることで、刑法的保護が民法の財産秩序と矛盾しない範囲に限定する立場（民法優位説）と、「全体的法秩序」を考慮しつつ刑法独自の立場から財産の刑法的保護の範囲を画しようとする立場（刑法独自説）[11]とがある。前者は財産犯の保護法益を「民法の財産法秩序の見地からみて保護される、少なくとも否定されない経済的利益」として捉え、後者は「法秩序全体の見地からみて刑法で保護するのが相当な経済的利益」として捉えることになる。

(3) 検　討

　以上で概観したように、日本で保護法益としての財産の内容を把握する際には、法律的財産概念が基準とする「権利」の存否によってではなく、（純粋）経済的財産概念あるいは法律的経済的財産概念が基準とする経済的利益・価値を基準として把握する考え方がとられている。そして、この考え方は、金銭的価値や交換価値をベースにした、財産法益の内容の客観的な把握に親和性がある。「財産」、とりわけその侵害された状態である「財産的損害」を実質的に捉えようとする場合、この考え方には大いに意義がある。

　しかしながら、詐欺罪においては、交付した財産と反対給付の金銭的価値を比較することだけでは法益侵害の有無を判断することができないと考えられる。なぜなら、詐欺罪では、欺罔に影響されなければ行わなかったであろう財産交付・交換を行ったという側面もまた、法益侵害の有無を考える際に重要であると考えられるためである。

　かような問題点を解決するためには、「財産」をどのように理解すればよいのだろうか。日本においては、法律的財産概念と経済的財産概念との対立それ自体が財産犯の保護法益についての議論の中心として盛んに論じられてきたとはいえない。それらは、ドイツにおける財産概念をめぐる議論の影響を大いに受けた形で論じられている。そして、判例・通説が法律的経済的財産概念ないし経済的財産概念をとっているドイツでは、財産侵

---

11)　大谷・前掲注4）191頁の考え方は、どちらかといえばこちらに近いと評価される（林・前掲注4）155頁）。

害の捉え方の視点を大きく変える「新しい」財産概念が提唱された。そこで提示された観点は、財産をいかに理解するかという点で示唆的である。そこで以下では、ドイツにおける財産概念をめぐる議論を概観する。

3　ドイツにおける「財産」概念

(1)　序論——法律的／経済的財産概念の現状[12]

　ドイツにおける現在の財産概念の理解は、基本的に、法律的財産概念と経済的財産概念の2つの対抗軸の間で妥当な折衷の位置を探っている状況にある。現在では、いずれの概念についても、当初主張されたような極端に純粋な形での主張を支持する見解は存在しない。しかし、これらの見解は、現在の財産概念の土台を理解するために意義があると考えられている[13]。そこで、以下ではまず典型的な原型としての内容を、次いでそれらの折衷的位置づけにある法律的経済的財産概念の内容を、順にみていく。

　はじめに登場した財産概念の捉え方は、法律的財産概念（juristischer Vermögensbegriff）[14] であった。この考え方は、財産を「人の財産権および義務の総体」と定義し[15]、財産をその民事法上および公法上の「権利」の観点で捉える。そのため、個々の権利の侵害があれば、経済的には侵害がなくても直ちに財産犯が成立すると考えられる。この立場からは、提供された相当対価についてはおよそ考慮されずに損害の発生を認める主観的損害概念が導かれる。そして、財産そのものとその金銭的評価とは別のものと考えられるため、財産上の権利それ自体が現実に侵害されていなければ、現実には権利の中身の経済的価値が侵害されている危険性の高い場合であっても刑法上の損害はない[16]、と解される。

　この考え方によれば、労働力、営業の秘密、顧客、および契約の基礎の

---

12)　ドイツにおける財産犯の保護法益論の形成については、林・前掲注1）が詳しく紹介し検討を加えている。

13)　*K. Tiedemann*, LK-StGB §263 Rn. 127.

14)　純粋な法律的財産概念を主張していたのはビンディング（K. Binding）である。*K. Binding, Lehrbuch des gemeinen Deutschen Strafrechts, Besonderer Teil, 1. Band, 2. Aufl., 1902, S. 238f.*

15)　*Binding*, a.a.O.（Anm. 14）, S. 238f.

16)　*Binding*, a.a.O.（Anm. 14）, S. 360.

外にある期待などが刑法的保護の対象としての財産からはずれる。他方で、愛情利益のような経済的に価値のない非物質的権利までが、保護の対象に加えられる。これらの点が、批判の対象となった。

　そこで、次に登場したのが、経済的財産概念（wirtschaftlicher Vermögens-begriff）[17] であった。この考え方は、財産を「金銭的価値ある財の総計（Summe）[18]」と定義し、取引流通において経済的な価値が認められることを、財産概念の基準とする。それゆえ、公序良俗違反の、あるいは禁じられた取引から生じた無効の請求権などであっても、事実上実現可能なものであれば金銭的価値ある財産となる。他方、経済的価値がない主観的権利は、財産に含まれない。この見解からは、被欺罔者の財産的処分行為によって経済的な総価値の総計が減少して対価が提供されることによっても完全に補填されない場合に損害を認めるとする、客観的損害概念が導かれる。

　この考え方の問題点としては、法的な考慮を加えないため、基準となる「金銭的価値のある財産」の内容を十分に限定できないことが挙げられる。特に、不法な利益でも保護されると解しうる点については、何らかの制限が必要とも考えられる。そしてこのことから、学説の中心は、さらに法的な視点を加える、法律的経済的財産概念へと移っていく。

　法律的経済的財産概念（juristisch-ökonomischer Vermögensbegriff）[19] は、上記の両説の折衷説である。その折衷のあり方は論者により異なるが、そのうちの支配的見解は、財産を、法秩序による不同意が存在しないという限定つきでの「金銭的価値のある財の総体（Inbegriff）」として定義する。すなわち、法秩序によって保護された、あるいは法秩序による非難なしにもっている経済的価値ある利益の全体を財産とみるのである。このような財産概念の把握からは、法律上無効な債権は財産としての保護から除外さ

17）　経済的財産概念が判例・通説の立場であると一般に考えられている。もっとも、純粋な典型としての経済的財産概念を主張する論者はおらず、基本思想や個々の解釈論は論者によってまちまちである、と指摘されている（林・前掲注1）42頁）。

18）　純粋経済的財産概念は、学説よりも判例が先行して主張した内容である。この表現は、ライヒ裁判所の1910年の判決による（RG44-242）。

19）　法律的経済的財産概念を最初に提唱したのは、ナーグラー（J. Nagler）であった。*J. Nagler, Bezugschein als Objekt von Vermögensverbrechen, ZAkDR, 1941, S. 294.*

れることになる。

　この立場からは、反対給付が経済的価値として相当であった場合でも、常に財産的損害の発生が否定されて詐欺罪が不成立となるわけではない。また、民事法上の権利であることは財産の要件ではないが、民事法上違法な利益は財産としての保護を受けないと考えられる。そして、その損害の判定においては、金銭的価値以外の要素も加味される客観的個別的損害概念が導かれる。

　法律的財産概念を採用するならば、民事法上の権利の侵害を経済的損失の有無にかかわらず財産的損害と捉えることになるため、その結果として、「処分の自由」のような主観的要素を保護することは容易である。しかしながら、この考え方は、権利に満たない経済的利益の保護に欠けるため、そのままで現代の社会状況に受け入れることはできない。もっとも、純粋な形での経済的財産概念を採用するならば、金銭的価値の有無が財産としての要保護性を決することになり、被害者の意思や意図は財産的損害の存否の判断において考慮されないことになる。ドイツにおいて折衷説としての法律的経済的財産概念が多数説となり、その適切な折衷のあり方を模索することが解釈論上の課題となっている現状は、かような問題点を解消するために選び取られたものと考えられる。そして、財産概念の捉え方の視点を変える「新しい」財産概念[20]も、これらの従来の議論から導かれる帰結が決定的なものでないために、その解決のための試みとして主張されたものである。

　そこで、財産概念への「新しい」視点を導入することを試みる、いわゆる「新しい財産概念」は、「財産」をいかなる観点から把握しようとするものであったのかを、次項において順次みていく。

(2)　財産概念への「新しい」視点の導入[21]

　(a)　序　論　　財産犯の保護法益としての財産概念の理解をめぐって

---

20)　標題および本文において「新しい」という語を用いるが、これは前述のような「古典的」な議論との対比として用いられる形容詞であり、特に最近提唱されるようになったというわけではない。

21)　「新しい財産概念」を取り上げる日本語文献としては、林・前掲注1)78頁以下、伊藤渉「詐欺罪における財産的損害——その要否と限界(1)(3)」警研63巻4号（1992年）39頁以下、6号47

は、前述のように、経済的財産概念、あるいは法律的経済的財産概念を採用することによって、財産概念を「経済的」に捉えることが一般的になった。

しかしながら、判例・通説が採用する客観的基準による財産理解を批判し、金銭的価値を基準とすることそのものを否定して財産概念を新しく捉え直そうとする見解も提唱されるようになる。それが、一般に「人的財産概念」「動的財産概念」などとよばれる見解である。

かような動きの契機となったのは、ライヒ裁判所の 1887 年の判決であるとされている。この判決では、行為者による反対給付につき、まず金銭的価値の比較において客観的に検討し、その後さらに被害者の契約目的に利用できるかを考慮することによって、損害発生の有無が判断されている。この枠組みは、後に「客観的個別的損害概念」(objektiv-individueller Schadensbegriff) とよばれるようになる。そして、損害の要素として被害者の目的という主観面にも立ち入ったことが、経済的財産概念を否定して新しい観点から財産概念を構築しようとする「新しい」財産概念の試みが登場する契機となったと、後に理解されるようになる。

以下では、そのような財産概念として、人との関わりに注目するという観点をより追求した見解、具体的には、「人的財産概念」「動的財産概念」そしてそれらをさらに修正する形で提示される近時の新しい財産概念を概観する。

(b) 人的財産概念 人的財産概念 (personaler Vermögensbegriff) とは、「財産」をその主体である人間の保護という観点から捉えようとした考え方である。その代表的な論者としては、ボッケルマン (P. Bockelmann) とオットー (H. Otto) が挙げられる。

頁、菊池京子「詐欺罪における相当対価が提供された場合の財産上の損害の有無について(下)」東海 18 号 (1997 年) 70 頁以下、同「詐欺罪における財産上の損害についての一考察(完)」東海 23 号 (2000 年) 96 頁以下、内田文昭「不法な取引をめぐる詐欺罪の成否」神奈 35 巻 3 号 (2002 年) 69 頁などがある。もっとも、いずれも、処分の自由を保護法益の一部として位置づけることには消極的である。

22) ライヒ最高裁 1887 年 4 月 20 日判決 (RGSt. 16-1)。一般に、保険料事件 (Prämien-Fall) とよばれている。この判決の内容を詳しく紹介した日本語文献として、林・前掲注 1) 49 頁以下。

ボッケルマン[23]は、従来の判例の立場とされていた経済的財産説では説明できない判決が出されるようになってきたと指摘する。そして、経済的にみることと主観的観点を取り入れることとは相容れないとして、財産について新たな基本認識および概念を打ち立てることが必要であると主張し、人的財産概念を提唱した。

彼は、それまでの学説が財産を個人から切り離された中性的で現実的な利益として理解していたのは、人の財産を守ると同時に経済活動の自由を保障することを目的とする法政策に立つものであったと分析した。その上で、現代において保護されるべきなのはむしろ主体である人間であると主張し、財産を財産人格（Vermögensperson）の立場から決定することを提唱した。そして、そのような観点に基づき、財産を「その中で人間の経済的な力が作用する全体」と理解し、非物質的利益（immaterielle Interessen）や処分の自由（Dispositionsfreiheit）なども保護されるべきであるとした。[24]

オットー[25]は、このボッケルマンの考え方をさらに発展させた。まず、法益を、法規範によって保護された、人の客体に対する事実上の関係、すなわち主体と客体との現実的関係であると説明し、それに基づき、財産犯の保護法益を、主体の財産的利益に対する支配関係（Herrschaftsbeziehung）であると規定した。この考え方からは、財産は、「法共同体が経済交換の独立の客体とみなしている客体への、支配力に基づく経済的能力」と説明される。そして損害を評価する際には金銭的価値、市場価値は問題とならず、経済的に清算できない損失や契約の経済目的の挫折なども損害とみるべきであると主張される。

もっとも、このような見解については、処分の自由それ自体を全般的に詐欺罪で保護することになる[26]点が批判される。

---

23)　*P. Bockelmann*, Der Unrechtsgehalt des Betruges, aus: Probleme der Strafrechtserneuerung: Festschrift für Eduard Kohlrausch, 1944, S. 226ff.

24)　*Bockelmann*, a.a.O. (Anm. 23), S. 249f.

25)　*H. Otto*, Die Struktur des strafrechtlichen Vermögensschutzes, 1970., S. 32f., 65, 70.

26)　*A. Eser*, Die Beeinträchtigung der wirtschaftlichen Bewegungsfreiheit als Betrugsschaden, GA 1962, S. 296.

（c）　動的財産概念　　動的財産概念（dynamischer Vermögensbegriff）とは、前述の人的財産概念に対して、財産は客体から定められるべきであり、その際には現存する静的な財産状態の維持に加えて動的な財産増加の確保も考慮に入れられるべきである、とする考え方である[27]。

エーザー（A. Eser）[28]は、それまでの判例・通説が採用する財産概念の客観的な傾向を批判しつつも、人的財産概念をとるボッケルマンが保護すべきとした「処分の自由」それ自体は人格価値であって財産価値ではなく、詐欺罪が処分の自由を保護すると考えることは行動の自由を詐欺罪の保護法益とすることになると批判する。その上で、彼は、経済生活が刑法典制定時とは異なり慌ただしいものとなったという社会認識から、静的な財産状態の維持だけでは財産保護として足りず、動的な財産増加の確保を考慮する必要性があると主張する。そして、財産を「財務上の資産（finanzielle Mittel）を経済的に最も意味があり最も合理的に振り向ける事実上の能力と可能性」という意味での経済的活動の自由（wirtschaftliche Bewegungsfreiheit）と解すべきであるとする。この経済的活動の自由は、被害者が真実を知っていたならば交付しなかったであろうという事情のみで侵害されるわけではなく、その交付が客観的・経済的に無意味で不合理であることが必要である点で、人的財産概念が保護する「処分の自由」とは異なるものであると主張している。

この見解に対しては、交付についての経済的評価を経てはいても、与えたもの以上を得るという期待を保護することは、詐欺罪を処分の自由に対する罪とすることになる[29]、という批判が妥当する。

（d）　近時の「新しい」財産概念　　以上で概観した財産と人との関わりに注目した財産概念は、当時の議論状況の中で通説的地位を占めるには至らなかった。これは、「財産減少」「金銭的価値」の考え方をなるべく排除しようとしたことによると思われる。確かに、詐欺罪の成立範囲限定の基準としての「財産」概念を主観的要素のみで限定することは難しい。そ

---

27)　*Eser*, a.a.O.（Anm. 26），S. 293.
28)　*Eser*, a.a.O.（Anm. 26），S. 289ff.
29)　*H.Schröder*, Grenzen des Vermögensschadens beim Betrug, NJW 1962, S. 722.

こで、**前章**で述べた、詐欺罪の保護法益の理解に「真実に対する権利」の観点を持ち込もうとする見解を採る論者は、財産概念の理解について、この点を克服するように発展させたものと理解できる新たな財産概念を提唱している。

キントホイザー（U. Kindhäuser）[30]は、財産の新しい理解として、「機能的財産概念」（funktionaler Vermögensbegriff）を主張する。この見解は、財産を、「法的に割り当てられた譲渡可能な（抽象的に金銭的価値のある）財（の全体）について人が有する処分権限」（die Verfügungsmacht einer Person über die（Gesamtheit der）ihr rechtlich zugeordneten übertragbaren（abstract geldwerten）Güter）として説明する。このような考え方は、法律的財産概念と経済的財産概念の対立の中に適切な折衷点を定め、それに加えて人的財産概念にみられた「人の財産処分の自由の侵害」の観点を導入したものと理解できよう。

他方、パウリック（M. Pawlik）[31]は、詐欺罪の保護法益を財産と捉え、その内容を「財産管理の自由」（Vermögensverwaltungsfreiheit）と捉えること[32]を出発点とする。その基礎には、被欺罔者の「真実に対する権利」が侵害されているとの発想があり、「権利」に注目して構成することから、「新しい法律的財産概念」と名付けられている。そして、財産を、金銭的価値やその流通性に注目するのではなく、財産主体の自己表示権（Selbstdarstellungsrecht）の直接の現れ（Ausprägungen）と捉え、「具象化された行為の自由」（vergegenständliche Handlungsfreiheit）として説明する[33]。この見解は、人の財産的活動それ自体が保護法益としての財産の内容であると捉えることで、処分の自由を保護法益の内部に取り込むものといえる。

(e)　検　討　　人的財産概念と動的財産概念は、財産価値の減少が損害であるとの考え方自体を否定する点において、従来の財産概念とは発想を大いに異にするものであった。人という要素に着目して財産を考えるべ

---

30)　*U.Kindhäuser*, NK-StGB, 9. Lfg.（2001）, §263, Rn. 44ff（第2版では Rn. 35ff.）.

31)　*M.Pawlik*, Das unerlaubte Verhalten beim Betrug, 1999, S. 259ff.

32)　*Pawlik*, a.a.O.（Anm. 31）, S. 83.

33)　*Pawlik*, a.a.O.（Anm. 31）, S. 263.

きであるという問題提起自体の適切さにもかかわらず、これらの見解が一般的な財産理解として受け入れられなかった理由は、財産を把握する基準の十分な明確化が図れなかった点にあると考えられる。確かに、財産の捉え方それ自体としては、さまざまな観点がありえよう。しかし、「財産」概念に法益侵害結果を確定する役割を果たさせるとの観点からすると、人的要素のみを重視する見解から導かれる詐欺罪成否の基準は曖昧となり、これが人的財産概念や動的財産概念の弱点であるといえる。従来の財産の客観的な把握のしかたは、この点を回避する意味においては有用である。同様の発想を基に主張される、近時の「新しい」財産概念の見解も、財産概念の基準として主観的要素のみに頼らず客観的要素を併用することによって問題点の解消を図ったものの、従来型の財産概念に取って代わるものとはなっていない。

　しかしながら、これらの新しい見解は、処分の自由を財産と関連づけて積極的に考慮し評価しようとすることを前面に押し出した点に、その存在意義を見出すことが可能である。人が財産に対してもつ影響力や利益を「財産」概念の内部に位置づけるこれらの見解は、従来の財産概念の問題点の解消に示唆するところの多い、意義ある試みであるといえる。

　(3)　小　　括

　ドイツにおいては、「新しい」財産概念が主張されたにもかかわらず、依然として経済的財産概念や法律的経済的財産概念を採る立場が有力である。しかし、財産概念の理解自体が取って代わられなかったことは、「新しい」財産概念の主張が何の影響も残さなかったことを意味するわけではない。

　経済的財産概念に代表される従来の支配的見解は、財産概念および損害概念の客観化を図るために、客観的に把握可能な金銭的価値に注目していた。しかしながら、経済学において「財」が、単に物質的に存在するからではなく、人との関わりにおいてはじめて経済活動上の意味をもつのと同様に、刑法上の評価においても、人との関わりが保護の対象として財産を

---

34)　平川・前掲注4）317頁はこのことを指摘する。

把握する際には重要な意味をもつと思われる。財産という法益に関し、財物そのものの存在自体を保護するための毀棄罪のみでなく、奪取罪も規定されていることは、刑法における財産保護が、物質それ自体の存続の保護のみを重視しているわけではなく、人が財産に対して有している関係性に重きを置いていることの現れである。そのような観点からは、法益の極度の客観化への志向は、少なくとも財産犯の理解には適さない。そして、実際にドイツでは、「損害」概念の把握において、人的要素をも財産ないし財産的損害の理解において考慮する方向へと向かっているのである。

4　小　　括

　日本では、財産概念の理解に関しては、法律的経済的財産概念と経済的財産概念が支持されており、そのことはドイツにおいても同様である。それでは、財産概念の説明としては受け入れられなかった、人的財産概念をはじめとする新しい財産概念が取り入れるべきものとして提示した要素が完全に排除されたかといえば、そうではない。ドイツにおける議論の中で、財産法益の侵害結果である財産的損害をいかに捉えるべきかの検討を通して提示された「新しい」財産概念の考え方は、「人的」「主観的」要素を考慮することが不可避であることを改めて自覚させるものである。

　「財産的損害」概念は、財産概念と表裏一体であることからもわかるように、何を財産法益の内容と考えるかについていわば方針を明らかにするものにすぎない。このことは、客観的個別的財産概念を採用する場合、特に顕著である。そしてそこでは、実際の判定方法を明らかにすることを迫られる。

　そこで、次節においては、実際に財産的損害の有無を判定する場合にいかなる要素を検討することになるのかに焦点を当てて、財産的損害についての議論を再度みていくことにする。そして、ドイツにおけるこの点についての議論を概観した後に、日本における「財産的損害」の論じられ方について目を移すこととする。

III　「財産」と「財産的損害」との関係

1　序　論

　従来、「財産的損害」は、詐欺罪の法益侵害結果であると漠然と考えられてきた。詐欺罪の保護法益が財産であるならば、財産法益侵害はすなわち財産的損害であることになる。しかし、「財産的処分の自由」が詐欺罪の保護法益の内容にかかわると考えると、この構図はどこかで修正が必要になる可能性がある。そこで、本節においては、「財産的損害」概念についての議論をみていくことを通して、侵害された状態の側から、「財産」と「財産的処分の自由」との関係を探ることを試みる。

　詐欺罪において「財産的損害」概念の理解が特に重要な意味をもつのは、本来的には全体財産に対する罪として理解される場合である。なぜなら、個別財産に対する罪として理解するならば、当該財産の移動をみることだけで「財産侵害」の有無を確定することもでき、損害の内容となる要素を詳細に検討し確定する必要に迫られることはないためである。通説が詐欺罪を個別財産に対する罪と解している日本よりも、全体財産に対する罪と理解しているドイツの方が「財産的損害」概念をめぐる議論が活発である理由も、この点にある。

　また、日本の詐欺罪の議論における「財産的損害」の内容は、当初、財産の移転それ自体として理解されており、それは処分の自由の侵害と事実上は変わりのないものだった。しかし、近時は財産的損害の内容をより実質的にみて判断しようと試みる「実質的財産概念」が有力化しており、そこでは何が「財産的損害」の要素となるのかを明らかにする必要に迫られることになる。もっとも、この議論の中では、財産法益の侵害結果である広い意味での「財産的損害」と、当該財産交換・交付関係を全体として捉えて財産の移動を金銭的価値その他の側面から差し引きすることで把握される「経済的損失」と同義の狭い意味で用いられている「財産的損害」とが十分に区別されていない場合があるようにも思われる。日本における「財産的損害」の要否について論じるためには、まずこの「財産的損害」

が意味する内容をどちらに設定するかを決める必要がある。そしてその先
で、「法益侵害結果」としての財産的損害の内容を明らかにすることが、
「財産」法益の内容を明確にするために役立つと考えられる。

　そこで、本節においては、まず、ドイツにおいて「財産的損害」から具
体的にいかなる判断基準が導かれてきたかを概観する (2)。次いで、日本
において、詐欺罪における「財産的損害」はどのように理解されてきたか
を概観し、ドイツにおける議論との関係を検討する (3)。そして、これら
の検討を通して、保護法益としての「財産」との関係で、詐欺罪の保護法
益の一部分として「財産的処分の自由」がどのように位置づけられるかを
確定することを目指す。[35]

2　ドイツにおける「財産的損害」概念
⑴　序　　論

　ドイツの詐欺罪に関する議論をみていく上でまず念頭に置くべきである
のは、ドイツでは、「財産上の損害」が刑法 263 条の条文上の要件になっ
ている点である。この条文を根拠に、ドイツの詐欺罪は全体財産に対する
罪であると理解されている。また、ドイツにおける財産概念をめぐる議論
は、詐欺罪の理解をめぐって行われてきたという経緯がある。

　そして、ドイツにおける「財産的損害」概念に関する学説は、大きく、
主観的損害説、客観的損害説、客観的個別的損害説（objetiv-individuelle
Schadenslehre）、目的不達成説（Zweckverfehlungslehre）の 4 つに分かれ
る。前述 (II 3) したように、主観的損害説は法律的財産概念と、客観的
損害説は経済的財産概念と、また客観的個別的損害説は法律的経済的財産
概念と、それぞれ結び付いている。他方、目的不達成説は、人的財産概

---

35)　日本およびドイツにおける詐欺罪の財産的損害についての近時の研究としては、伊藤渉「詐
　　欺罪における財産的損害——その要否と限界(1)～(5・完)」警研 63 巻 4 号（1992 年）27 頁以下、
　　5 号 28 頁以下、6 号 39 頁以下、7 号 32 頁以下、8 号 30 頁以下、菊池京子「詐欺罪における相
　　当対価が提供された場合の財産上の損害の有無について(上)～(下)」東海 6 号（1991 年）135 頁
　　以下、7 号（1991 年）51 頁以下、18 号（1997 年）53 頁以下、同「詐欺罪における財産上の損害
　　についての一考察(1)・(完)」東海 19 号（1998 年）77 頁以下、23 号（2000 年）85 頁以下などが
　　詳しい（いずれも、前掲注 21）の文献である）。

念・機能的財産概念など、財産に対する人の関わりを財産概念の内容とし
て理解する主張と結び付くものである。

　現在の通説的見解である客観的個別的損害説は、それが法律的視点と経
済的視点の両尺度を併せ持つ折衷説であることから、実際の判断において
その基準をより具体的にすることを迫られる。金銭的価値による財産的損
害の確定が困難な場合、つまり一方では相当対価の交付があった場合、他
方では寄付行為などのおよそ財産的な反対給付を期待していない場合に、
損害の有無の判断は経済的見地からのみでは困難となる。純粋法律的財産
概念が現在の社会に適合しないとの理由から、それに基づく財産的損害の
理解である主観的損害説は、現状では支持されない。それゆえ、かような
場面に対応できるのは、客観的個別的損害説と目的不達成説であることに
なる。

　そこで以下では、これら両説がどのような考え方をとるかを概観する。

(2)　客観的個別的損害説

　現在のドイツにおける通説的見解は、損害判定に関して客観的個別的損
害確定（objektiv-individuelle Schadensbestimmung）を行う立場を採ってい
る[36]。そこでは、まず、客観的に全体財産の減少があったかどうかを検討し、
その後に個別的な要素を検討することで、損害の有無が判断される。

　支配的見解は、財産的損害の発生には全体財産の減少が必要であるとす
る。そのため、まずは損害判定のために、当該財産保持者の財産状態全体
の評価（Gesamtsaldierung）が行われる。ここでは、判断基準として、当
該取引その他の財産移転によって「より貧しくなった」（Ärmerwerden）
かどうかが判断される（金銭的価値説、Geldwertlehre）[37]。そして、相当対価
の支払などによって客観的な経済的価値（特に金銭的価値）の比較によっ
てのみでは損害があったといえない場合には、個別的に、利用価値（Nut-
zungswert）や再入手価値（Wiederbeschaffungswert）などの、当該財産に
関する主観的な要素をも考慮する見解が有力になってきている[38]。

---

36)　*K. Tiedemann*, LK-StGB, Vor§263, Rn. 32.

37)　*K. Tiedemann*, LK-StGB, §263, Rn. 158ff.

38)　*K. Tiedemann*, LK-StGB, Vor§263, Rn. 32., *K. Lackner*, LK-StGB（10. Aufl）§263, Rn. 125 など。

(3) 目的不達成説

目的不達成説とは、被害者の目的不達成に経済的損害を認める見解である。ここでいう「目的」とは、寄付における慈善目的などの給付に付随する経済的・社会的目的であって、客観的な把握が可能なものを指す。そして、給付の社会的目的が達成されなければ経済的損害が発生したと考える。この考え方は、財産交付を決定する場面においては重要であるにもかかわらず財産を金銭的価値で把握することによっては捕捉できない要素についても、財産的損害として捉えることを可能にする。

この場合、いわゆる「財産的処分の自由」の侵害は「財産的損害」の内部に含まれることになり、財産的処分の自由が財産法益の内容の一部分となる。この点は、客観的損害説および客観的個別的損害説が「処分の自由」の侵害を損害の内容から排除し、とりわけ客観的損害説が損害の客観的把握を目指して損害の金銭的算定に重きを置く方向性と、大きく異なっている。

(4) 検　討

ドイツにおける議論では、財産的損害の判定基準を客観的なものにするために、損害の金銭的価値の判定を損害の存否判断の中核に置いてきた。しかし、それでは対応しきれない要素が詐欺罪における財産侵害結果としての「財産的損害」の内部に存在していることが、意識されるようになってきた。目的不達成説は、かような問題意識の下に、法益主体の意図などの主観的要素を客観的に捉え直すことを試みるものである。この説では、法益主体が想定していた目的のすべてを保護することによって処分の自由一般を広く保護してしまうことを回避し、主観的要素に左右されない基準を目指して、保護が及ぶ範囲を「社会的目的」に限定する。

確かに、主観的要素を無限定に保護することは、財産犯としての詐欺罪の果たすべき役割を超えていよう。しかしながら、当該目的が「社会的目的」であるか否かで判断を分けることによって限定を試みるならば、何が「社会的」かという評価が十分に自明な基準となる必要があり、そのためにはさらなる検討が求められよう。

かような課題こそ残されているものの、本節での概観からは、財産的損

害に関する現在の議論状況の傾向を見て取ることができる。つまり、財産
的損害の内容について、金銭的価値をはじめとする客観的・物質的基準に
照らした損害のみに限定するのではなく、欺罔がなければ手放すことのな
かったはずの財産についての処分権の侵害を使用価値や再入手価値の形で
捉えることや、被害者の目的不達成を損害と考えることが検討されている。
これらの傾向は、被害者の「財産的処分の自由」の侵害を「財産的損害」
の内容として把握することが十分に可能であり、また必要でもあることを
示している。そして、「財産的損害」概念をかように理解するならば、そ
の裏返しである「財産」概念には、財産の客観的・物理的に把握される側
面のほかに、「財産的処分の自由」が含まれていることになる。

　日本における「財産的損害」についての議論は、一見するとドイツにお
ける議論とは異なる視点から論じられているようにも見受けられる。しか
しながら、何が「財産」であり「財産的損害」であるのか、という点につ
いて本項で得られた帰結は、条文の表現上の差を超えた本質的なものであ
ると考えられる。

　そこで、次項においては、日本における「財産的損害」についての議論
を、なぜドイツとは論じられる場面・側面が異なっているのかに注意しな
がらみていく。

3　日本における「財産的損害」概念

(1)　序　論

　日本においては、詐欺罪の条文上「財産的損害」が要求されていない。
しかし、詐欺罪が「財産犯」であることから、現在の学説においては、詐
欺罪の成立には何らかの形での財産的損害の発生が必要であると一般に解
されている。もっとも、日本で論じられる「財産的損害」についての争点
は、ドイツにおけるものとは異なっている。ドイツにおいては、財産的損
害を主観的に捉えるか客観的に捉えるか、またどれだけ基準の客観化を図
ることが可能か、という点が中心的な問題となってきたが、日本ではこれ
らの点が必ずしも重視されてきたわけではなかった。また、条文上要求さ
れていないことを理由に、「財産的損害」を独立した成立要件として考え

ることに否定的な見解もある。[39]

　そこで以下においては、「財産的損害」の内容が日本の議論でどのように考えられているのかをみていくこととする。日本における詐欺罪の「財産的損害」についての見解は、まず大きく 2 つに分けられる。すなわち、①全体財産の減少と解する立場と、②個別財産の喪失それ自体と考える通説的立場である。[40]そして、②については、財産移転を形式的に捉えて損害があったと解するか、それともより実質的な考慮を加えるかという点で、さらに「形式的個別財産説」[41]と「実質的個別財産説」[42]の 2 つに分けられる。[43]

(2) 全体財産説

　全体財産説とは、詐欺罪における財産的損害を全体財産の減少と解し、行為者の行為によって全体として見た財産の減少が生じた場合に財産的損害が発生したと考える立場である。詐欺罪をドイツと同様に全体財産に対する罪であると解される林幹人教授は、財産的損害の有無を判断するためには経済的に損害があったかどうかによる必要があるとされる。つまり、損害が発生したかどうか判断するためには、さらに、被害者が交付した財産とそれに対する反対給付などを経済的価値において比較することが必要となる。ゆえに、「経済的」の基準としては、純粋に客観的な金銭上の損得という観点のみによって考えるべきではないとされる。そして、その根拠として、財産の価値は、市場価値ないし交換価値だけではなく、使用価

---

39) 例えば、山口厚『刑法各論〔補訂版〕』（有斐閣・2005 年）263 頁。

40) 大塚仁ほか編『大コンメンタール刑法 12 巻〔第 2 版〕』（青林書院・2003 年）106 頁〔高橋省吾〕。なお、本書においては、煩雑さを回避するため、246 条 1 項についての議論に限定する。

41) 団藤・前掲注 1) 619 頁、福田・前掲注 1) 249 頁、大塚仁『刑法概説各論〔第 3 版〕』（有斐閣・1996 年）255 頁、平川・前掲注 4) 372 頁、大谷・前掲注 4) 269 頁、川端博『刑法各論概要〔第 3 版〕』（成文堂・2003 年）179 頁。

42) 中森喜彦『刑法各論〔第 2 版〕』（有斐閣・1996 年）146 頁、前田・前掲注 4) 242 頁、西田典之『刑法各論〔第 2 版〕』（弘文堂・2002 年）182 頁、山口厚「詐欺罪における財産的損害」同『問題探究刑法各論』（有斐閣・1999 年）167 頁、曽根・前掲注 4) 146 頁。なお、曽根教授は、財産交付による形式的喪失によって詐欺罪の構成要件には該当すると考えられ、その上で実質的損害の発生についての判断をするために、対価の支払等の事実は違法論において考慮されるべきであるとされ、その際の具体的基準として、被害者が当該取引において獲得しようとしたもの（主観的価値を含む）と交付したものが比較される、とされる。

43) 前田・前掲注 4) 242 頁。

値ないし愛情価値も含んでいる、という財産についての理解を示される。[44]

(3) 形式的個別財産説

　他方、詐欺罪を個別財産に対する罪と解し、保護の対象を個別的な財産に限定する一方で、その侵害が直ちに財産的損害であると考える通説的立場からは、個別財産の喪失それ自体を財産的損害と考える形式的個別財産説の立場が採られている。この見解からは、物の交付それ自体を捉えて損害発生と考えられ、交付があれば相当対価の支払があっても財産的損害が発生したと解されることになる。

　形式的個別財産説の立場からは、財産を交付させられたことそれ自体が形式的に損害と捉えられる。このことは、自由な意思決定によらない交付行為があったことを財産的損害の発生と直結することになる。つまり、財産的処分の自由の侵害が財産的損害の内容と考えられていることになる。

(4) 実質的個別財産説

　近時は、詐欺罪を個別財産に対する罪として理解しつつ、形式的な財産の移転のみで財産的損害を認めるのではなく、さらに何らかの限定を加えてより実質的に損害の有無を判断する見解も提唱されてきている。そこでの判断基準としては、取引目的が実現されたかどうか[45]、あるいは、法益関係的錯誤が存在したか否か[46]、が提示されている。この説を採った場合の判断が形式的個別財産説による判断と分かれる典型例は、相当対価が支払われた場合の損害の有無である。

　伊藤渉教授は、財産処分の決定に必要な前提事実が正しく認識されている限り、被欺罔者はその交換関係で満足したのであって、財産的に害されているとはいえない、とされる。そして、対価の属性の欺罔の場合は、それが対価の効用を左右する場合に限り、また、受領者の属性や用途に関する欺罔の場合は、それが対価の要求を差し控えるか否かを左右する場合に

---

44)　林・前掲注4）150頁。
45)　中森・前掲注42）146頁、西田・前掲注42）200頁。
46)　山口・前掲注42）167頁以下。前田・前掲注4）241頁以下は、個別財産の喪失を損害と考える立場を徹底することにより、詐欺罪が財産犯であることを実質上否定しかねないとして、被害者の錯誤が財産と実質的に関係のないものを除いて判定するとする。これも錯誤の程度に着目して処理する点において共通した考え方である。

限り、「その給付に対しその対価を得る」という決定の前提として必要な事情の欺罔があり、財産的損害が発生している、と理解される[47]。これを受け、西田典之教授は、詐欺罪が財産犯である以上、実質的な財産上の損害という要件が必要であるとされる。そして、財産上の損害の有無は、被害者が獲得しようとして失敗したものが、経済的に評価して損害といいうるものかということにより決定すべきであるとされる[48]。

　また、中森喜彦教授は、詐欺罪が財産犯である以上、欺いたといえるのは財産的損害をもたらす現実的可能性をもった行為に限られるとされる。そして、この財産的損害は、対価として得たものを差し引いて算定される全体財産の減少である必要はないとされ、純粋に経済的な客観的価値によってではなく、当該取引の目的・性質など個別的な事情も考慮に入れて判断されるべきであるとされている[49]。

　他方、法益関係的錯誤説を詐欺罪理解に用いる考え方も、実質的個別財産説に分類されよう。佐伯仁志教授は、通常の経済取引において品物を売った者が損害を受けるのは金を受け取れないからこそであり、品物を渡したことだけで損害を受けたとは考えないことから、詐欺罪の法益侵害を単なる財物の喪失以上の経済的損害の発生に求めることには十分理由があるとされる[50]。また、山口厚教授は、詐欺罪における財産的損害の内実は「移転した物・利益」であり、「物・利益の喪失」が損害にほかならないとの従来の判例・通説の捉え方は妥当であり、必要であるのはその内実を形式的にではなくより実質的に、詐欺罪の構造を踏まえた上で検討することであるとされる。そして、このような考え方の上に、実質的判断の枠組作りの試みとして、法益関係的錯誤説による詐欺罪理解ならびに財産法益理解が展開されている。そこでは、詐欺罪が「欺罔による財産の交付」を処罰の対象としていることを、単に財産を交付すること自体が問題とされてい

---

47)　伊藤・前掲注35)(5・完)41頁。
48)　西田・前掲注42)183頁。同様に、実質的損害を要すると述べるものとして、中山研一『刑法各論』(成文堂・1984年)264頁。また、実質的な損害の有無を違法論において考慮すべきとするものとして、曽根・前掲注4)142頁。
49)　中森・前掲注42)145頁以下。
50)　佐伯仁志「被害者の錯誤について」神戸法学年報1号(1985年)105頁。

るのではなく、財産の「交換手段、目的達成手段」としての側面に着目し
ているのだと理解される。そして、そうした「目的実現」の失敗、「財産
交換」の失敗が法益侵害として捉えられていて、これらが法益主体の主観
的な基準によって決せられると主張されている。[51]

(5) 検　討

　「実質的個別財産説」が提唱されていることからもわかるように、基準
を明確にするべく目指された「財産」概念および「財産的損害」概念の客
観化・物質化は、結局のところ、客観的なはずの財産・損害の内容を「実
質的に」判断すべきである、との結論に至ることになる。そして、その実
質の基準を客観的・一般的に説明することは、必ずしも容易ではない。こ
のことは、むしろ、かような「実質」——具体的には、欺罔に由来する要
素である、「財産的処分の自由」——を、財産法益の内部にある重要な一
側面と理解すべきであることを示すのではなかろうか。つまり、実質的個
別財産説は、損害判定において反対給付を考慮する余地を認める一方で、
客観的な経済的価値のみでなく取引目的の実現などの主観的・個別的事情
も考慮に入れるべきとしている。このことは、財産の客観的評価を追及す
ることによって損害判断の対象から排除されてしまった財産的処分の自由
を、再び損害の内容として取り込んで判断するための工夫であると理解す
ることができるのである。

　そして、これらの説における「実質的」判断の基準は、ドイツにおける
「財産的損害」の判断基準を具体化する上で必要とされたものと共通する
部分が多くみられる。かつてクラーマー（P. Cramer）は、ほぼ法律的経済[52]
的財産概念に該当する自説を「実質的財産概念」と名付けていた。日本に
おけるこれらの説も、法律的視点と経済的視点を両方組み入れ、目的達成
などの要素も勘案しようとしている点において、詐欺罪は個別財産に対す
る罪であるという出発点において違いがあるものの、ドイツにおける現在
の財産的損害の理解の議論と近接していると理解することができよう。

---

51)　山口・前掲注 42) 169 頁。

52)　*P. Cramer*, Vermögensbegriff und Vermögensschaden im Strafrecht, 1968, S. 52.

4 小 括

　ドイツにおける議論は、客観的個別的損害概念をとることで、詐欺罪の「財産的損害」を確定するために、一方では市場価格を中心とする金銭的価値による全体財産の減少を判断し、他方では「目的不達成」などの形で被害者側の実質的な要素を組み込むことを試みている。このことは、条文上の要件として「財産的損害」を要求するドイツにおいても、詐欺罪が欺罔によって「処分の自由」を侵害したという側面が財産と不可分であり、これらを関連づけて評価することの必要性が意識されていることの現れとみることができよう。

　日本の詐欺罪についての議論は、これらのドイツの状況とはやや異なっている。詐欺罪の条文上「損害」が要求されていないことから、従来は形式的個別財産説が有力であり、詐欺罪の法益侵害は財産の移転であって、これがすなわち財産的損害であると捉えられてきた。そして、ここで財産法益侵害の意味で「財産的損害」という用語が用いられることによって、保護法益が客観的・物質的に把握されているように漠然と捉えられていた。しかし他方では、形式的個別財産説が通説であったことからもわかるように、財産処分がされることそれ自体を財産的損害と捉えることで、財産の、人との関係性に由来し主観的要素から切り離せない側面も、財産的損害の内容として理解してきた。

　実質的損害説も、基本的にはそのような従来の考え方を否定するものではない。同説は、個別財産に対する罪としての詐欺罪理解を採用した上で、その「損害」に実質的な判断を要求するために、いわばドイツで財産概念について論じられた「経済的」・「法律的」基準をさらに組み入れている。

　本節における検討からは、財産的損害は財産法益の侵害結果であり、経済的損失に加えて財産的処分の自由の侵害も広義の財産的損害の内容である、と理解することが、「財産」「財産的損害」「財産的処分の自由」それぞれについての明確な説明のために資すると考えられる。そしてこの考え方を採るならば、財産の内容として保護されるべき「財産的処分の自由」の範囲を確定することが次に必要となる。

　そこで、以上の検討に基づいて、「財産」と「財産的処分の自由」がど

のような関係にあると考えるかについて決定することが、次なる課題である。

IV　保護法益としての「財産」の内実

　本章では、「財産」概念ならびに「財産的損害」概念を検討してきた。そこで得られた手がかりを基にして、詐欺罪の保護法益の内容である「財産」と「財産的処分の自由」がどのような関係にあるものと理解されるべきかを確定することが、次なる課題である。

　詐欺罪の保護法益の構成として、「財産法益のみ」と考えるのと「財産法益＋副次的法益としての財産的処分の自由」と考えるのとではどちらがより適切かが、**本章**のはじめに提示した問いであった。この点を決するためには、2つの観点からの考察が必要となると考えられる。つまり、①「財産的処分の自由」が財産概念に内包されると考えるべきであるとする積極的理由があるか否か、ならびに②「財産」と「財産的処分の自由」を別個の法益として捉えることに利点があるか否かが、この点についての結論を出すために検討されるべきである。

　前者の点については、前節までみてきた「財産」ならびに「財産的損害」概念の理解から、その答えが導かれる。日本における「財産」概念は、「財産的損害」といかなる関係にあるのか、必ずしも明らかではなかった。しかし、財産法益の侵害結果として財産的損害を捉えることにより、財産的損害の内容を裏返してみることで、何が財産として保護されているのかを知ることができるとわかる。そして、物質的・金銭的側面の尺度のみではなく、財産的処分の自由が侵害されたことも財産的損害の判断のための基準として必要と考えることは、裏返していうならば、財産概念の内部に財産的処分の自由が含まれていることを示している。

　また、後者の点については、保護法益が2つであると考えることによって、片方のみが侵害された場合に法益侵害が認められることにいかなる利点があるかを考える必要がある。保護法益が2つだと考えるならば、片方のみが侵害された場合にすでに法益侵害結果の発生を認めることが可能に

なる。もっとも、例えば詐欺罪と構造上類似している恐喝罪の場合、一般には財産侵害と自由侵害との両方が揃うことが必要と考えられている。そして、両方とも必要と考えるのであれば、別個の法益として扱うことに特段の意義は感じられない。恐喝罪において両者が分けて考えられている理由は、2つの法益のうちの一方の侵害により結果発生が認められるようにするためではなく、むしろ、暴行・脅迫については単独で成立する構成要件が存在することとの理論的な調整のためである、と考えるべきであろう。

　もちろん、詐欺罪における「財産的処分の自由」は、およそ処分の自由一般についての保護を意味するものではない。それゆえ、以上の考察からは、「財産的処分の自由」は広く法益一般に共通する「処分の自由」とは別個の財産法益独自の要素と考え、財産法益の内部に位置づけることが適切な理解であると考えられる。つまり、「財産的処分の自由」は、「詐欺罪の保護法益」としての「財産」に内在する一要素である、と説明されるということになる。物質的・金銭的「財産」と「財産的処分の自由」とが実際に乖離するのは、「財産的損害」の有無の判断において、相当対価の反対給付があった場合、あるいはおよそ反対給付が想定されない寄付などの場合となろう。そして、「経済的損失」と「財産的処分の自由の侵害」の両方ともが必要か、片方があればすでに「財産的損害」といえるのかは、一般的にではなく、むしろ実際の事例における当事者間での取り決めの内容・条件に依存するものと考えるべきであろう。

　かような理解のしかたは、従来の見解からの批判にも耐えうると考えられる。「処分の自由」を詐欺罪の保護法益の内部において理解することには、これまでの、（財産）法益を客観的に理解しようとする立場からの批判があった。**本章**で提示する見解は、このような批判に対して、①一般的な処分の自由を広く取り込むのではなく「財産領域」に限定した形での「処分の自由」を取り込むものである、②現在の理解によればどの説も「処分の自由」あるいはこれに類する主観的要素を何らかの形で考慮しており、むしろ排除して理解することは困難である、との反論が可能であると考える[53)]。なお、誤解を回避するために、このような歴史的経緯のある「処分の自由」の語の代わりに、「財産領域における自由な処分の利益」と

言い換えることも、1つの選択肢たりうるだろう。

　本章においては、欺罔に由来する要素である「財産的処分の自由」が保護法益としての「財産」との関係でどのように理解されるべきかについて、1つの可能性を提示した。この構成が財産犯体系全体においてどのように整合的に理解されるかを、財産の機能それ自体に注目して再確認し、そこから再び、「財産」概念、「財産的損害」概念、そして「欺罔」概念を確定することが、**次章**の課題となる。

---

53)　財産犯一般に関して論じられる、財産犯の客体としての「財物」が備えるべき「価値性」に関して、金銭的価値・経済的交換価値が必ずしも必要なわけではなく、所有者・占有者の主観的・感情的価値（使用価値）や、消極的価値のある場合でも財物となりうる、と一般的に解されていることも、このような主観も加味した考え方が財産犯理解として可能であることを示す。

第6章

詐欺罪の保護法益と欺罔概念の再構成

I　序　　論

　前章では、従来の「財産」概念ならびに「財産的損害」概念の検討を通して、「欺罔」にかかわる要素である「財産的処分の自由」を詐欺罪の保護法益である「財産」に内在する要素として位置づけることが適切であるとの理解が導かれた。詐欺罪における欺罔行為は、この考え方によれば、「財産的処分の自由」を侵害することによって、被欺罔者の財産法益を侵害し、財産的損害を生じさせる。それゆえ、「財産的処分の自由」が具体的にいかなる内容のものとして理解されるかどうかをより明らかにしていくことが、「財産」「財産的損害」「欺罔」の内容を明確化するために必要である。

　本書が目指している、詐欺罪の成立範囲の適切な限定は、日本ではかつて「欺罔」の理解によって行おうとされていたが、近時の議論においては「財産的損害」の理解の中で試みられている。

　従来の通説的見解である形式的個別財産説は、形式的な財産の移動による財産喪失を財産的損害と理解し、その有無で詐欺罪の成立を判断していた。つまり、反対給付は犯罪遂行のための手段にすぎず、財産的損害を埋め合わせる要素としては捉えられていなかったのである。この見解が限定基準としてまだ広範にすぎると考え、改善を目指して提示されるようになった実質的個別財産説は、財産的損害の判定に当たり、被欺罔者によって交付された財産以外の要素も考慮することを提唱してきた。

　前章で述べたように、形式的個別財産説にはさらなる限定が必要と思われる一方で、実質的個別財産説における限定要素がいかなる根拠に基づく

ものであり、それが体系的にどのように理解されるのかについては、必ず
しも十分に明らかではない。かような「実質」についての限定は、場当た
り的な事例判断や単なる利益衡量に留まるべきではなく、理論的な説明に
よってなされねばならない。また、客観的な結果であるから判断基準とし
ての明確性を有することがメリットであるはずの「財産的損害」を出発点
とするアプローチは、主観面に由来する限定を多く加える対象としては適
していないのではなかろうか。むしろ、財産法益の内容のうちで被欺罔者
が直接的に影響を受ける側面としての「財産的処分の自由」の問題である
と捉えることによって、理解のための手がかりが得られると考えられる。

　そこで、**本章**では、財産の機能に注目することを通して、「財産的処分
の自由」の内実を明らかにし、それに基づいて、詐欺罪の保護法益として
の「財産」、その裏返しとしての「財産的損害」、そして詐欺罪の成立範囲
を画する基準としての「欺罔」を再度定義し直すことを試みる。まずは、
詐欺罪の成立が問題となる財産移動の形態を、反対給付の有無ならびに内
容に注目して類型分けし、それらがどのように説明されてきたか、またそ
の説明にはいかなる限界があるかを探る (II)。この限界は、**前章**までに
おいて言及してきた「財産的処分の自由」の観点を導入することにより克
服することが可能であると考えられる。そこで次に、この「財産的処分の
自由」の内容をより具体的に示すことを試みる (III)。その手がかりは、1
つにはドイツにおける詐欺罪の議論の中で「処分の自由」の扱いを検討し
た諸学説の中に見出すことができる。またそれに加えて、刑法外部の視点
から財産がどのように捉えられているかにも目を向けることによって、
「財産」の機能を知ることができよう。そして、以上から導かれた「財産
的処分の自由」の理解に基づいて、「財産」「財産的損害」「欺罔」概念の
内容を明確に説明し、判断基準としての「欺罔」の理解を提示することを
目指す (IV)。

II　現在の解釈論と「財産的処分の自由」の関係

1　序　　論

　詐欺罪の成立範囲の限定づけを担う要素として、従来の学説では「欺罔」ならびに「財産的損害」が用いられてきたことについては前述した。これらの要素を極端に単純化するならば、前者は行為の側面のみ、また後者は発生した外形的に把握可能な結果の側面のみをみていることになるだろう。しかし、現在の議論においてはもちろん、そのような極端な理解はとられていない。そして、「欺罔」に注目する見解はその「程度」によって、また「財産的損害」に注目する見解は主観的要素を組み入れることによって、それぞれ実質的限定を加えようと試みている。これらの実質化による成立範囲の限定は、妥当な結論を導くために一定程度役立っている。しかしながら、なぜそのような限定になるのかについての説明には困難な点も残ると考えられる。なぜなら、前者は、財産について人を欺くという外形を伴っていてもその状況によっては欺罔に当たらない場合もある、という例外を示すものであり、後者は、金銭的換算のベースに乗せられない要素であっても財産的損害であると考えられる例外を認めるものであるが、どちらも、その「例外」が適用される場面が現実にかなり多くなると考えられるからである。

　そこで、本節においては、詐欺罪における財産移動の場面の現象的把握にまで立ち戻って、いかなる判断基準が適切であるのかを考えることとする。仮にそれらの「例外」が稀ではないとするならば、むしろ中心に据えて論じられるべきである。そして、その「実質」の内容は、「財産的処分の自由」として捉えることが可能であり、またそうするべきなのではなかろうか。

2　従来の学説による解決の現状

　前章において述べたように、詐欺罪の理解においては、「財産的処分の自由」と物理的に把握される「財産」とが乖離する場面が存在する。その

際の詐欺罪の成立についての説明は、「財産的処分の自由」が詐欺罪の保護法益であると考えることによって明確になる。そこで、詐欺罪が成立する場合の財産移動の場面を、現象面に注目して類型分けすることで、何が問題となるかを見出すことを試みる。構図をわかりやすくするため、ここでは、欺罔行為者と被欺罔者の二当事者間の場面を想定することにする。

　詐欺罪が成立する可能性のある、両者の間での財産の往来の状態は、①反対給付がない場合、②反対給付がある場合、の２通りにまず分けられる。そして、①は、①-1 約束に反して結果として反対給付が履行されていない場合と①-2 寄付などおよそ反対給付の受領を想定していない場合に、また、②は、②-1 反対給付はあったもののおよそ相当なものではなかった場合と②-2 相当と判断される可能性のある反対給付がなされた場合に、それぞれ分けることができる。これらのうち、①-1 と②-1 が詐欺罪の構成要件を満たすことはいうまでもないだろう。そして、①-2 と②-2 がなお詐欺罪の問題となるのはなぜか、そしてそれはいかなる範囲で問題となるかを明確にすることが、ここでの課題となる。

　①-2 の問題は、従来、「目的不達成」の理論によって説明がされてきた。つまり、法益主体がその財の利用・交換を通じて達成しようとした目的が不達成に終わったことが財産的損害である、と理解するのである。他方、②-2 の問題は通常、「相当対価の提供があった場合」の判断をめぐって論じられてきた。つまり、反対給付の内容が、被欺罔者が欺罔によって想定していたものとは異なっていても、市場価値その他の客観的尺度に照らすと価値的に相当なものと判断された場合に、財産的損害は存在しない、と判断される可能性がある。

　後者の問題については、何をもって「相当」と判断するかについての判断の基準と対象をより明らかにする必要性が残っていると考えられる。つまり、例えば、市場価格を基準にして交付した財産と反対給付とを比較すれば足りるのか、という点である。財産の「交換価値」は、当事者同士がその条件の下でならば財産交換をしてもよい、と判断することにより定まるものであり、市場価値と同じというわけではない。詐欺罪規定は、適正価格での財産交換を保護するための規定ではないし、民法でも契約自由の

原則が認められているのは周知の通りである。また、一般的な基準から見たらさほど価値が感じられないものに対する主観的価値としての使用価値や愛情価値も、一律に保護の対象から排除されるべきではない。他方、前者の問題については、かような要素を後者の判断における客観的な価値比較によって算出された「財産的損害」と同等のものと捉えることが適切か、疑問が残る。換言すれば、従来の考え方において、反対給付が相当であるかどうかの判断により「財産的損害」の有無を考えることと、反対給付の受領が当初から想定されていないケースでは「目的不達成」であることが財産的損害となると考えることとは、一元的な説明として成功していないように思われる。

　ここでさらに注意すべきであるのは、「目的不達成」と表現される場合の「目的」につき、「社会的目的」と「取引目的」の 2 種類の内容が混在していることである。ドイツでの「目的不達成説」における「目的」は、「客観化可能で具体的給付に内在し、かつ経済的に重要な目的[1]」であるとされる。日本において佐伯仁志教授が用いられる「社会的目的」にも、同じ定義が与えられる。佐伯教授は、目的不達成説自体は支持されてはいないが、この内容が法益処分行為の社会的意味であり、その錯誤は法益関係的錯誤であると説明される[2]。また、伊藤渉教授は、受給者の資格や用途を偽る場合は給付の「社会目的」や「経済的効果の前提となる事実」が問題となるとされており[3]、ここでも一定の社会的目的という客観的制限をかけた意味における「目的」が捉えられている。これらの場合、「目的」そのものは主観的な内容であるが、「社会的目的」はそれに客観的評価による制約をかけることを試みたものである。これを、「客観的目的不達成説」とよぶことができよう。

　他方で、日本ではしばしば、「取引目的の不達成」という表現が用いられることもある。こちらは、取引を通して得ようとしたもの・こと一般を指している。例えば、林幹人教授は、（客観的に示された）当事者の取引目

1）　*J. Wessels / T. Hillenkamp*, Strafrecht Besonder Teil/2, 28. Aufl., 2005, §13 II 5. e).
2）　佐伯仁志「被害者の錯誤について」神戸法学年報 1 号（1985 年）116 頁以下。
3）　伊藤渉「詐欺罪における財産的損害——その要否と限界」刑法 42 巻 2 号（2003 年）150 頁。

的が取引の内容を決定する、と説明される。そして、相当対価の提供があった場合、それが被害者の経済的目的を満足させるものであったときは刑法上の損害を否定すべきであり、ここでいう「経済的」は純粋客観的な金銭上の損得の観点のみではなく、使用価値や愛情価値をも合わせ考慮すべきとされる。[4] この「取引目的」は、換言すれば、当事者が財産交換を通して得ようとしている思惑であり、主観的な内容である。

　そして、この主観的な「取引目的」の意味での広い「目的」を対象として「目的不達成」を検討する考え方もある。山口厚教授は、「財産交換」「目的達成」の点に錯誤がある場合に法益関係的錯誤の存在が肯定されるとされ、[5] ここでいう「目的」は、財産の交付により達成しようとした目的として広く捉えられており、社会的目的に限定されてはいない。また、長井圓教授は、独自の「人格的財産概念」を前提に「客観的に示された当事者（被害者）の主観的効用（取引目的）」が決定的であるとされ、「契約目的」が実現している場合は錯誤が欠け損害も認められないとされる。[6] 田中利幸教授は、使用価値の移転が交付行為者の目的達成、利益獲得の手段とされ、それが充たされたときには侵害は発生しないとされ、ここでいう「目的・利益」は財産的なものに限られないとされる。[7]

　このような「取引目的」をいわゆる「目的不達成」説の「目的」として捉えることを正面から主張する説も存在する。菊池京子教授は、有償の交換取引と無償の片面的給付との両方の場合について「目的不達成」の見解によって損害発生を判断することを提唱される。[8]

　これらの、取引目的についての「目的不達成」を基準とする考え方は、前者の「社会的目的」に限定する場合との対比で、「主観的目的不達成説」とよぶことができよう。

4）　林幹人『刑法各論』（東京大学出版会・1999年）230頁、150頁。
5）　山口厚『刑法各論〔補訂版〕』（有斐閣・2005年）263頁。
6）　長井圓「証書詐欺罪の成立要件と人格的財産概念」板倉宏博士古稀祝賀論文集『現代社会型犯罪の諸問題』（勁草書房・2004年）316頁、339頁。
7）　田中利幸「詐欺罪と財産上の損害(1)」刑法判例百選Ⅱ〔第5版〕〔別冊ジュリスト167号〕（2003年）91頁。
8）　菊池京子「詐欺罪における財産上の損害についての一考察（完）」東海23号（2000年）106頁以下。

「社会的目的」の考え方を採用し、寄付行為などにおいて詐欺罪の成立
を判断することは、1 つの考え方たりうるが、これまでにもしばしば指摘
されてきている通り、何を「社会的」と評価するか、またなぜそのように
分けられるのかという点の説明に困難がないわけではない。他方で、「取
引目的」を目的不達成の対象とする考え方を採用するのであれば、それは
反対給付をおよそ期待していない場合に限られず、詐欺罪一般に共通して
必要な要素となろう。つまり、寄付行為だから特別に「（取引）目的達成」
が保護される、というわけではなく、詐欺罪においては広く、被欺罔者が
財産を用いて自己実現をするという目的達成が害されているのであり、こ
れらは根拠として共通している。もっとも、この意味での「目的不達成」
は、被害者の思惑通りでなかったことの言い換えにすぎず、そのままでは
それまで問題にしてきた「実質」を明らかにする機能を十分には果たしえ
ない。つまり、すべての詐欺罪の行為を「主観的目的不達成」の観点から
のみ説明することは、被欺罔者の側に結果的に見て錯誤があったことの言
い換えにすぎない。そこで、この広い意味での「主観的目的不達成」が財
産法益のいかなる部分を捉えるものかという点に立ち戻って考察すること
で、その解決を求めることとする。そして、「財産的処分の自由」が、そ
の考察の手がかりとなる。

3　「財産的処分の自由」の観点を解釈論に導入することの有用性

　前項で「主観的目的不達成」と名付けた、取引目的・契約目的の不達成
の内容は、いかなる要素を指すものであろうか。それは、「財産的損害」
を実質的に理解する場合のまさに「実質」の部分であると考えられる。か
つて、「財産的損害」という判断基準は、詐欺罪理解の客観化を目指して
導入された。しかし、現在の議論においては、全体財産説における財産的
損害の判定のように「交付した財産と受け取った反対給付との金銭的価値
や交換価値の差引き計算」を行うのではなく、「実質的」な要素を考慮し
て把握される[9]。それは例えば「得ようとしたものと実際に得られたものと

9）　詳しくは、本書第 1 部第 5 章 III 3 参照。

の差」であったり、「当該取引の目的・性質など個別的な事情」も考慮に
入れた判断であったりする。ここでいう「実質」の内容は、後者では取引
目的をはじめとする主観的個別的要素を考慮することを意味することが明
らかである。また、前者についても、「得ようとしたもの」は被害者の主
観的な思惑・期待であり、つまりは「取引目的」である。つまり、これら
の考え方は、被欺罔者がその条件下においてならば財産を交付してもよい、
と決意するに至った内容、つまり得られる財産や効果についての期待を、
それが実現したか否かという結果の側で捉えていると説明できる。

　これらの限定要素は、結論としては妥当な成立範囲の限定を導き得よう。
しかしながら、保護法益としての「財産」概念を客観的・物質的に捉えて
いる現状の理解を前提とするならば、その侵害結果としての「財産的損
害」もまた客観的基準として理解されることが自然である。目的や期待と
いった主観的要素についての考慮を内容に取り込むことは、この要素が主
観的側面についても併せて考慮していることを包み隠してしまう危険性も
ある。

　主観面についての考慮が必要であることを認めるのであれば、むしろ保
護法益の理解のしかたから改めねばならない。つまり、詐欺罪の保護法益
の内容には「財産的処分の自由」が含まれると考え、視点を、結果をみて
目的達成・不達成を判断する捉え方から、目的を設定する時点で自由な意
思決定であったか否か、すなわち「財産的処分の自由」が侵害されたか否
かを判断する基準へと移すことで、この問題点は解消されよう。私見によ
れば、「財産的処分の自由」とは、「欺罔行為」によって直接的に侵害され
る、被欺罔者の意思決定の自由であり、その侵害に基づいて「交付行為」
とその結果としての「財産の移転」が行われる。つまり、「財産的処分の
自由」は、欺罔行為によって錯誤・財産的損害の発生に至るまでに生じる
中間結果の位置づけにあるものと理解できる。

　詐欺罪の個別具体的なケースにおいて、何が「失われたもの」であると
考えるかの判断は、当該財産交換が当事者にとっていかなる意味をもって
いたかに左右される。個別事情に由来する実質的判断を「財産的損害」と
いう語の語義に取り込んで説明せねばならない窮状は、「財産的処分の自

由」が害される形で行われた財産交付により現実に財産が移転することが「財産法益の侵害」であり「財産的損害」である、と理解することで解決することができる。

そして、次なる課題は、この「財産的処分の自由」を判断基準として耐えうるものとするべく、その内容をより明確にすることである。その明確化への試みを、次節で詳しく論じることとする。

III 「財産的処分の自由」の内実と財産の機能

1 序 論

前章では、欺罔に由来する要素である「財産的処分の自由」が保護法益としての「財産」の内部に含まれる、と理解することが可能であるとの帰結が導かれた。そして前節では、詐欺罪の成立範囲を画する基準として「財産的処分の自由」が重要な役割を果たしうると考えるに至った。かような役割を担う基準には、その内容の明確さと具体性が要求される。

そこで、以下においては、その内容をいかなるものと理解すべきかについて、検討を加える。まずは、ドイツにおいていわゆる「処分の自由」に注目して詐欺罪を理解しようとした見解、具体的には、人的財産概念、動的財産概念、ならびに新しい財産概念における「処分の自由」の理解を概観し検討することを通して、「財産的処分の自由」の内容として具体的にいかなる要素が想定されるべきであるかを考える際の手がかりとすることを目指す (2)。次いで、財産の機能についてより深く考えるために、刑法外部で「財産」および「取引」がどのように理解されているかを概観し、その手がかりを得ることを試みる (3)。

2 ドイツにおける「処分の自由」をめぐる学説の展開
(1) 人的財産概念・動的財産概念における「処分の自由」

人的財産概念を提唱したボッケルマン (P. Bockelmann) の問題意識は、金銭的価値を財産的損害の判断基準と考える当時の判例・通説であった経済的財産概念に対する疑問から出発していた。彼は、財産概念は財産人格

（Vermögensperson）の立場から決定されるべきである、との視点を提示し、[10]
非物質的利益についてもすべてではないがかなり広範に人的財産の範囲に
含まれるとする。そして、財産人格の処分の自由（Dispositionsfreiheit）が
保護されるべきであるということは、強調する必要もないとする。なぜな
ら、誰と契約するかということについて無関心でなどいられないし、その
際には、経済的な当事者の給付能力のみならず、計測不可能な要素であっ
てもより広い範囲で他の事情についても問題となるからである。それゆえ、
見通し（Aussichten）や期待権（Anwartschaften）、顧客（Kundschaften）
などは、労働力と同様に財産に含まれる、とされている。[11]

　この見解は、法益主体の主観的要素を財産の内容として取り込むべきだ
として、当時主流であった経済的財産概念から視点を転じて財産を理解す
ることの必要性を提示した点において、極めて意義深い。しかしながら、
被害者の期待そのものを保護すべき「財産」であると考えるならば、財産
を専ら主観的要素として捉えることになる。詐欺罪の法益侵害として「処
分の自由の侵害」を要求することは、必要条件ではあるがそのまま十分条
件であるわけではない。それらについても、何らかの形での財産喪失、つ
まり物質的財産との結び付きを必要とすべきであると思われる。

　これに対して、エーザー（A. Eser）の提唱した動的財産概念は、ボッケ
ルマンの人的財産概念における「処分の自由」の扱いを批判するものであ
った。彼は、処分の自由それ自体は人格価値ではあるが財産価値ではない
ので、処分の自由そのものを保護するならば、詐欺罪の保護法益は行動の
自由（Handlungsfreiheit）になってしまう、と批判する。そして、財産は、
経済的活動の自由、つまり、「財政的資金（finanzielle Mittel）を経済的に
もっとも有意味でもっとも合理的に振り向ける事実上の能力と可能性」で
あるとし、この「経済的活動の自由」は、以下の点において「処分の自
由」とは異なるものであると主張する。「処分の自由」は、被欺罔者が真
実を知っていれば異なる行動をしたであろう、ということをもって侵害さ

10）　*P. Bockelmann*, Der Unrechtsgehalt des Betruges, aus: Probleme der Strafrechtser-
　　neuerung: Festschrift für Eduard Kohlrausch, 1944, S. 248.
11）　*Bockelmann*, a.a.O.（Anm. 10), S. 250.

れたといえるが、「経済的活動の自由」は、さらに、処分行為者が誤誘導によって財政的資金を経済的に不合理で目的に合わない形で用いることが要求される。つまり、財産的処分には、客観的に見て無分別な経済的目的不達成が必要であると考えているのである。[12)]

　この見解は、「処分の自由」自体という基準では広くなりすぎる保護の範囲を制約しようとしたものである。エーザー自身が主張する通り、財産を主体の側からではなく客体の側から見ようとし、客観的に見て経済活動が害されているかをそのメルクマールにしている。客観的側面からの制約をかけつつ、なおも欺罔という働きかけによって影響を受けた法益主体による財産についての用途の決定が財産の内容を構成すると考える点において、この見解には意義がある。もっとも、そこで同時に主張されている、「動的」な財産理解、つまり、静的な現存する財産状態の維持のみならず動的な財産増加の確保も考慮に入れるべきとする点については、財産についての判断の時点では確定していない予測を財産の内容にするものであるから、判断基準としての限定性に欠けるといえる。

(2)　「新しい財産概念」における「処分の自由」

　キントホイザー（U. Kindhäuser）は、詐欺罪の理解に関して、主張の内容の変遷を伴う2通りの理解を提示してきた。

　1つ目は、「真実に対する権利」の考え方に注目し、詐欺罪を自由に対する罪として構成する理解である。つまり、恐喝罪との構造上の比較を着眼点として、財産に損害を与える自由侵害犯として理解したのである。この見解は、詐欺罪が歴史的に見ると真実権侵害をその本質としていたことから、欺罔を処分の自由の侵害と捉え、詐欺罪においても財産のみでなく処分の自由も保護されるべきである、と考えるものである。[13)]そして、社会的目的不達成あるいは経済的目的不達成を損害として認めることで、処分の自由は詐欺罪の保護法益として受け入れられるとし、財産は処分の自由の媒体として、それに依存して保護される、と考えている。[14)]この見解では、

---

12)　*A.Eser*, Die Beeinträchtigung der wirtschaftlichen Bewegungsfreiheit als Betrugsschaden, GA 1962, S. 295.

13)　*U.Kindhäuser*, Täuschung und Wahrheitsanspruch beim Betrug, ZStW 103 (1991), S. 398f.

詐欺罪は財産犯であるとの枠組みを維持しつつ、財産上の処分の自由が詐欺罪の保護法益としての重要部分であると考えていることになる。

　2つ目は、詐欺罪を、間接正犯の定型化された犯罪類型として理解する考え方である。つまり、実体的には行為者に管轄がある財産移転を、形式上被害者が道具として行っている、と捉えるのである。この考え方においては、欺罔は、この犯罪に特有の法益侵害ではなく、財産処分者による財産移転を欺罔行為者自身の行為として帰責するための基準にすぎないとされている。[15] そしてここでは、前述した「自由侵害犯」としての詐欺罪理解は放棄されているといえよう。

　他方、パウリック（M. Pawlik）は、キントホイザーの1つ目の見解の延長線上に、すなわち「自由侵害犯」としての詐欺罪理解を受け継ぐ形で、詐欺罪の保護法益としての「財産」を理解し直そうと試みている。

　彼は、財産を、法的人格（Rechtsperson）が他の法的人格との相互作用の中で一定の自己同一性を与えることができる具象的な可能性として表現する。そして、その同一性表現は、法的に承認されうるように、法の限界の内部にあるべきものであるから、ドイツ刑法263条の意味における財産としては、自由な自己表現を可能にするために当該法的人格に法的に割り当てられたもののみが問題となる、と考えている。これらのことから、彼は、財産を「法的に承認された自己表現の自由、すなわち、個人的人格の刻印（Ausprägung）」であると理解し、この見解を「新しい法律的財産概念」として提唱している。[16]

　この考え方によれば、財産は、「対象化された行動の自由」の側面から理解される。そして、ともすれば広くなりすぎかねないその範囲について、行為者に権限がある行為可能性を詐欺罪に関連するものに縮小することで、限定が試みられている。すなわち、彼によれば、対象化された自由の可能性の保護のための規定としての263条は、被害者が自身の真実に対する権

---

14) *Kindhäuser,* a.a.O.（Anm. 13）, S. 399.

15) *U.Kindhäuser,* Betrug als vertypte mittelbare Täterschaft, Festschrift für Günter Bemmann, 1997, S. 339ff.; *U. Kindhäuser,* Nomos Kommentar StGB, 2. Aufl., 2005, §263 Rn. 45ff. 本書第1部第3章 III 2 (4)参照。

16) *M.Pawlik,* Das unerlaubte Verhalten beim Betrug, 1999, S. 259f.

利が存在することを行為者に不利な形で期待できる資格のすべてを示すような対象（Gegenstand）を受け取ることについての被害者の期待を保障するわけではなく、被害者に保障されるのは、経済的な可能性を保持する期待である、とされる。この理解によれば、「損害」は、被害者が債務法上の契約において約束されたことを維持していないとき、また、契約では、契約締結のケースにおいて行為者の契約前の行為によって入手されているべき法的人格を与えられていないときに存在する、と説明される[17]。

　この見解は、「対象化された行動の自由」、つまり財産を処分するかしないかを自由に選択するという意味も含めての財産的処分の自由を、財産そのものとして理解している。そして、その範囲の限定を、「経済的な可能性」という「経済的」尺度に担わせることを試みている。

　これらの、キントホイザーによって主張されパウリックによって引き継がれた、自由侵害犯としての詐欺罪理解は、詐欺罪においては欺罔によって処分の自由が侵害されることを端的に「自由侵害」と捉え、それが財産の内容である、と説明するものである。この考え方は、欺罔を法益侵害に直接的に結び付けようとする試みであり、私見の方向性とも合致している。詐欺罪の法益侵害性は、単に財産喪失のみでは説明できず、それが被害者の意思に働きかけられることによって成し遂げられる、真意に反した財産喪失であることによって特徴づけられると考えられる。

　もっとも、「自由侵害犯」という言葉を用いて表すことについては、注意が必要である。なぜなら、いわゆる一般的な「自由侵害犯」は、主として身体的自由の侵害を指して用いられる用語である。確かに、財産交付に当たっての交付行為を欺罔の影響により真意に反して行うことが、身体的に自由な行動をも妨げている側面はあろう。しかし、詐欺罪における「自由侵害」は、交付行為の段階における身体的自由ではなく、「財産処分の意思決定」の段階での自由として捉えておくのが適切であろう。そしてそれはあくまで、財産に内在する要素として考え直すべきであると思われる。

　そして、さらに考えられるべきであるのは、処分の自由に課される「財

---

17)　*Pawlik,* a.a.O.（Anm. 16），S. 263ff.

産的」「経済的」という制約の内容である。次項では、この点の明確化を
目指す。

3 「財産」の機能

　前項では、「処分の自由」を財産法益の内容と理解する場合の考え方に
ついて検討した。そして、財産法益の内容について再考する以上、財産そ
のものについての考察もまた、避けて通ることはできない。そこで、以下
では、財産の機能に注目しながら、経済学・憲法学・民法学の視点を参考
に、刑法外部での財産の捉え方を概観していくこととする。

　経済学上の「財」とは、人間の物的欲求を満足させる物の性質である
「使用価値」をもっている物をいうと考えられている。[18]この「財」は、自
然状態のままで十分人間の欲求を満たしうる「自由財」と、欲求との関係
で稀少な「経済財」とに分けられる。「経済財」は、資源と技術が制約さ
れており、それぞれの財の有限量のみが生産されるので、人間の欲望は完
全には充足されえない。そのため、財の配分の問題が生じ、一般に市場の
機能によってその配分が遂行される。取引の対象になり、所有権その他の
客体となるのは、概ねこの「経済財」であるといえ、かように有限な財を
人間が配分し合っている状態が、いわゆる「財産」が置かれている状況の
イメージである。[19]

　また、「商品」とは、使用価値に加え、「交換価値」、すなわちそれと引
き換えに他人の商品の一定分量を獲得できるような値打ちを、その要因と
して含むものであると解されている。[20]経済学では、取引の場面として、市
場メカニズムにおける商品の需要と供給によって決せられる価格の決定が
扱われる。

　現在の経済学の主流は新古典派経済学であり、この考え方においては、
「合理的経済人」（ホモ・エコノミカス）が他人にかかわりなく自己利益

---

18)　大阪市立大学経済研究所編『経済学辞典〔第3版〕』（岩波書店・1992年）307頁の「使用価
　　値」［杉原四郎］。
19)　前掲注18) 659頁の「自由財・経済財」［瀬尾芙巳子］。
20)　前掲注18) 133頁の「価値」［林直道］。

（自己の効用）の最大化を追求するという市場モデルが想定されている。そして、この市場メカニズムが自動調整装置のように機能することにより、需要と供給が釣り合う点において資源配分の最適化が達成されると主張されている。つまり、自由主義経済の下で、自由で私的な経済主体が、利益の多寡を基準にして自らの経済的行動を選択し、そのことによって当該財の市場価値が決定されると考えられている。

　市場経済がかように理解されていることが、経済学において財の価値を考える際に主として交換価値に注目されることの背景にある。刑法上の財産理解の1つである「経済的財産概念」もまた、かような考え方を受けて、交換価値を基準として金銭的価値を把握し、もって財産を「経済的」に捉えるものであるといえる。そして、ここでは、人は「自由」でありつつも自己利益の最大化という目的に縛られて選択を行う存在としてイメージされている。そして、この経済観は、無意識的に特定の人間像と財産取引の種類を前提としているものである。つまり、①人は自己決定のできる「強い個人」であり、合理的決定に基づいて行動することが、このモデルが成り立つための条件になっているし、また②財は交換の対象であり、財の交付を決定する際の判断要素は客観的・金銭的に把握される「自己利益」のみである、という財産取引の典型的な一場面を捉えているものである。

　もっとも、これは、財産取引の場面のすべてに妥当するわけではない。例えば、市場概念に関連して、自然発生的な「市（いち）」「市場（いちば）」と、国家の介入によって生まれる「市場（しじょう）」との性質の違いについて述べる見解の中では、「市」が非常に小規模の人と人の顔が見える、しかも人間的交流さえありうるような取引の場であるのに対し、「市場（しじょう）」は抽象度が高くて規模も大きく、匿名性も高く、経済合理性のみが支配している、との説明が加えられている。そして、後者は前者の発展形であるが、すべての取引の場が「市場（しじょう）」になっ

21)　金子勝『市場』（岩波書店・1999年）12頁における、現在の理論状況の把握を参考にした。
22)　金子・前掲注21）12頁以下。
23)　須網隆夫ほか「座談会　国家の役割・市場の役割」法時75巻1号（2003年）19頁［土田和博発言］。

たかといえば、そうではないだろう。

　マーケットとしての市場では、「より安く買おう」「より利潤をあげよう」という思惑が合致した価格で取引され、「どうして欲しいのか、買ってどう使うのか」「どう思って作ったのか、利潤をどう使いたいのか」といった個別の事情は圧縮され相手方にほぼ伝わらない[24]、と指摘されている。かようなシステム自体は、市場が拡大し世界規模になった現代社会において財産取引を円滑に成立させるためには合理的である。しかし、そのことは、すべての財産取引についての「取引観」を情報圧縮された取引に合わせることを要求するものではない。市場経済の発展も、財産に関する活動による自己実現の多様性を否定するものではないと考えられる。

　そして、憲法上の財産権についての理解からは、財産が人に対して果たす自己実現の手段としての役割が一層明らかになる。

　日本国憲法は、29 条で「財産権」について規定しており、同条 1 項は、「財産権は、これを侵してはならない」として財産権の保障を定めている。そして、この財産権が、同条 2 項において「公共の福祉」の観点から法律上の制約を受けること、ならびに同条 3 項において私有財産が正当な補償の下に公共のために用いられると規定されていることから、財産権の制約を具体化するために、何が財産権の本質的部分かを明らかにする必要が生じ、学説上、財産権の内部を性質に従って制約を受ける部分と受けない部分との 2 つに分ける「二分論」が主張された[25]。財産を二分する基準としては、これまでに多様な見解が主張されてきたが、次第に、「人格」ないし「個人」の「自律・自由」に引き寄せた財産権ないし経済的自由の考え方が提示されるようになってきているとの傾向が指摘されている[26]。例えば、財産権保障の制度的保障という制度的側面と、個人の自律にかかわる個人主義的側面とがあるとする見解[27]が、それに当たる。また、自由の核心を自己の生き方の自律的な探求という意味での自己決定に求め、仮に経済活動

---

24)　大庭健『所有という神話――市場経済の倫理学』（岩波書店・2004 年）51 頁。
25)　詳しくは、棟居快行『人権論の再構成』（信山社・1992 年）259 頁以下、森英樹「経済活動と憲法」樋口陽一編『講座憲法学 4 権利の保障(2)』（日本評論社・1994 年）26 頁以下。
26)　森・前掲注 25) 32 頁以下。
27)　棟居快行「日本国憲法と経済秩序」法教 230 号（1999 年）54 頁。

が一般的に物質主義的であるとしてもなお経済的自由についてもこの「自由観」が妥当するとの考え方[28]も、経済的自由の人権としての重要性を強調するものである。さらに、私法の基本原理である私的自治とその補強のための自己決定権を、憲法 13 条の幸福追求権の現れであると理解する見解が、民法学の議論で主張されており[29]、この考え方を財産取引の場面に引き付けるならば、財産をめぐる経済活動もまた、人格的権利の側面をもつと理解されよう。

　かような憲法上の財産権の内容は、民法をはじめとする民事法規により規定される。民法は、「私的自治の原則」を採用して、財産取引において広範な自由の余地を認め、そこで生じたトラブルを解決するための規定を置いている。また、「契約自由の原則」によれば、私人の契約による法律関係については私人自らの自由な意思に任されるべきであり、国家は一般的にこれに干渉すべきではない[30]、と考えられている。つまり、当事者間の合意に支障がある場合のみ、法律によって対応することになる。

　以上の、財産・市場・取引についての考え方を踏まえると、財産関係には、財産を手段とする人の自己実現として手厚く保護されるべき部分と、経済的合理性に基づく取引関係としての制約が甘受されるべき部分とが併存している、と理解できる。そして、両者のバランスをいかに捉えるべきかは、当該取引ごとに、当事者間の合意と主観に基づいて判断されることになろう。そして、その判断の中身こそが、「財産的処分の自由」の問題になっているといえる。

4　小　　括

　本節では、「財産的処分の自由」の内実を具体的に考えるために、「処分の自由」がいかに理解されるべきかについて言及した学説を概観し、手がかりを得ることを試みた。また、「財産」の内容として理解される要素は

---

[28]　井上達夫『法という企て』（東京大学出版会・2003 年）185 頁。
[29]　山本敬三『公序良俗論の再構成』（有斐閣・2000 年）18 頁以下、同『民法講義 I 総則』（有斐閣・2001 年）96 頁以下。
[30]　法令用語研究会編『有斐閣法律用語辞典〔第 3 版〕』（有斐閣・2006 年）354 頁の「契約自由の原則」。

いかなるものであるのかを知るために、刑法外部における「財産」理解の概観も行った。そしてそこからは、自己実現の1つの現れとしての財産的活動という観点からの財産の把握が可能であり、他方でそれが取引関係を通して実現されるものであることによる制約を受ける可能性がある、という考え方を見出すことができた。

　次節においては、さらに詐欺罪における「財産」法益に密接に関連するその他の概念についても検討を加え、最終的に、「欺罔」が「財産」法益との関係でどのように説明されるかを明らかにすることを目指す。

IV　詐欺罪の保護法益と欺罔概念の再構成

1　序　　論

　前節での検討から、詐欺罪の保護法益としての理解を通して得られた「財産」概念には次の特徴があることが導かれた。すなわち、財産は財産主体の自己実現の機能を果たす手段としての意義を有すること、また他方で、財産が有限であり他人との間で行使する影響力が競合し合うことから、取引の場においては自己実現の保護としての財産保護であっても他者との間の調整が必要とされるのに由来する制約を受けることである。

　そして、これらの特徴は、IIにおいて取り上げた財産移動の2種類の類型の中に、その問題性として現れていた。すなわち、およそ反対給付の受領を予定していない寄付などの場合に目的不達成をもって詐欺罪の成立を検討する必要があると考えられるのは、場合によっては自らの手を離れた後もなお財産の用途に関心をもつことを想定しているためであり、これは、財産が財産主体の自己実現の手段・道具であることを積極的に認めることから導かれるものである。他方、相当対価の反対給付があった場合に詐欺罪の成立が否定される可能性があるとすることは、財産に対して財産主体が有する影響力は他者との間で競合し合う可能性があることから全面的かつ無限に認めるわけにはいかないために、取引の場においては限定的に理解されるということの現れの1つであると考えられる。そしてこれらは、詐欺罪における本質的部分であり、まさに「財産的処分の自由」の内容と

して理解されるべき要素である。

　それでは、この考え方を具体的に解釈論に適用する場合、詐欺罪の構成
要素はどのように説明されることになろうか。以下においては、これまで
の検討から導かれた理解を踏まえて「財産的損害」「財産的処分の自由」
「欺罔」の諸概念を明確に説明することを試みることとする。

2　「財産」が有する価値と「財産的処分の自由」の関係

　経済学において、「財」は、「使用価値」と「交換価値」を有するものと
して捉えられる。刑法でも、被害者の同意論についての法益関係的錯誤説
における保護法益の内実の限定的理解として、人の生命・身体について
「存在価値」のみが保護の対象となり、財産についてはこれに加えて「処
分価値」「交換価値」もが保護の対象となる、との捉え方が提示されてい
る[31]。もっとも、詐欺罪に関して、とりわけ法益関係的錯誤説を適用する見
解からは、財産が「経済的利用・収益・交換の手段」として保護に値し、
特に金銭は「それ自体の価値」というよりも「交換手段・目的達成手段」
としてのみ保護に値すると主張される[32]。そして、詐欺罪の法益侵害が「財
産交換の失敗・目的実現の失敗」として把握される[33]ことから、一般に、詐
欺罪によって保護されているのは「交換手段」としての側面のみであると
理解されているように思われる。果たしてそれは妥当だろうか。

　財産の「交換手段」としての機能に着目し、「交換価値」による財産の
把握を徹底するならば、当該財産交換関係における財産侵害の有無は、被
欺罔者による交付とそれに対する反対給付との差引き計算によって判断さ
れることになろう。この考え方は、1つの選択肢たりうるし、現にドイツ
における全体財産に対する罪の考え方は、基本的にこの枠組みで財産的損
害の有無を判断するものである[34]。しかし、日本においては、少なくとも1
項詐欺罪は基本的に個別財産に対する罪と考えるのが、通説的見解である。

---

31)　山口厚「欺罔に基づく『被害者』の同意」廣瀬健二＝多田辰也編『田宮裕博士追悼論集上巻』
　　（信山社・2001年）323頁以下。

32)　佐伯・前掲注2）116頁。

33)　山口厚「詐欺罪における財産的損害」同『問題探究刑法各論』（有斐閣・1999年）169頁。

34)　本書第1部**第5章**III2参照。

形式的個別財産説を採る場合には、被欺罔者の財産交付それ自体が財産法益侵害としての財産的損害と理解される。実質的個別財産説を採る場合には、反対給付等の事情も財産的損害の有無の判断に影響しうるものの、「交換価値」の比較によって決せられると厳密に解しているわけではない。また、「交換価値」は、市場価値とは異なり、交換する当事者間の「主観的価値」の一致であることにも注意が必要である。[35]

　このことを考慮するならば、詐欺罪によって保護されているのは、財産の「交換手段」としての機能であると理解するよりも、むしろ、「交換手段」として用いるか自己の手元で保持・使用するかについて自由に選択し決定することそれ自体であると理解するべきなのではなかろうか。つまり、財産は、「使用価値」「交換価値」に加えて「保持することの価値」をも実現する手段となるものであり、重層的に存在するこれらの価値のうちのいずれを生かして用いるかは財産主体の選択によって決定される。そして、そのための決定が自由になされることが、「財産的処分の自由」の内容である。「財産的処分の自由」の行使は、財産主体が当該財産を通した財産的活動について選択することを通して、財産的自己実現を達成する、と理解できる。

　もっとも、財産交換・交付は取引の場において行われるため、「財産取引」の性質に由来する、当該財産に関連する情報の圧縮をある程度は甘受せねばならないという制約下にも置かれる。当事者の取引目的も、無限に保護されるわけではなく、保護の範囲は互いの共通認識であった範囲に限定される。それは、取引は双方にとって財産的自己実現であるといえるからである。

　これらを考え合わせると、「財産的処分の自由」の侵害に該当するか否かの判断は、基本的に以下の枠組みによって行うことができよう。

　まず、欺罔によってそれがなければしなかった財産処分についての意思決定が確定的となったか、そして欺罔された内容が被害者にとって意思決定を左右する判断要素であり、そのことが両当事者間で共通認識になって

---

35)　このことを指摘するものとして、長井・前掲注6）325頁。

いたかを判断する。これらが、「財産的自己実現」の内容である。次いで、反対給付があった場合について、目的物が、被欺罔者の期待したものとは異なっていたけれども意図した役割を果たした、あるいは対価相当であったなど、経済的評価からみて、結果としては満たされたといいうる誤差であるといえるか否かを判断する。これは、「取引」の性質に由来する限定要素である。

3　「財産的損害」の理解

　かような「財産的処分の自由」についての理解は、何を「財産的損害」と捉えるかにも影響してくる。「財産的損害」の内容の理解については、前述したように学説上対立があり、[36]条文上の表現でないことから積極的に成立範囲の限定要件として用いることに対して否定的な見解も存在する。[37]もっとも、詐欺罪が財産犯として規定されている以上、広い意味での「財産的損害」が必要であるとすることには、異論はない。

　私見によれば、「財産的損害」は、財産法益侵害の最終的な結果と同じものであると理解すべきであると考えられる。欺罔行為によって、財産をどの価値において用いるかについて選択する際の判断を誤ったことが、「財産的処分の自由」の侵害である。そして、これに財産の移動という結果が伴った状態が、財産法益の侵害である。それゆえ、欺罔行為者による虚偽の情報・条件がなければするつもりのなかった財産処分を行ったという点が財産法益侵害であり財産的損害である、と説明されることになる。交付した財産と反対給付との差引き計算による「経済的損失」は、「財産的処分の自由」の侵害の「深刻さ」を図る度合いとして用いられることはありえようが、法益侵害結果としての「財産的損害」そのものの全体では

---

36)　本書第1部**第5章**III 3参照。

37)　小田教授は、「『財産取引』の場面に適用を限るために『財産的損害』という視点も必要だろうが、詐欺罪の処罰に決定的なのは、『錯誤』の重要性（それをもたらす欺罔行為の程度）」である、と指摘される（小田直樹「財産犯論の視座と詐欺罪の捉え方」広法26巻3号（2003年）216頁）。また、山口教授は、「詐欺罪の内実・構造に立ち入った、より『実質的な』法益侵害についての把握が必要」であるが、「『実質的な視点』が必要であるとし、あとは（直感的に得られた）一定の結論を示すにとどまる」説が多く、それは「思考停止の態度」である、と指摘される（山口厚「文書の不正取得と詐欺罪の成否」法教289号（2004年）125頁）。

ない。両者を分けて考えないと、かえって「財産的損害」の内容が把握し
にくいものとなってしまうと思われる。また、当該詐欺行為によって生じ
た「損害額」についても、交付と反対給付の差額ではなく、交付した財産
それ自体と解するべきである。被欺罔者は、欺罔がなければ交付するつも
りのなかった財産を交付し、真実を知っていたならば必要としないはずの
反対給付を受け取ったにすぎないからである。この点につき、判例も、損
害額を交付した財産の全体と考える立場を採っており[38]、これは妥当である
と考えられる。

4　「欺罔」概念の再構成

それでは、以上の「財産」「財産的損害」「財産的処分の自由」概念の理
解に基づく場合、「欺罔」はどのように理解されるだろうか。

私見は、欺罔に由来する要素である「財産的処分の自由」を、財産法益
主体が財産に対して及ぼす自由な意思決定であり、財産法益の一側面であ
ると理解する。そして、その内容としては、財産交換・交付による期待通
りの反対給付の入手・目的の実現を想定している。ただし、これまでの
「人的」要素に注目する財産概念が受けてきた批判からもうかがえるよう
に、財産に対する「期待」そのものをすべて財産保護の対象と考えること
は、対象の範囲を広げすぎてしまうことになるため、合理的な範囲の限定
が必要となる。そして、これらの点を前提として導き出された「財産的処
分の自由」の侵害がいかなる状況かを、前項において示した。

かような前提を認めることは、財産領域における自己決定を重視し、財
産を手段とした自己実現を尊重する方向性の妨げとなりうると指摘される
かもしれない。しかし、取引の場は、当事者双方にとってそれぞれの自己
実現の場である。そして、両者のうちの一方の利益追求は、多くの場合に
おいて、相手方の不利益をもたらしうる。それゆえ、かような限定は、
「財産取引の場」であることに由来して必要となるものと考えるのが妥当
である。前述したように、取引の場は、取引社会の発展に伴い大規模化・

---

38)　大判大正 12 年 11 月 21 日刑集 2 輯 823 頁、大判昭和 17 年 4 月 7 日新聞 4775 号 5 頁など。

匿名化し、経済的合理性が優先されることによって、財産に関する個別的
事情は情報圧縮されている。それゆえ、原則的には、財産・金銭の価額の
均衡がとれているかどうかが、かような場面で最も重視されると考えられ
る。しかし、そのような一般的な場面を越えて、対面による勧誘や交渉を経
ていたり、あるいはそれに準ずる密接な情報交換が行われていた場合など、
当該意思決定において何が決定的であったかが当事者間で明らかである場
合もなお存在する。その際に、価額や財物の性能などを偽って財産処分の
決定に不当に影響を与えた場合は、たとえ客観的にみて反対給付が相当で
あったとしても、財産的処分の自由が侵害されているといえよう。

　詐欺罪規定は、財産取引の複雑化に伴い必要とされるようになった類型
であった。取引の場が発展することにより、互いの顔が見えて信頼関係を
築ける範囲に留まらない財産交換の方が日常茶飯事になったため刑事罰が
必要とされるようになったのであり、そのことから、相手方への信用は基
本的に当該交換関係の内部で留まるような、いわば冷めた当事者関係を前
提とするようになったのもまた必然であったといえる。しかしながら、そ
のことは、取引の相手方にかけた信頼はすべて裏切られても当然であると
の理解にはつながらない。交渉の段階で、相手が何を重要視しているかを
知っているにもかかわらずその点について欺罔・錯誤を利用した場合もま
た、詐欺罪に該当する行為の典型例である。

　そして、かような考慮に基づく判断の内容を具体的に説明するならば、
以下のようになろう。基本的には、被欺罔者が財産を交付する際に受け取
ることを期待した反対給付と実際に受け取った反対給付との間で、あるい
は交付した財産または受領した反対給付の使い道について、当事者間の取
り決めと異なる点があるかどうかを比較し、それが欺罔に由来するかどう
かを判断する。次に、その異なっている点が被害者の意思決定を左右する
要素であったかどうか、またその重要性について交渉過程で表示・言及さ
れるなどして両当事者間での共通認識になっていたといえるか否かを考慮
する。そして最後に、それでもなお目的物が意図通りの役割を果たした、
また対価相当であったことから、主たる目的は満たされており、相違が情
報誤差の範囲内として許容されると考えられないかを判断する。

　これらを受け、「財産的処分の自由」の侵害であるところの「欺罔」は、財産交換・交付関係を取り結ぶ交渉段階以降に当事者間で表示されるなどして共通の認識であった、財産処分の意思決定において重要な要素となる対価・給付内容の性質・用途について、虚偽の情報を具体的事実であるかのように示すことで、被欺罔者を錯誤に陥れることである、と説明されることになろう。

　以上の理解は、「財産的処分の自由」に注目することで、詐欺罪の成立範囲の限定に際して近時多くみられる、「財産的損害」の側面からのアプローチから目を転じ、かつての通説的見解とは異なる形での「欺罔」からのアプローチを試みるものである。そして、このことによって、詐欺罪のさまざまな形態――具体的にはとりわけ、相当対価の反対給付があった場合や当初からおよそ反対給付を想定していない場合――について、一元的な説明が可能になると思われる。欺罔が、ただ「財産関連的」であれば足りるのではなく、さらなる限定を受けて該当基準が厳しくなっている理由は、「財産的処分の自由」の理解において、被欺罔者の交付意思の有効性が否定されるに足りる「自由の侵害」の程度を要求することによる。そして、その「財産的処分の自由」に該当する基準が厳格であるのは、「財産的」領域における意思決定であるから、取引関係の交換が日常的に行われることが想定され、財産交換が当事者双方にとっての自己実現として時に対立し合うという財産自体の性質に由来すると考えられる。

　本節で導かれた基準を用いることによって、従来「欺罔行為」の解釈の問題とされ、近時「財産的損害」の問題とされてきた、詐欺罪の成立範囲の限定、ならびに「実質的個別財産説」における「実質的」判断の内容について、特に明確にすることができると思われる。

　詳細な適用とその検討はさらなる課題とするが、以下では、「財産的損害」の判断についての主たる問題である、相当対価が支払われた場合と、寄付行為の場合についてのいくつかの代表的な事例について、私見を適用した際の帰結をみていくことにする。

　相当対価が支払われた場合としては、市販されている電気按摩器を自治体の指定を受けた販売業者が取り扱う高価な病気の治療器であると偽り、

しかし時価相当の価格で販売した事例がある。[39] 従来、この問題は、被害者が獲得しようとして失敗したものが経済的に評価して損害といいうるかにより判断されてきた。私見によれば、この場合、反対給付として提供された商品は、被欺罔者が交付した対価に相当するものではあったが、宣伝文句にされて購入者の購入意思を決定づけたことから、最も必要とされている性能であることが明らかな、病気の治療器としての用途には用いることができない。購入者は、有効な治療器を入手するために対価を支払ったのであるから、価格相当という制限をかけてもなお、財産的処分の自由が害され、財産法益侵害としての財産的損害が認められる。

また、個人所有の文化財を展示目的のためと偽って時価相当の金銭によって買受け、しかし実際には非公開のままであったり転売したりしたという場合について、およそ手放す意思がなかった個人が展示することを条件に譲渡したのであれば、かような条件が満たされること自体も財産を通じて行う自己実現であるといえる。それゆえ、実行されなかった場合には、いくら対価自体は価額として相当であったとしても、財産的処分の自由が侵害されており、財産法益侵害としての財産的損害が認められる。同様に、営農を条件とした国有地の払い下げを営農意思を偽って受けた場合[40]も、欺罔の相手方が国家であって個人でないという差こそあるものの、営農を促進することが財産処分における国家にとっての自己実現、つまり政策実現であったといえ、そのために特別の価額が設定されていることから、財産的処分の自由が害されているといえよう。

およそ反対給付の受領を予定していない、寄付行為における財産交付の場合については、従来、被欺罔者の動機のうち社会的目的の側面、つまり寄付金の用途のみが保護されると解されてきた。私見によれば、例えば近所への見栄といった、寄付の本来的目的と関わりのない要素についての虚偽についても、それが「当事者間で明示されあるいは共通の認識になっていたか否か」という基準によって詐欺罪を構成するかが判断されるべきものであると考えられる。確かに、寄付者の「見栄」は、一般的・社会的に

---

39) 最決昭和34年9月28日刑集13巻11号2993頁。
40) 最決昭和51年4月1日刑集30巻3号425頁。

考えれば、寄付の主たる目的ではないだろう。しかしながら、特に見栄自
体が被欺罔者にとって財産交付を決定するための重要な要素であることに
つき当事者間で共通認識を有していたのであれば、寄付行為によって寄付
者が充足する要素を社会的見地から限定する必要はないと思われる。この
ことを「見栄の保護」と説明するならば、無益にも聞こえよう。しかし、
自分に寄付のために財を投じるだけの金銭的余裕があることを寄付行為を
通して示したい、という欲求を充足することは、必ずしも保護に値しない
とは言い切れないと考えられる。それゆえ、寄付を募集している相手に対
しての見栄に留まるのであれば、寄付を提供した際にすでに満たされたこ
とになり詐欺罪の問題にはならないが、例えば寄付額が公表される場合な
どでその内容を気にしていたのであれば、詐欺罪の問題となる余地がある
だろう。

　他方、未成年者が自分は成人であると偽って成人指定の雑誌等を購入し
た場合、販売店は相手方の属性を知っていたら商品を交付しなかったかも
しれないが、それは条例その他の政策目的を守ろうとするからにすぎない。
本来、書店では、書籍の交付は対価を入手する手段として行われるのが通
常であり、政策目的を別にすれば、適切な対価を支払う相手ならば誰に対
してでも書籍を販売したであろうと考えられる。ゆえに、対価を得て商品
を交付する点においては錯誤がないため、財産的処分の自由が害されてい
たとはいえず、財産法益侵害としての財産的損害はないものと考えられる。

　これらのほかにも、関係する事例ならびに判例は多く存在するが、それ
らを**本章**で提示した枠組みに適用して理解した場合の検討は、続く**第2部**
において行うこととする。

結

おわりに

　第1部では、近時の詐欺罪事案において欺罔概念・損害概念の拡張傾向がみられることから、詐欺罪の成立範囲を画する明確な基準を見出すことをその目標とした。その着眼点として、詐欺罪にとって本質的な要素であると考えられる「欺罔」に注目し、これと従来詐欺罪の保護法益とされてきている「財産」との関係を再検討することを通して、「財産」「財産的損害」「欺罔」概念の内実を明らかにすることを試みてきた。

　詐欺罪規定の歴史的経緯についての概観からは、現在は財産犯として規定されている詐欺罪がかつては欺罔犯罪として構成されていたこと、そして、かような側面は、財産犯としての制約を受けつつも、現在も看過することのできない本質的な性質であると考えられることが見て取れた。また、詐欺罪の構成要件構造が「錯誤に基づく被害者の同意」を伴う「被害者利用の間接正犯」形態であることからは、同意が無効であると評価されるに足りる「財産法益関係的」で「自由意思喪失的」な内容、また窃盗罪の間接正犯としてでは評価しきれない保護法益の部分を考える必要に迫られた。これらは、後に検討し、「財産的処分の自由」の内容と考えるに至った要素となる。詐欺罪において本質的な要素である「欺罔」を保護法益の内容として理解する試みはこれまでにもなされたことがあり、そこでは、欺罔が「財産的処分の自由」を侵害する、との把握のしかたが存在した。他方で、詐欺罪の保護法益でもあるとされてきた「財産」についての従来の議論は、物質的側面によって把握するための基準について重点が置かれているのみであった。しかしながら、詐欺罪は欺罔により錯誤に陥った被害者が自らの財産を交付するという形態であることから、物質的な財産の移転や差引き計算のみで財産的損害の有無を把握することは困難である。そして、「財産的処分の自由」こそが、詐欺罪における財産侵害性を明確に説

明できる要素であると考えられる。そして、かような検討から導かれたの
が、詐欺罪における「欺罔」行為によって侵害される「財産的処分の自
由」が、詐欺罪の保護法益としての「財産」の一部分を形成している、と
の理解である。そして、この「財産的処分の自由」の内容は、当該財産を
それに内在する「使用価値」「交換価値」「保持することの価値」のいずれ
の価値を選び取ってその手段として用いるかについての自由である。詐欺
罪の判断基準としては、被害者の意思決定を左右する判断基準についての
偽りがあり、経済的評価からみても当該財産交付の目的が満たされないの
であれば、この「財産的処分の自由」は侵害されていると考えられる。そ
して、「欺罔」は、この「財産的処分の自由」を侵害する行為、すなわち、
財産交換・交付関係を取り結ぶ交渉段階以降に当事者間で表示されるなど
して共通の認識にあった、財産的に重要な対価・給付内容の性質・用途に
ついて、虚偽の情報を具体的事実であるかのように示して、被欺罔者を錯
誤に陥れることである、と説明されることになる。

　以上の検討により、第1部では、詐欺罪の保護法益ならびに欺罔概念に
ついての基礎研究として、1つの理論枠組みを示した。そして、第1部で
の帰結を基に、詐欺罪の具体的な事例における適用のあり方やこれまでの
判例との関係についての検討を進めて、詐欺罪解釈論全体に及ぼす影響に
ついて考察することが、次にまず取り組むべき課題となる。また、これら
の問題は、財産犯全体に関係してくる「財産犯の保護法益」の見直し、さ
らに、より一般的な、保護法益の捉え方や機能についての理解へもつなが
るものである。そこでは、財産以外の保護法益についての法益主体の自己
決定・処分の自由がどのように理解されるべきかも示すことが必要となろ
う。後者の点については、その対象が多岐にわたることから、第1部を検
討の手がかりとし、今後の課題として機会を改めて取り組むこととしたい。
本書ではまず前者の点について、次の第2部で論じることとする。

第2部

詐欺罪における「欺罔」と「財産的損害」をめぐる考察

序

はじめに

　詐欺罪の実行行為が遂行される際の手口は、まさに多種多様である。「人を欺いて財産を交付させる」という詐欺罪の構成要件に該当する行為の中にも、組織ぐるみの大規模なもの[1]から個人間での小規模なものまで、また複雑な手口からごく単純な騙しといったものまで、さまざまな態様の行為が含まれうる。また、日に日に新たな手口が生み出されていると言っても、過言ではないだろう。それゆえ、詐欺罪の実行行為が実際に遂行される場面の詳細に固執しすぎると、詐欺罪の本質を見失い多様な詐欺的行為のすべてに当てはまる理論の構築から遠ざかりかねない。

　第 1 部において、詐欺罪における欺罔行為をめぐる考察を、専ら理論的分析に特化して進めた理由は、そこにあった。個別の事案をケースごとに見ていき、それぞれに妥当と思しき落としどころとしての解決を導くことにも意義はある。しかし、その「落としどころ」がもし事後的な考慮に基づく場当たり的な解決案にすぎないのであれば、それは罪刑法定主義の下に刑事罰としての制裁を法的効果とする刑法に求められる役割を十分果たせていないことになる。その行為が具体的にどのような態様であっても、詐欺罪が適用されるべき理由を統一的に説明できるような理論の構築が求められる。

　他方で、構築された理論が抽象論のままであれば、刑法解釈論としては無益である。その理論に実際の事実関係を当てはめて、具体的な事案の解

1）　組織的に実行される詐欺的行為に関しては、刑法 246 条に規定されている詐欺罪のみでなく、1999 年に成立した組織的な犯罪の処罰及び犯罪収益の規制等に関する法律（組織犯罪処罰法）の 3 条 1 項 13 号に規定されている組織的詐欺罪が成立する余地がある。この組織的詐欺罪については、かつて別稿の判例評釈（足立友子「判批」論究ジュリ 20 号（2017 年）204～209 頁）において検討し一応の理解を提示しているため、本書では詳述せず、別の機会に改めて論じることとする。

決を導きうるものであるかどうかを確かめることは、この理論枠組みの検証として必要である。また、この検証は、理論のさらなる深化にもつながりうる。

　かような理由から、この第2部においては、第1部で構築した基礎理論の枠組みを検証しつつ、さらに深化させることを目指す。具体的には、まず**第1章**において、詐欺罪の成否を判断する上で「本人確認の要請」が重視された「搭乗券事例[2)]」「（第三者譲渡目的の）預金通帳事例[3)]」などを手がかりとして、詐欺罪における「欺罔」「財産的損害」の両概念を再考する。そこでは、従来用いられてきた「財産的損害」の語が、実は多義的に用いられていたこと、そして、その内容は、欺罔によって生じた錯誤の現実化である中間結果としての「財産侵害」と、交付と反対給付とを清算した最終的な「財産的損失」とに分けられうることが示される。また、**第2章**において、詐欺罪の成立を基礎づけるために「重要事項性」が重視された「ゴルフ場利用事例[4)]」「（自己利用目的の）預金通帳事例[5)]」などを手がかりとして、欺罔概念の内実を再考する。そこでは、重要事項性の判断における「重要さ」に求められる要素が検討され、詐欺罪が財産犯として規定されていることに起因する制約として「財産的観点からの重要さ」が求められること、そしてそれは「財産的処分の自由」とかかわるものであること、さらに、この観点が軽視された場合には、詐欺罪規定の役割が財産保護ではなくシステム保護の規定と化する可能性があることに留意すべきであることが示される。

2）　最決平成22年7月29日刑集64巻5号829頁。
3）　最決平成19年7月17日刑集61巻5号521頁。
4）　最決平成26年3月28日刑集68巻3号646頁。
5）　最決平成26年4月7日刑集68巻4号715頁。

第 1 章

「財産的損害」概念再考
──損害概念の多義性と中間結果としての錯誤に着目して

Ⅰ　問題の所在

　昨今、最高裁判所において、詐欺罪成立に関する判断が次々と示されて
きている。[1]平成 12 年以降のこの状況は、平成初期の 10 年余の間に詐欺罪
の成否が中心的な争点となった最高裁判所の判断が客殺し商法にまつわる
平成 4 年 2 月 18 日決定[2]のみであったことに比すると、大きな相違である。
そして、近時の最高裁決定の中には、従来よりも詐欺罪の成立範囲を広げ
るものと捉えうる要素も見受けられ、それらを踏まえて詐欺罪の処罰が拡
大傾向にあるのではないかと指摘する見解も散見される。[3]

　かような指摘のきっかけは複数存在するが、なかでもとりわけ注目すべ
き要素の 1 つは、取引関係の中で「本人確認」が重視されている場面にお
ける詐欺罪の成否の判断である。平成 22 年には、自分自身ではなく第三
者を搭乗させる意図を秘して航空会社の担当係員に自己名義の搭乗券を交
付させた事案につき、本人が搭乗するかどうかは係員にとって「交付の判
断の基礎となる重要な事項である」として、かような行為が詐欺罪の「欺
く行為」にあたるとの判断が最高裁決定において示されている。[4]また、交
付された財物を実際に本人が利用するか否かが重視された判断としては、

---

1)　具体的には、最決平成 12 年 3 月 27 日刑集 53 巻 3 号 402 頁、ならびにその後示された一連
　の最高裁決定を念頭に置いている。
2)　最決平成 4 年 2 月 18 日刑集 46 巻 2 号 1 頁。
3)　2012 年 5 月に開催された刑法学会第 90 回大会（於：大阪大学）におけるワークショップ
　「詐欺罪の動向」は、まさにかような問題意識を出発点としていた。オーガナイザーである木村
　光江教授によるワークショップ報告は、刑法 52 巻 3 号（2013 年）474 頁以下に掲載されている。
4)　最決平成 22 年 7 月 29 日刑集 64 巻 5 号 829 頁。

前述した平成 22 年決定に先行して、第三者譲渡目的を秘して銀行で本人名義の預金通帳・キャッシュカードの交付を受けた事案についての最高裁の平成 19 年決定[5]が存在している。

　これらの事案をめぐる判断から、詐欺罪の成立範囲の拡張傾向がうかがえると指摘された理由は、大きく 2 つに分類できよう。すなわち、1 つは、①対象となった「航空機の搭乗券」や「金融機関の預金通帳とキャッシュカード」に財産犯の客体としての財物性が認められるか、そして、それらの騙取により「財産的損害」が生じるかという問題について、もう 1 つは、②それらを得るための行為者の行為について、第三者譲渡目的を秘しているとはいえ本人が自己名義の財物を交付させようとすることを「欺罔行為」と認定できるか、という問題について、いずれも結論からすれば積極の判断をしているからである。

　①については、行為客体としての財物にいかなる要素を求めるか、そしてそれといわゆる「財産的損害」との関係をどう捉えるかが問題となる。窃盗罪においては財物性の認められる範囲がかなり広いのに対して、詐欺罪ではかなり限定的に解されてきたことも、この問題点に関連する。そしてさらには、「財産的損害」の内実をいかに理解すべきかについても、再考を促されよう。「財産的損害」は、日本の詐欺罪規定においては明文で要求されているわけではなく、解釈論において詐欺罪の成立範囲を適切に限定するための手がかりとして論じられるようになった。しかし、近時は、損害概念の内容、とりわけいかなる要素までをその内容に含ませて理解するかについて、論者によりかなりの相違があるように見受けられる[6]。この状況のまま、なお詐欺罪の成立範囲の限界づけの機能を「損害」に求めようとすれば、かえって詐欺罪の成立範囲についての理解は混乱してしまいかねない。「財産的損害」概念が詐欺罪の解釈論の中でいかなる位置づけにあり、どのような要素がその内容として求められているのかを、改めて

5)　最決平成 19 年 7 月 17 日刑集 61 巻 5 号 521 頁。
6)　この点に注目して「財産的損害」をめぐる学説を分類・整理する近時の論稿として、渡辺靖明「詐欺罪における実質的個別財産説の錯綜」横国 20 巻 3 号（2012 年）121 頁以下、裵美蘭「詐欺罪における財産上の損害」法政 78 巻 4 号（2012 年）156 頁以下がある。

明確にする必要があろう。

　他方、②については、第三者譲渡目的が「交付の判断の基礎となる重要な事項」であるとして、欺罔行為に当たると判断されている。しかし、その欺罔行為から生じる錯誤によってもたらされる法益侵害あるいは「財産的損害」として具体的に想定される内容の実質は、被欺罔者によって交付された客体である搭乗券・預金通帳・キャッシュカードそれ自体というよりも、むしろそれに付随して交付後にもたらされる経済的デメリットであり、その中には、財産交付から直接的にもたらされる要素もあるが、場合によっては、取引・交付が行われた時点から時間的・場所的に離れたところで生じうる経済的損失の可能性までも考慮されているように思われる。そして、そのように広く解しうるとするならば、これは、「財産的損害」概念の内容を拡張する傾向を示すものと捉えられよう。

　従来の詐欺罪の解釈論における、詐欺罪の成立範囲の限定をめぐる議論は、大きく分けて、「欺罔」の要素の明確化、「財産的損害」による限界づけ、保護法益である「財産」法益の内実の考慮、の３つのアプローチに分類することができる[7]。それでは、前述した「本人確認の重視」という要素は、これらの議論との関係で、どのように説明されるべきであろうか。

　本章では、まず、この問題につき考えるきっかけとなった、前述の「搭乗券事例[8]」、ならびにこれに先んじて「本人確認」という要素を重視したという点において共通している「預金通帳事例[9]」についてまず概観し、詐欺罪の成否がいかなる点をめぐって争われたかを確認して、何が解決されるべき問題かを明らかにする（II）。次いで、そこでの問題点を、詐欺罪の構造についての理論的な議論状況と照らし合わせて確認し、そこから導ける打開策の検討を行う（III）。この検討からは、「財産的損害」概念の再構成が促されることになり、その視点として、**本章**では、従来の日本における「財産的損害」概念をめぐる議論において想定されている「損害」の内容を大きく２つに分けること、ならびに、錯誤を詐欺罪における欺罔行

---

7) かような視点からの整理として、詳しくは本書第１部**第１章**を参照。
8) 前掲注４）の最高裁平成22年決定。
9) 前掲注５）の最高裁平成19年決定。

為から直接的にもたらされる中間結果として重視し、詐欺罪を「欺罔行為から錯誤まで」と「交付行為から財産移転まで」に大きく二分して把握することを提唱する（IV）。これらの検討は、詐欺罪の保護法益である「財産」の中で「財産的処分の自由」という側面が重視されるべきであることを示す方向へと向かう（V）。そして、以上の考察を踏まえて、詐欺罪の解釈論のあるべき方向性を見出すことが、**本章**の目的である。

II　最高裁決定と「本人確認」「財産的損害」の関係

それではまず、詐欺罪の成立範囲の拡大傾向の有無について考える契機となった前述の2つの最高裁決定[10]について、いかなる事実関係の下に詐欺罪の成立が認められたかをごく簡単に確認する。

⑴　搭乗券事例（最決平成22年7月29日[11]）は、被告人が、自分自身ではなく第三者を航空機に搭乗させる意図を秘して、航空会社の搭乗業務担当係員に外国行きの自己に対する搭乗券の交付を請求し、その交付を受けた事案であった。

最高裁は、「搭乗券の交付を請求する者自身が航空機に搭乗するかどうかは、本件係員らにおいてその交付の判断の基礎となる重要な事項であるというべきであるから、自己に対する搭乗券を他の者に渡してその者を搭乗させる意図であるのにこれを秘してその搭乗券の交付を請求する行為は、詐欺罪にいう人を欺く行為にほかならず、これによりその交付を受けた行為が刑法246条1項の詐欺罪を構成することは明らかである」と判示し、本事案において1項詐欺の成立を認めた。

ここからは、詐欺罪の解釈論上重要な点として、①行為者が内心の意図

---

10)　前掲注4）および注5）の最高裁決定。
11)　前掲注4）の、最決平成22年7月29日刑集64巻5号829頁。なお、本決定の判例評釈として、前田雅英「詐欺罪の保護法益と罪数について」警論63巻11号（2010年）144頁以下、照沼亮介「判批」刑事法ジャーナル27号（2011年）87頁以下、和田雅樹「判批」研修752号（2011年）17頁以下、吉田雅之「判批」捜査研究60巻4号（2011年）80頁以下、丸山嘉代「判批」警論64巻7号（2011年）167頁以下、菅沼真也子「判批」新報118巻1＝2号（2011年）685頁以下、和田俊憲「判批」ジュリ1420号〔平成22年度重要判例解説〕（2011年）212頁以下、などがある。

を秘して一定の行為をすることを欺罔行為と捉えている点、②受け取った搭乗券で本人自身が搭乗すると思わせることが欺罔を基礎づける程度に「重要」だと評価されている点、③ 1 項詐欺の成立を認めていることから搭乗券を詐欺罪の客体と捉えている点、の 3 点が読み取れる。そして、付言すれば、当最高裁決定の中では、「財産的損害」あるいはこれに類する言葉は用いられていない。財産的・経済的な評価を示すように見受けられる言い回しは、「当該乗客以外の者を航空機に搭乗させないことが本件航空会社の航空運送事業の経営上重要性を有していた」という表現くらいしか見当たらない。

　(2)　預金通帳事例（最決平成 19 年 7 月 17 日[12]）は、被告人が預金通帳およびキャッシュカードを第三者に譲渡する意図を秘して、銀行の行員に自己名義の預金口座の開設等を申込み、預金通帳およびキャッシュカードの交付を受けた事案であった。

　最高裁は、「銀行支店の行員に対し預金口座の開設等を申し込むこと自体、申し込んだ本人がこれを自分自身で利用する意思であることを表しているというべきであるから、預金通帳及びキャッシュカードを第三者に譲渡する意図であるのにこれを秘して上記申込みを行う行為は、詐欺罪にいう人を欺く行為にほかならず、これにより預金通帳及びキャッシュカードの交付を受けた行為が刑法 246 条 1 項の詐欺罪を構成することは明らかである」と判示した。

　ここからは、預金口座開設の申込みが、推断的欺罔（挙動による欺罔）として捉えられていることが見て取れる。つまり、（料金後払いの）レスト

---

12)　前掲注 5 ）の、最決平成 19 年 7 月 17 日刑集 61 巻 5 号 521 頁。なお、本決定の判例評釈として、門田成人「判批」法セ 634 号（2007 年）112 頁、前田巌「判批」ジュリ 1347 号（2007 年）63 頁以下、山口厚「最近の刑法判例を追う（刑事法探究）：最一決平成 19・7・2 最三決平成 19・7・17 最二決平成 19・7・10」NBL871 号（2007 年）8 頁以下、松澤伸「判批」セレクト 2007（法教 330 号別冊付録）（2008 年）34 頁以下、足立友子「判批」刑事法ジャーナル 11 号（2008 年）119 頁以下、森寿明「判批」研修 717 号（2008 年）15 頁以下、長井圓「判批」ジュリ 1354 号〔平成 19 年度重要判例解説〕（2008 年）181 頁以下、松宮孝明「判批」立命 323 号（2009 年）235 頁以下、前田巌「判批」最高裁時の判例 VI 平成 18〜20 年〔ジュリスト増刊〕（2010 年）321 頁以下、岡田好史「判批」専修大学法学研究所紀要 36 号〔刑事法の諸問題 VIII〕（2011 年）147 頁以下、前田巌「判解」最判解刑事篇平成 19 年度（2011 年）308 頁以下、などがある。

ランにおいて料理を注文する行為の中に飲食後の料金支払の意思表示が当
然に含まれているとされるのと同様に、預金口座開設を申込みそれに付随
して預金通帳等を受け取ることには、交付を受けた後に本人が利用する意
思表示が当然に含まれており、その後に本人がそれらを利用することが銀
行の担当行員と申込者の両者の間において明示的に確認されなくても当然
の了解として含まれていることが社会一般における共通認識だと評価され
ているのである。なお、当該行為を、交付した預金通帳等が申込者本人に
よってその後も利用されると銀行行員が思っていることを奇貨として被告
人がその思い込みを訂正せず利用した、という不作為による欺罔としてで
はなく、推断的欺罔として構成したことも、それ自体興味深いが、今回の
問題意識からははずれるので、**本章**では立ち入らない。

　さて、以上2つの事例についての最高裁の判断から見出せる重要な手が
かりは、いかなるものであろうか。預金口座開設時に身分を証明する書類
を提示させることや、搭乗券を発行する際にパスポートの提示を求めるこ
とからは、交付行為者が、相手方がその証明書類の本人であることを期待
しているのは明らかである。そして、そのような身分証明書類の確認を行
う理由を考えれば、当該財産交付の場面において、交付の相手方の自分自
身による利用を期待していることも自明である。この点を推断的欺罔とい
う作為の欺罔として構成するべきか、被欺罔者がもともと陥っていた錯誤
に乗じた不作為の欺罔として構成するべきかについては、理解の分かれる
余地がありうるが、いずれにせよ、これらの場面において、交付後に相手
方本人が利用するということが交付行為者にとって交付の判断の基礎とな
る重要な要素であることは、現在の社会状況においては疑いないといえる。

　むしろ、問題とすべきは、「本人が用いると思って交付したのに実際は
違った」という事実が、いかなる意味において詐欺罪の成立を基礎づける
要素となりうるか、という点である。行為者は交付行為者に、本人が用い
ると思わせて交付させたが、現実には、自分以外の第三者に用いさせるつ
もりであった。しかし、交付行為者にかような錯誤があってもなくても、
交付行為者が行った行為の内容は、「本人自身にしか交付しない搭乗券あ
るいは預金通帳とキャッシュカードを本人に対して交付した」というもの

であり、生じた現象を外形的にのみみるならば相違はないことになる。これが詐欺罪の問題になるか否かは、交付行為を行った被欺罔者の内心の動機によってのみ区別される、とも説明できよう。

　他方、これらの事案では、何が「財産的損害」と捉えられるだろうか。形式的にみれば、財産的損害は交付された財物そのものであり、搭乗券や預金通帳・キャッシュカードということになろう。しかし、実質的にみれば、その説明はやや複雑なものとなる。搭乗券事例においては航空券購入時にすでに航空券代金は支払済であり搭乗券交付時には係員は何も受けとらないことや、預金通帳事例においては口座開設に当たって手数料等を要求することはなく行員は何も受け取らないことからすると、この錯誤によって交付行為者である被欺罔者が得られると思ったものと実際に得られたものとの間には、外形的にみる限りにおいては食い違いはない。それでは、事情を知っていたならば交付しなかったはずの預金通帳・キャッシュカードや搭乗券それ自体が財産的損害の内容の実質なのだろうか。その実質が、それらを準備するためにかかった原材料の原価や手間などの実費だと考えると、比較的軽微なものにも思える。しかし、交付行為を行う被欺罔者にとって大きなダメージであるのは、財物それ自体の喪失よりもむしろ、その財物が本来用いられるべき態様と異なる態様で用いられてしまうことではなかろうか。そして、そこでは、交付した財物がその後どのように用いられると思っているかという、交付行為を行った被欺罔者の意図と、行為者が実際に用いようとしていた用い方との間に食い違いが生じている。これは、従来の議論においては「交付の目的」として論じられる内容であると説明することができる。

　この「交付の目的」は、「財産的損害」との関係で、どのように捉えられるべきであろうか。「交付の目的」は、被欺罔者・交付行為者にとっての主観的要素であり、詐欺罪の成立範囲の客観的な限定づけを目指して論じられる「財産的損害」とは相容れないもののように思われるかもしれない。しかし、この内容こそが、詐欺罪において被欺罔者に法益侵害をもたらしたといえるかの、財産的ダメージの中核部分といっても過言ではないだろう。それでは、この内容は、詐欺罪の解釈論上、いかなる要素に含ま

れるものとして理解されるべきなのだろうか。「財産に対するダメージ」
は、これまで解釈論において論じられてきた「財産的損害」と一致するも
のだろうか、あるいは、そのうちのどの側面と重なり合うものだろうか。

　次節では、このような問題関心から、詐欺罪の従来の解釈論を再検討す
る。

III　詐欺罪の構造から見た財産侵害の内実

　詐欺罪（刑法246条）は、人を欺いて錯誤に陥れ、錯誤に陥った相手方
に財産（財物または財産上の利益）を交付させる犯罪である。ここから、詐
欺罪が成立するためには、「欺罔行為」（欺く行為）、「錯誤」、「交付行為」
（処分行為）、「財産の移転」およびそれらの間の因果的連関が必要である
と解されており、これらに加えて、「財産的損害」（財産上の損害）もまた、
詐欺罪の成立範囲を限定する要件と考えられている。もっとも、「財産的
損害」については、その詐欺罪理解の枠組み上の位置づけにまだ不明確な
点も残っており、何をもってこの「財産的損害」の内実と捉えるかにつき
未だ議論が錯綜している状況にある。[13]

　さて、この「詐欺罪」という犯罪には、その構造上、大きく分けて2つ
の特徴があると指摘できよう。それは、行為者が行うことのできる相手方
への働きかけが「欺罔行為」のみであるという点と、詐欺罪はあくまで財
産犯として規定されている、という点である。これらの特徴は、詐欺罪規
定の沿革に鑑みても、[14]詐欺罪という犯罪の性質が「欺罔犯罪」「財産犯罪」
という2つの側面に特徴づけられることと整合的であり、ごく自然な捉え
方であると思われる。そして、これらの要素は、それぞれ単独にではなく、
相互に関係し合って、現在の詐欺罪を成り立たせていると考えられる。

　まず、1つ目の、行為者が行うことのできる相手方への働きかけが「欺
罔行為」のみである、という点について考えてみよう。詐欺罪における

---

13)　渡辺・前掲注6）140頁以下は、かような問題意識から、日本における「財産的損害」をめぐ
　　る議論を詳細に分類することを試みている。
14)　詐欺罪規定の沿革についての概観について、**本書第1部第2章**を参照。

「交付行為」は、「行為」という言葉が用いられているものの、行為者の側が行うわけではなく、欺罔が向けられた被欺罔者の側の行為態様を捉えるものである。換言するならば、交付行為は被欺罔者が行うものであり、交付行為が行われるかどうか、その結果終局的な財産の移転が行われるかは、被欺罔者がどう対応するかに左右される。行為者は、欺罔行為によって相手方を錯誤に陥れた後は、因果経過に直接的に関与することはできず、因果の流れを手放している。これは、離隔犯にも似た構造であり、詐欺罪の構造が被害者利用の間接正犯に類似している[15]、と指摘されるゆえんである。

　この、行為者が因果経過を直接支配できるのは欺罔行為から錯誤までである、という点は、詐欺罪における「財産侵害」が何であるかを検討する上で重要である。なぜならば、最終的に生じた結果は、その因果的支配が行為者の手を離れ被欺罔者の下に移ってから発生するものであり、そこには行為者にとって制御できない不確定な要素が当然に入り込んでくるからである。行為者によって行われた欺罔とそれによってもたらされた錯誤に基づいて被欺罔者が交付行為を行うという意味において、それらの間には因果的連関が認められるが、そのことは、最終的に生じた結果とそれについての責任を行為者に帰属させることができることを意味するにすぎず、それ自体が行為者のもとより意図したものと一致していることを要求するものでもなければ、一致しないことも少なからずあることだろう[16]。

　通常、このような問題について論じるときに例として挙げられるのは、相当対価の給付がある場合である。例えば、反対給付があっても詐欺罪の成立が認められるのは、それが市場価格などによる金銭的評価では釣り合

---

15)　詐欺罪と「被害者利用の間接正犯」との関係をめぐる検討について、詳しくは、本書第1部**第3章**IIIを参照されたい。

16)　例えば、行為者が10万円を詐取しようと企て、架空の投資プロジェクトをでっち上げて相手方に10万円の投資を求めたところ、相手方が好条件に乗せられて進んで行為者の意図を超えた1000万円の投資を行うことも、逆に付き合いのためにしぶしぶ1万円だけならと言って出資に応じることも、いずれも想定しうる。あるいは、行為者がある特定の芸術品の壺を何とかうまい口実を作って相手方から詐取しようと企て、会社の資金繰りに困っているので提供してほしい、と虚偽の理由を述べたところ、相手方が、換金するならこちらの方がいいはずだ、と金の延べ棒を差し出すことも、想定しうる。それらの場合、行為者が入手しようとしたものと、実際に被欺罔者が交付したものとの間には食い違いが生じている。

っていても、行為者が相手方に対して得られると思わせた内容との間に食い違いがあり、財産的損害が生じているからだ、と説明されることになる。ということは、まず一次的な財産的ダメージの有無は、欺罔の内容と反対給付の内容によって、換言すれば、行為者が相手方に得られると思い描かせた内容と実際に得させようとしていた内容との差として把握されるべきで、それこそが財産侵害の内容になるのではないだろうか。この部分におよそ食い違いがないのであれば、つまり、行為者が相手方に得られると思わせたものを実際に交付しようとしていたのであれば、結果として何らかの財産的損失が最終的に生じたとしても、それは詐欺罪で問疑すべき内容ではなく、単なる民事上の債務不履行にすぎない。これらのことから、従来、「財産的損害」あるいは「財産上の損害」として論じられてきた内容は、それが詐欺罪の成立を判断するための因果経過のどの段階における評価なのかという観点から、錯誤の内容としての「財産侵害」と、終局的に得たものと交付したもののトータルとしての「財産的損失」の2つに分けて考えることが可能である。かような内容を指し示す言葉としてどのような呼び名を用いることが適切かは難しいが、**本章**では、前者を「財産侵害」、後者を「財産的損失」と名付けることにする。

　続いて、2つ目の、詐欺罪はあくまで財産犯として規定されている、という点について考えてみる。詐欺罪が、その規定上、財産犯として理解されねばならないことからは、欺罔行為は財産交付に向けられたものでなければならないという制約と、終局的に何らかの形で財産的なダメージが生じていなければならないという制約の、2つの内容が導かれることになる。このことは、換言すれば、欺罔が財産侵害として功を奏しているか、と、最終的に財産法益に対するダメージが生じているか、の2点がポイントになることを示している。そして、これらもまた、錯誤の内容が「財産侵害」となっているかと、最終的に「財産的損失」が生じているか、の2つの観点に対応させて、分けて説明することができよう。

　以上の考察からは、これまで、「財産的損害」の問題として論じられてきた内容は、詐欺罪の構造上のどの段階に位置づけられるかに対応して、「財産侵害」と「財産的損失」の2つに分類し分けることが可能であり、

またそのことが、詐欺罪の理解を容易にするのではないかと思われる。

　そこで、次節では、かような視点を念頭に置きつつ、「財産的損害」を
めぐる議論についてみていくこととする。

IV 「財産的損害」概念の日本における位置づけ

　わが国の詐欺罪の解釈論においては、前節でも触れたように、詐欺罪成
立のために「財産的損害」を何らかの形で要求する見解が多数を占めてい
る。その一方で、その内容としていかなる要素を要求するかは、論者によ
りばらつきのある状況が続いている。そこで、本節では、何のための「財
産的損害」概念なのか、という問題意識を出発点として、財産的損害に求
められる役割を明らかにするとともに、前節で提示した損害の内容の二分
化の意義を考えていく。

1　日本における学説上の「財産的損害」概念

　はじめに、日本における「財産的損害」概念の出発点を確認する。学説
上の「財産的損害」概念は、一体どういう役割を果たしうるだろうか。こ
の点について考えるに当たっては、その要否を考える以前に、財産的損害
をどのような内容の概念として捉えればよいのか、という問題が先行して
立ちはだかることになる。いかなる形での財産的損害が生じていることも
不要とする立場は現在の学説では見受けられないが、それをどのような意
味に理解しているかは、学説によってまちまちである。そこで、まずはそ
の対象とするものを明らかにする必要がある。

　かつて詐欺罪の解釈論では、交付行為の要件についての議論の方がより
盛んに論じられており、財産的損害について論じられる機会は比較的少な
かった。このことは、詐欺罪の構造が、例えば財物奪取を行為者が行うこ
とで財産移転への因果経過が直接的に行為者によって支配されている窃盗
罪のような犯罪類型と異なり、財産の移転に直接つながる交付行為を行為
者ではなく被欺罔者が行うものとされていることを考えれば、被欺罔者の
行動のもたらす帰結をいかなる形で行為者に帰属させるかという観点が成

立判断の上で重要になるため、ごく自然なことだろう。しかし、詐欺罪は、一方的に行為者が財産を得る場合のみならず、取引の場面で正常な取引を装って実行されることも少なからず存在することから、その点に注目した成立範囲の限定が必要とされるようになった。その中で、重要な役割を担いうると考えられたのが、「財産的損害」の概念である。

　さて、日本で「財産的損害」の語が用いられる場合、その内容の理解は大きく「形式的損害説」と「実質的損害説」の 2 つに分けられる[17]。かつては、欺罔によって「財産を交付したこと」あるいは「財物の喪失」それ自体を損害として捉える「形式的損害説」が有力であった[18]。そして、かような把握をするのであれば、「財産的損害」それ自体について論じる必要はなく、「交付行為」について論じれば足りるといえる。この考え方を前提とすれば、「財産的損害」は交付行為が完了したことを示すにすぎないからである。それゆえ、かつての解釈論上の議論の関心が交付行為に集まっていたのもごく自然なことであった。しかし、このように損害概念が形骸化していることへの問題意識と詐欺罪の成立範囲の限定づけの強い要請とを結び付け、「財産的損害」にその限定の契機を求める見解が提示されて[19]から、その状況は変化したといえる。この見解は、「財産的損害」を詐欺罪の成立範囲の限界を画するメルクマールとして用いることを意図して、損害判断の基準を明確にしようとするものであり、損害概念の基準を明確にするためにその実質に踏み込んでいることから、「実質的損害説」とよばれる。この考え方は、詐欺罪の法益侵害の側面に着目するものである点において、とりわけ違法論における結果無価値論の立場と親和性があることも手伝って、広く支持されるようになった。

　しかし、その後「実質的損害説」に分類される考え方にはさまざまなバリエーションが登場した。それらは、損害を形式的に把握するだけでは足りない、と考えている点で共通しているものの、詐欺罪の解釈論における

---

17) 詳しくは、本書第 1 部第 1 章、および、第 5 章 III。
18) 団藤重光『刑法綱要各論〔第 3 版〕』（創文社・1990 年）619 頁、大塚仁『刑法概説各論〔第 3 版〕』（有斐閣・1996 年）256 頁など。
19) 伊藤渉「詐欺罪における財産的損害——その要否と限界 (1)～(5・完)」警察研究 63 巻 4 号（1992 年）27 頁以下、5 号 28 頁以下、6 号 39 頁以下、7 号 32 頁以下、8 号 30 頁以下。

「財産的損害」の体系上の位置づけについては、独立した構成要件要素と捉えているように見受けられる見解から、財産的損害を「欺く行為」の要件として説明する見解までさまざまである[20]。また、詐欺罪は個別財産に対する罪として理解するのが現在の日本の多数説の見解であるが、これを全体財産に対する罪として理解するならば、財産的損害には、より積極的に、全体財産が終局的に減少したか否かを判断するための役割が求められることになろう[21]。しかし、そのような前提を有しているわけではない見解の中に、財産的損害に最終的な金銭的マイナスの要素を求めているように思える表現がしばしば見受けられ、そこからは、あたかも、「損害」という言葉がその言葉自体のイメージで一人歩きしてしまっているのではないかとの印象さえ受ける。「損害」とは一体何なのだろうか。もし詐欺罪は個別財産に対する罪であるという理解を維持するのであれば、詐欺罪の解釈論における「財産的損害」は、交付された財産と反対給付との交換価値や市場価値による差引き計算やトータルでみた終局的な経済的マイナスとは別のものとして扱われるべきなのではないか。そして、これらとは別だとするならば、いつの段階における何と何とを比較して損害の有無を判断すればよいのだろうか。

2 「損害」を具体化する手がかりを求めて

　ここで、考察を進める手がかりの1つとしたいのが、前述した搭乗券事例である[22]。現在に至るまで、最高裁の判決および決定の中では、「財産的損害」の内容が直接的に言及されたことはない。前述したように、最高裁は、交付の判断の基礎となる重要な事項について、真実を告げたら交付したか否か、という因果関係を基本としつつ、財産犯であることを担保するために財産的利益にダメージを与えたかを考慮する、という判断枠組みをとっていると理解することができる。そして、そこでは、損害の「実質

---

20)　伊藤・前掲注 19)（5・完）41 頁、佐伯仁志「詐欺罪の理論的構造」山口厚ほか『理論刑法学の最前線II』（岩波書店・2006 年）106 頁など。
21)　林幹人「詐欺罪の現状」判タ 1272 号（2008 年）62 頁以下。
22)　前掲注 4)の最高裁平成 22 年決定。

的」考慮が示されることはなかった。しかし、興味深いことに、上記搭乗
券事例に関しては、第一審および控訴審における判決の中で「財産的損
害」についての言及がみられる。もちろん、これらは、弁護人が一貫して
「財産的損害がない」ことを理由に無罪を主張したことを受けて言及され
たものであり、裁判所が自主的かつ積極的に「財産的損害」概念を基準と
して用いようとしたわけではないと思われるが、そのような事情を勘案し
たとしても、この事例のいかなる部分が「財産的損害」に関係する要素と
して想定されうるかを考える手がかりとしては有用なものであると考えら
れる。そこで、以下においては、第一審および原審の判決において、どの
ような内容が論じられたかをまずみてみることからはじめる。

　第一審では、「航空会社は、本人の同一性を要求している搭乗券につい
て、真実搭乗する意思のない者に対して、運行の利益を受け得るための搭
乗券を発券させられたものであり、航空会社には社会的に見て経済的価値
のある損害が生じたものということができ」るとしており、搭乗券を発券
させられたことに経済的な損害が生じたと述べている。このことはまた同
時に、搭乗券の代金が支払われていることが詐欺罪の成立を妨げないこと
をも示している。他方、控訴審においては、「搭乗券は、……財産罪によ
る保護に値する十分な社会的、経済的価値がある」「上記の同一性がない
者による搭乗券の使用、すなわち航空機への搭乗は、航空機の運航の安全
上重大な弊害をもたらす危険性を含み、航空会社に対する社会的信用の低
下、業績の悪化に結び付く」「本件の事案では、航空会社は、自社の発券
の不備によって搭乗券の使用者にカナダへの不法入国をさせてしまった場
合、同国政府に最高額で3000ドルを支払わなければならない」「会社財産
に損害を与える」などと述べて、搭乗券が詐欺罪の客体としての財物性を
満たすこと、その適正な管理が航空会社にとって重大な財産的関心事であ
ることを説明する。

　また、加えて興味深いのは、弁護人が控訴趣意において、「ハイジャッ
クの回避や入管行政の秩序維持等のために……非難されるべき内心の動機
に基づく搭乗券の入手を欺罔ないし財産処分として位置付けるのは、詐欺
罪固有の犯罪性や保護法益等から外れて」おり、本件については「漠然と

した全体財産減少の危険、会社の信用毀損への漠然とした不安を財物性に取り込んだものである」と主張しているのに対して、控訴審は、「搭乗券の適正な管理が、単に国家的社会的な関心事であることに留まらず、航空会社にとって重大な財産的関心事である」ので、財産以外の法益の侵害を詐欺罪成立に結び付けたわけではない、とし、「直接的な保護法益でない利益に対する悪影響であっても、量刑上それを一定限度で考慮することは不当ではなく、この点は、その利益が国家的社会的な利益であっても異ならないし、動機や目的の反社会性を量刑の一事情として考慮しうることも当然である」としている点である。[23]

3 「交付の目的」をめぐる考察

他方で、最高裁の判断は、「財産的損害」には直接触れず、「交付の目的」を重視しているものと捉えられる。しかし、詐欺罪が財産犯として規定されている以上、この「交付の目的」にも何らかの財産的な観点からの制約が必要とされよう。つまり、「交付の目的」も、詐欺罪による財産的ダメージと関連づけて把握することが求められる。

それでは、この「交付の目的」には、いかなる意味での「財産性」を要求しうるだろうか。手がかりの1つとしては、交付行為者が、当該交付を通して、その先に財産的なメリットを得ることを期待していたことが挙げられよう。まず、預金通帳事例に関して考えると、銀行は、その後に得られる利益を期待して口座を開設し、通帳やキャッシュカードを交付していると理解できる。日本の銀行では、通常、口座開設に当たり手数料を徴収することがないため、銀行口座は無料のものであるという感覚が強いが、実際は、銀行にとっては口座を維持するために一定のコストがかかっており、外国では銀行口座を開設すると口座維持手数料が徴収されることも珍

---

23) なお、預金通帳事例については、上告趣意で弁護人が、「本人による正当な通帳取得」と「本人が譲渡する目的での通帳取得」との間に、金融機関には財産的損害の差は生じておらず、その差は単に「通帳を譲渡する目的」の有無でしかない、悪しき内心の目的のみを処罰理由にしているのではないか、と主張している。また、第一審および控訴審が「振り込み詐欺」被害の一般予防を処罰理由に挙げているが、現実に預金通帳の譲渡がなされる以前であり、現実的具体的害悪が発生していない、とも主張している。

しくない²⁴⁾。それでは、さらに通帳とキャッシュカードを先に提供してでも
銀行が口座を開設するのはなぜかといえば、その後に口座が利用されるこ
とにより、利息や手数料による収入で元手を回収することを期待できるか
らである。かように理解するならば、本人確認ができれば通常誰に対して
でも銀行口座の開設と通帳・キャッシュカードの提供が行われるとはいえ、
その際に交付する側は、それらがその後適切に利用されることをいわば
「交付の目的」としている。そして、本人が用いるように装っていたが実
は譲渡目的だったという場合は、行為者が、相手方の交付目的に沿う形で
交付される財物を用いるように装って相手方を欺き、実際には相手方の交
付目的に反する形で用いるつもりである、という状況が生じている。すな
わち、交付行為者が得られると期待させられたものと実際に行為者が得さ
せようとしたものとの食い違いは、交付する側の「交付の目的」の部分に
のみ生じているということになる。この場合、交付された通帳とカードは、
財産犯としての枠組みを担保するものにすぎず、それら自体の経済的価値
がいくらであるかということは、さほど問題でない。

　さらに、搭乗券事例について同じスキームで説明するならば、どのよう
になるだろうか。搭乗券は、搭乗手続の際に本人が搭乗することの確認を
容易にするために交付されるものであり、搭乗券が交付されるよりも前に
航空券代金はあらかじめ支払われている。搭乗券自体は、有価証券でない
という意味においてはただの紙片にすぎないともいえるが、紙媒体の形が
維持されている以上、このことは、財物性の判断の入口で否定される理由
とはならない。そして、搭乗券交付にあたって、航空会社の係員はパスポ
ートを提示させて交付の相手方が本人であるかどうかをチェックする。交
付する側の有している「交付の目的」は、行為者が自らその搭乗券を持っ
て搭乗口に向かい、記載通りの航空機に搭乗して目的地の空港まで送り届
けられることにある。しかし、行為者が自分以外の第三者にその搭乗券を
譲渡する意図があれば、それは交付行為者の交付目的に反する形で交付さ

---

24)　一例を挙げれば、ドイツにおいては、銀行で口座を開設すると、口座管理のための手数料
　　（Gebüren）が定期的に徴収されることがほとんどである。手数料が無料であることはむしろセ
　　ールスポイントとされる。

れた財物を用いるという意図であり、そこには交付行為者にとっての意図
との食い違いが存在している。確かに、交付行為を行う際に、交付行為者
が行為者から何かを得ているわけではないが、そうでなければ渡さなかっ
た搭乗券1枚のみが交付行為者にとっての財産的・経済的のダメージのす
べてであったかといえば、そのような理解はあまりに形式的にすぎるであ
ろう。交付行為者は、1枚の紙片に対する支配を失ったこと自体という
よりもむしろ、そのことによってその後の航空機の運航に支障が出ること
からダメージを受けるのである。交付行為者が得られると期待させられたも
のと実際に行為者が得させようとしたものの食い違いは、行為者に交付す
る側の交付の目的を達成する意図があったか否かで把握することができる。
　このように考えてみると、交付行為者が失ったものは、形式的・外形的
に見れば「預金通帳とキャッシュカード」であったり「（有価証券ではな
い）搭乗券」であったりするが、実際に生じる財産的なダメージ、換言す
れば財産法益への侵害は、当該財物の喪失それ自体というよりもむしろ、
交付にあたって交付行為者が自らと行為者の両者にとって共通認識である
はずだと思い描いた使い道に反した用い方がされることによって生じる、
と理解するべきであると思われる。そして、通帳・キャッシュカード・搭
乗券は、当該行為が財産犯に当たることを担保するための存在にすぎない
といえる。
　かような捉え方は、従来の議論とは様相を異にしている。ともすれば、
日本における損害概念の議論に大きな影響を与えた、ドイツの議論とも大
きくかけ離れてしまう。しかし、日本とドイツでは、規定上の相違もある
ことから、その議論が共通していなければならない必然性があるわけでは
ない。そして、ドイツにおける損害概念をめぐる議論もまた、社会の変化
に伴って新しい問題を抱えるようになってきているともいえる。そこで、
日本の議論の検討への手がかりを得るためという限られた範囲に的を絞り
つつ、ドイツの規定およびそれをめぐる議論状況を概観してみることとす

---

25)　もっとも、この中にその後の業績悪化までを想定することには、疑問を感じる。当該搭乗券
　を持った別人が航空機に搭乗することで混乱が生じ、当該航空機の運航に支障が出ることあたり
　までが、想定の内容として含めうる範囲なのではないだろうか。

る。

4　ドイツにおける「財産的損害」概念とその周辺

　ドイツにおける「財産的損害」概念に関する学説は、大きく分けて、主観的損害説、客観的損害説、客観的個別的損害説、目的不達成説の4つに分類することができる[26]。そして、これらの基礎にあるのは、侵害の対象となる財産についての捉え方、つまり「財産」概念についての理解である。なぜなら、財産的損害は、財産侵害によって生じる結果であり、そのことから、財産概念についての理解が損害概念の基礎となっており、その理解と密接に結び付くからである。以下では、まず、その財産概念についての学説を概観し、それらと損害概念の結び付きを確認する。

　ドイツにおける財産概念についての理解の主たる基軸として挙げられるのは、①法律的財産概念（juristischer Vermögensbegriff）[27]、②経済的財産概念（wirtschaftlicher Vermögensbegriff）[28]、③法律的経済的財産概念（juris-risch-ökonomischer Vermögensbegriff）[29]である。これらはそれぞれ、①は民事法が権利として保護している利益・価値を財産とする考え方、②は人が事実上有する経済的利益・価値、あるいは取引流通における価値を財産とする考え方、③は①②両説の折衷的立場で法的保護に値する経済的利益・価値を財産とする考え方である。そしてこれらとは異なる切り口で財産を規定する試みとして、④人的財産概念（personaler Vermögensbegriff）[30]、⑤

---

26)　ドイツにおける「財産」概念および「損害」概念の学説の展開について、**本書第1部第5章**参照。

27)　純粋な法律的財産概念を主張するものとして、*K.Binding,* Lehrbuch des gemeinen Strafrechts, Besonderer Teil, 1. Band, 2. Aufl., 1902, S. 238f.

28)　純粋な経済的財産概念は、判例が先行して主張した内容であるとされる。この考え方が表れている例として、財産を「金銭的価値ある財の総計」と定義したライヒ裁判所の1910年の判決（RG44-242）が挙げられる。

29)　法律的経済的財産概念を最初に提唱したものとして、*J.Nagler,* Bezugschein als Objekt von Vermögensverbrechen, ZAkDR, 1941, S. 294.

30)　人的財産概念は、財産を、法共同体が経済交換の独立の客体とみなす客体への支配力に基づく経済的能力であるとする。*P.Bockelmann,* Der Unrechtsgehalt des Betruges, aus: Probleme der Strafrechtserneuerung: Festschrift für Eduard Kohlrausch, 1944, S. 226ff.; *H.Otto,* Die Struktur des strafrechtlichen Vermögensschtzes, 1970, S. 32f., 65, 70.

動的財産概念（dynamischer Vermögensbegriff）[31]、⑥機能的財産概念（funktionaler Vermögensbegriff）[32]などが提唱された。④〜⑥の財産概念は、①〜③のようにそれぞれ単独で財産の何たるかを説明するものというよりも、財産が備えている機能や、侵害行為によってダメージを受ける財産の側面はどのようなものかに注目して財産を説明しようとするものであったと位置づけることができよう。そして、そこで導入されていた、財産処分の自由や、経済的活動の自由、財産管理の自由といった観点は、財産という法益にどのような要素が含まれているか、またいかなる側面があるかを考える上で、大いに示唆的である。

　そして、これらの財産概念に対応する形で、損害概念も見解が分かれている。すなわち、主観的損害説は①法律的財産概念と、客観的損害説は②経済的財産概念と、客観的個別的損害説（objektiv-individuelle Schadenslehre）は③法律的経済的財産概念と、それぞれ結び付いている。他方、目的不達成説（Zweckverfehlungslehre）は、④人的財産概念や⑥機能的財産概念など、財産に対する人の関わりを財産概念の内容として理解する主張と結び付くものである。

　これらの分類は、日本において「損害」の理解が「形式的損害説」と「実質的損害説」の２つに分けられるのとは、様相を異にしている。ドイツでは、詐欺罪は全体財産に対する罪として規定されていることから、日本における形式的損害説に当たる考え方を直接的にとることは考えられず、上記の４つの考え方は、もし日本の損害の理解の観点から分類するとするならば、いずれも損害の実質を考えるものとして、「実質的損害説」に含まれることになろう。そして、損害についての学説としては、その拠って

---

31)　動的財産概念は、財産を、財務上の資産を経済的に最も合理的に振り向ける事実上の能力と可能性であるとする。*A.Eser*, Die Beeinträchtigung der wirtschaftlichen Bewegungsfreiheit als Betrugsschaden, GA 1962, S. 296.
32)　機能的財産概念は、財産を、法的に割り当てられた譲渡可能な財につき人が有する処分権限であるとする。*U.Kindhäuser*, NK-StGB, 9. Lieferung (2001), §263 Rn. 44ff.
　　また、財産と人との関わり合いに注目する見解としては、さらに、被欺罔者の真実に対する権利が害されている、との出発点から、詐欺罪の保護法益である「財産」の内容を「財産管理の自由」と捉える見解も主張されている。*M.Pawlik*, Das unerlaubte Verhalten beim Betrug, 1999, S. 259ff.

立つ財産概念が現在の社会における財産の把握のしかたに適合的であるか
という観点からみて、客観的個別的損害概念と目的不達成説が、**本章**での
検討の対象となる。

　さて、現在のドイツにおける通説的見解である客観的個別的損害概念の
考え方は、まず客観的に全体財産の減少があったかどうかを検討し、その
後に個別的な要素を検討することで、損害の有無を判断する。[33]つまり、ま
ず財産保持者の財産状態全体の評価が金銭的価値を基準として行われる。
そして、近時はこれに加えてさらに、相当対価の支払があった場合などで
客観的な経済的価値の比較によってのみでは損害があったと判断できない
場合について、個別的な利用価値や再入手価値などの、当該財産に関する
主観的な要素を考慮する見解が有力化してきている。

　他方、目的不達成説は、被害者の目的不達成に経済的損失を認める見解
であり、より端的に、財産交付を決定する場面において重要であるにもか
かわらず財産の金銭的価値を基準にした把握では捕捉できない要素を財産
的損害として捉えるものである。[34]

　ここで気になるのは、最終的な「損害」あるいは「経済的損失」をどの
ように捉えるべきか、という点である。前述の通り、日本とドイツでは、
規定の態様が異なり、ドイツでは全体財産に対する損害が要求されるため、
最終的に全体財産の視点からみたトータルとしての損失が要求される度合
いはより強い。他方で、この点は、日本においては必ずしも要求されるも
のではない。もし、偶然にも被欺罔者の期待通りの財物が交付された場合
には、被欺罔者には一旦錯誤が生じたかもしれないが、その錯誤がもたら
す危険がおよそ実現しないことが確定したといえ、処罰すべき実態はない
ので、経済的損失はなかったと考えてよいだろう。しかし、反対給付を、
市場価格などの一般的・客観的基準によって金銭的な評価に算定し、交付
した財物と反対給付との差額を考えて損害の有無を判定することは、少な
くとも日本の損害概念においては、求められてはいないと思われる。

　また、ドイツの客観的個別的損害概念においても、近時は、前述したよ

---

33)　*K. Tiedemann*, LK-StGB, Band 9/Teil 1 (12. Aufl., 2012), §263 Rn. 158ff.
34)　*Tiedemann*, a.a.O. (Anm. 33), Rn. 181ff.

うに、まず全体財産の減少について考えた後、当該財産に関する主観的な要素をも考慮しようとする見解が有力化している。この状況の背景には、詐欺罪が単なる財産の収支のみを問題として金銭的に損をさせたことだけを処罰するものではなく、被害者の意思に働きかけたことを重視すべきだと考えられていることの表れとも捉えられよう。そして、目的不達成説は、その傾向をさらに推し進めているものであると理解できる。もっとも、ここで考慮に入れられている「目的」は、ドイツにおいては、あくまで経済的・社会的目的であって、「被欺罔者の目的」すべてを考慮しているわけではない。この文脈における「目的」という語には2通りの理解のしかたがあり、日本における議論の中でも、交付行為者の目的という主観的な目的まで広範に含めて指すものとして用いられる場合と、社会一般に想定されるような、寄付の使い道などの経済的・社会的目的という客観的な目的を限定的に指して用いられる場合とがある。ドイツにおける議論での「目的」は、このうちの後者であると理解できる。この点について、私見は、日本においては「目的」を経済的・社会的目的に限定する必然性は必ずしもなく、被欺罔者の内心のみに存在しておよそ外部から知ることも推測することも不可能な目的は除外されるべきであるが、両当事者間で特に明示されていたりそれまでの関係において当然のこととされていたりして共通認識があった場合には、その内容が主観的な目的であっても、目的不達成説の判断となる「目的」の中に取り込んで保護されるべきだと考える。なぜなら、ドイツの議論においては、その目的の不達成が経済的損失や全体財産の減少と同視しうるものであることが要求されるが、日本においては損害の判断において差引き計算が行われる必要はないからである。

　客観的個別的損害説の判断枠組みは、まず、当該財産保持者の財産状態全体の評価を行い、その後、相当対価の支払などがあって客観的な経済的価値の比較によってのみでは損害があったといえない場合に、個別的な利用価値や再入手価値などの主観的な要素を補充的に考慮する、というプロセスをとる。このようなプロセスは、「財産的損害」の中に、交換価値・市場価値を基準とした金銭的な評価によって示される経済的損失と、それらの客観的基準では判断できないが認められる財産的ダメージの両方があ

ることが認識されていることを示しているといえる。そして、全体財産の
金銭的評価上のマイナスがなくても財産的損害があったと認められる余地
を残すべきだと考えられていることからは、取引全体の客観的な金銭的評
価の減少のみで損害の有無を判断することに、全体財産に対する罪として
詐欺罪を理解しているドイツにおいてさえ限界が感じられていることが垣
間見られる。

5　ドイツにおける詐欺罪の特別構成要件

　さらに、ドイツでは、度重なる改正によって、刑法典の内部に、日本の
詐欺罪規定とほぼ同様の詐欺罪の基本構成要件（ドイツ刑法263条）[35]のほ
かに、詐欺罪の特別構成要件が存在している[36]。それらのうちの多くが、抽
象的危険犯として規定されていることも、詐欺罪における「財産的損害」
の位置づけを考える上で示唆的である。つまり、このことはなおさら、詐
欺的行為が行われた際に犯罪を成立させるかどうかを判断するに当たって、
経済的損失の発生を厳格に求めることに限界を感じていることの表れとも
いえよう。これらの特別構成要件の構造は、一般化して示すならば、それ
自体がその先の財産侵害を起こす危険性を十分に含んでいる一定の行為が
行われた場合は、行為が行われたことによって危険の存在が擬制され、既
遂犯として処罰される、というものである。そこでは、錯誤の発生すら要

35)　ドイツの詐欺罪の基本構成要件は、刑法263条の詐欺罪規定である。

　§263 Betrug:⑴ Wer in der Absicht, sich oder einem Dritten einen rechtswidrigen Vermögensvorteil zu verschaffen, das Vermögen eines anderen dadurch beschädigt, daß er durch Vorspiegelung falscher oder durch Entstellung oder Unterdrückung wahrer Tatsachen einen Irrtum erregt oder unterhält, wird mit Freiheitsstrafe bis zu fünf Jahren oder mit Geldstrafe bestraft.

　〔263条　詐欺罪:（第1項）違法な財産上の利益を自ら得又は第三者に得させる目的で、虚偽の事実を真実に見せかけて又は真実を歪曲若しくは隠蔽して、錯誤を生じさせ又は維持させることによって、他人の財産に損害を与えた者は、5年以下の自由刑又は罰金刑に処する。〕

　なお、これ以降の記述も含めて、条文の訳出に当たっては、法務省大臣官房司法法制部編『ドイツ刑法典』（法曹会・2007年）を参考にした。

36)　具体的には、ドイツ刑法264条の補助金詐欺（Subventionsbetrug: 補助金授与者に対し、補助に重要な事実につき不正な申告をすることなど）、同264条 a の投資詐欺（Kapitalanlagebetrug: 有価証券・株式の売買等にあたり、取得判断のため重要な事情を偽るなど）、同265条 b の信用詐欺（Kreditbetrug: 会社が信用取引のために経済的状況につき不正な資料を提出するなど）が、同263条とは異なって抽象的危険犯としての構成がなされている例として挙げられる。

求せず、規定された特定の行為それ自体を行うことで、特別構成要件を充足し既遂と判断されることになる。

　かような構成要件の構造は、現実の損害の発生を要求していないという点で、処罰を早期化するものであり、場面を特に危険性の高い場面に特定して限定しているとはいえ、全体財産に対する罪としての詐欺罪から離れ、さらに、個別財産に対する罪としての理解よりももっと形式的に、特定の危険な行為が行われれば損害が発生する蓋然性が極めて高いといえることに注目した、実行行為重視の構成要件であるといえる。

6　結果に要求される「財産性」の内容

　もし、結果が最終的な財産的ダメージだけで判定されるならば、欺罔の中身は判断を誤らせることであれば何でもよい、ということにもなりそうであるが、日本の支配的見解はそのように理解しておらず、そのことは適切であると思われる。財産関連的な欺罔でなければおよそ侵害結果との因果的連関を期待できないから、それ以外は早い段階で切り落としておくべきである。それゆえ、ここで、何らかの「財産性」を要求することになる。

　ドイツにおける「財産的損害」（Vermögensschaden）とよばれている内容は、刑法典の条文では「das Vermögen eines anderen dadurch beschädigt」と表現されており、これは、「他人の財産を損なう」ことを意味している。そして、犯罪が既遂に達するためには、不法な「財産上の利益」（Vermögensvorteil）を得ることを要求している。[37]

　ということは、少なくとも条文上の表現からすれば、財産上の利益を得るという文脈と結び付けて財産侵害のことを解釈論上「財産的損害」（あるいは財産的被害）とよんでいるにすぎない。しかし、それが日本で「損害」という言葉で訳出されて日本の解釈論で用いられるようになったことによって、「財産的・経済的なデメリットを負うこと」までをもその中身としてイメージさせるようになったと考えられる。しかし、「財産的損害」と「財産上の利益」が異なる言葉で説明されている以上、それらの内容は

37）　前掲注35）のドイツ刑法263条。

分けて考えることができそうである。つまり、財産侵害に当たる行為が行われたけれども、それが「財産上の利益」を得るあるいは得させることにつながらなかった場合も当然に存在し、その場合は、未遂ではあるが既遂にはならない、という判断が可能である。つまり、財産侵害が行われたかということと、それによって実質的にどの程度の経済的損失が生じたか（あるいは生じる蓋然性があったか）ということとは、詐欺罪の構造上、犯罪行為が遂行されていく段階に対応させて、分けて考えることが可能だと思われる。しかし、日本における「財産的損害」をめぐる議論は、必ずしもこれらの点を区別していないため、それぞれの要素をどの段階で扱っているものなのかが極めてわかりにくくなってしまっている感がある。詐欺罪で問題となるダメージは、欺罔行為から錯誤までの流れの中で行為者が相手方に思い描かせた内容と実際に実現させるつもりだった内容との食い違いによって説明される「財産侵害」と、錯誤に陥った交付行為者による交付行為によって移転した財産と行為者からの反対給付などを清算して残る最終的な損失としての「財産的損失」とに切り分けて検討されるべきである。

　他方、後者の「財産的損失」は、日本の支配的見解において想定されている「財産的損害」と合致するものであろうか。ここでは、基準として2通りの捉え方が考えられる。1つは、ドイツにおける従来の客観的個別的財産説の見解のように、行為者が被欺罔者から交付させた財産と反対給付とを全体財産の観点から清算して、全体財産に損害をもたらしたかどうかを考える捉え方であり、もう1つは、被欺罔者が交付した財産と反対給付を考慮するものの、それらを金銭的価値に置き換えて損失を算定することはせず、被欺罔者が錯誤に陥って期待した反対給付がそのまま得られた場合にのみ損害の発生は否定され、それ以外の場合は損害の発生が認められる、とする捉え方である。後者の考え方は、日本における形式的損害説をベースにしつつ、被欺罔者が錯誤に陥っていれば何が反対給付として渡されても考慮に入れず財産を交付したことを形式的に捉えて財産的損害が生じたとするのではなく、例えば偶然にも反対給付が被欺罔者の目的を達成していた場合に、損害の発生を否定するものである。詐欺罪を全体財産に対する罪として理解するならば、前者の理解しかとりえないことになるが、

個別財産に対する罪として理解するならば、後者のような損害についての狭い理解も成り立ちうると考える。そして、「財産的損失」に内在するこれら2つの要素は、それぞれ、「全体財産上の損失」と「財産の喪失」として捉え直すことができよう。

7　小　　括

　ここまでの検討で抽出された着眼点は、大きく2つである。1つ目は、詐欺罪の因果経過の中でのいつの時点のダメージを「財産的損害」として捉えているか、という視点である。つまり交付行為が行われて既遂に至った時点での「最終的な損失」なのか、それとも行為者の働きかけによって被欺罔者が思い描くことになった内容との「食い違い」なのか（つまり錯誤の段階での「財産侵害」なのか）、という点である。なぜこの点を気にするかといえば、詐欺罪の構造を考慮すると、行為者が実際に支配できるのは欺罔行為までであり、交付行為は被欺罔者が行うものであるから、結果発生の時点ではその因果支配は行為者の手を離れており、交付行為はその結果を行為者に帰属させるという意味において重要なつながりであるにすぎないからである。

　そして、もう一点確認したのは、「財産的損害」という概念が、日本の法文上の表現でないにもかかわらず、詐欺罪の成立要件として、あるいは成立範囲を限定するための重要なカギとして考慮されるようになったきっかけは何であったかという点である。いうまでもなく、これは、ドイツにおける詐欺罪の解釈論において重要視されている「財産的損害」概念をめぐる議論の影響を多かれ少なかれ受けているものにほかならないし、ドイツの詐欺罪規定は、日本のそれとかなり似通っている一方で、その規定上、財産上の利益の移転を求める全体財産に対する罪として規定されているという違いにある。それゆえ、ドイツにおいては、詐欺罪が成立するためには、最終的な「損失」の発生が要求され、その判断のために、損害と補償との「清算」（Saldierung）につき考慮が加えられる[38]。しかし、日本で「財

---

38)　*Tiedemann*, a.a.O. (Anm. 33), Rn. 158ff.

産的損害」について議論されるようになってからは、「損害」概念がその
言葉自体の持つイメージによって一人歩きしはじめている、つまり、「財
産侵害」という意味合いのみでなく、金銭的・数値的に算出した経済的損
失という意味合いまでもを気づかぬうちに担わされてしまっている場合が
あるように思われる。このイメージは、ドイツの議論における「清算」に
近いものと思われるが、それが切実に要求されるのは、詐欺罪を全体財産
に対する罪として理解する場合に限られるのではないかと思われる。そし
て我々は、もし、個別財産に対する罪として理解される現在の規定を生か
すのであれば、前述した「全体財産上の損失」に固執せず、「財産喪失」
が発生したかどうかを反対給付が交付行為者の期待した物そのものであっ
たといえるかどうかにのみ着目して判断することで、詐欺罪の財産犯とし
ての性質を担保するための「財産的損失」を捉えることが許されるのでは
なかろうか。

　また、注目すべきは、ドイツにおいて、詐欺的行為についての特別構成
要件の規定の一部が抽象的危険犯化されていることである。このことは、
いわば、錯誤に至ることすら必要とせず、定型化された行為を行えば、そ
れは相手方を錯誤に陥れ財産的損害が発生する抽象的危険があるものとし
て既遂としている、と捉えることができよう。

　その背景には、全体財産に対する罪における最終的な「財産的損失」の
発生を要求することは時に非常な困難を伴うという理由があると考えられ
る。最終的な損失の算定は、一連の行為が終結するまで行うことができず、
かくして、詐欺罪の取り締まり・処罰は、どうしても後手に回ってしまわ
ざるをえない。しかし、一部の詐欺的行為は、最終的な損失の発生を待た
ずとも、その行為の定型性のみで、そのまま遂行されれば相手方が錯誤に
陥りその結果財産的損害がもたらされるものと捉えて、犯罪の成立を認め
ることが可能な類型がありうる。ドイツにおける、詐欺罪の特別構成要件
のうち、抽象的危険犯として理解されている一連の規定は、かような考慮
から処罰の早期化を試みたものであるといえよう。以上のことに鑑みれば、
日本における「財産的損害」の理解がドイツにおける議論に縛られる必然
性がないことは明らかである。

8　「財産侵害」と「財産的損失」

　さて、そのように従来の「財産的損害」概念の中身を切り分けた場合、少なくとも日本の解釈論においては、詐欺罪の成立範囲の限定のための役割を果たしうるのは、前者の「財産侵害」であることになる。後者の「財産的損失」は、詐欺罪が財産犯であることを担保するために、何らかの財産移転があれば認められるとすることで足りると考えられる。従来、窃盗罪の議論においては、財物は積極的価値・消極的価値があるもののいずれも、そして市場価値・交換価値や利用価値があるものに限らず、愛情利益があるものについても、財物性が認められると説明され、例外的に、それらが非常に軽微な場合には可罰的違法性がないのだと説明されてきたが、なぜか、詐欺罪については、その客体としての財物性を認めるために、それが経済的・金銭的価値を有していることが要求されてきた。それは、詐欺罪が、何らかの財産的損害の発生を必要とする犯罪類型であると考えられていることの裏返しであったと考えられる。しかし、個別財産に対する罪として詐欺罪規定を理解するならば、「財産的損失」は財産犯であることを担保しさえすればそれでよいことになる。したがって、1項詐欺における「財産的損失」の内容も、市場価値などの尺度による客観的な価値が損なわれたことを必ずしも要求せず、主観的な価値の喪失が財物という媒介物を伴って生じたのであれば、それが財産的損失であるといえることになる。そして、この要素は、詐欺罪が結果的に既遂となるか、それとも未遂に留まるかを判断するためだけに機能することになる。この部分だけを捉えるならば、これは、形式的個別財産説にかなり近い捉え方になると思われる。

　そして、限定のために機能すべき要素は、詐欺罪の実行行為である「欺罔」から詐欺罪の中間結果としての「錯誤」までの部分に求められるべきである。もっとも、欺罔行為の要件を直接に論じようとするアプローチは、成立範囲の限定の観点からは十分にその機能を果たすことが難しかったので、ここで改めて取り上げることはしない。そして、「錯誤」の中身が「財産侵害」であると捉えるならば、その限定のための基準は、「詐欺罪における錯誤はいかなるものか」あるいは「侵害の対象となる財産の内容は

いかなるものか」に求められることになる。そして、これらは、財産法益の内実を問題とするものとなり、ここで前述した「交付の目的」を組み入れることはすなわち「財産的処分の自由」を考慮することへとつながる。

V　中間結果としての「錯誤」と「財産的処分の自由」の再定位

　前節では、従来の学説において論じられてきた「財産的損害」の内容を、詐欺罪の構造に注目し、欺罔から錯誤までの部分で生じる「財産侵害」と、交付行為から財産移転までの部分で生じる「財産的損失」の2つに分けることが可能であり、そのうちで詐欺罪の成立範囲の限定づけのために有効に機能させ得る要素は、前者の「財産侵害」であると述べた。このことは、詐欺罪において行為者が直接的に因果経過に働きかけることができるのは欺罔行為の部分のみであることから、それが結実した中間結果である「錯誤」の内容に、詐欺罪の財産侵害の実体を見出すべきであるとの考えに基づく。詐欺罪において、交付行為者は、行為者による欺罔によって意思決定のプロセスに影響を受け、行為者による働きかけがなければ行わなかったはずの交付行為を行う。交付行為者が自ら交付している以上、そこで欠けているのは、当該意思決定についての自由であるといえ、その自由侵害の度合いは、錯誤の内容として、すなわち、行為者が交付行為者に得られると思わせた財物・利益の内容と、実際に提供するつもりであった財物・利益の内容との差によって把握することが可能である。

　「錯誤」に着目するアプローチは、これまでにも存在していた。とりわけ、総論において錯誤に基づく被害者の同意に関して論じられる「法益関係的錯誤説」の考え方が詐欺罪にも妥当するとする見解からは、錯誤と財産法益の内実について論じられた。そして、そこで論じられたのは、前節で言及した「目的不達成」の考え方であった。

39)　詐欺罪と錯誤の関係について、詳しくは、本書第1部第3章II。

40)　詐欺罪の理解における法益関係的錯誤説からのアプローチを提唱する見解として、佐伯仁志「被害者の錯誤について」神戸法学年報1号（1985年）51頁以下、山口厚『問題探究刑法各論』（有斐閣・1999年）161頁など。

　さて、この目的不達成はなぜ問題となるのだろうか。この目的は、通常、行為者の働きかけによってもちかけられて設定されるものであり、つまりは欺罔の内実であるといえよう。そして、行為者にとって、交付行為者に得られると思わせた内容と自ら提供するつもりである内容は異なっており、その差が交付行為者の錯誤の内容となる。そして、このような錯誤に基づいて交付行為者の財産処分についての決定が影響されて、事情を知っていたならばしなかったはずの財産処分がなされることによって、財産侵害が発生する。ということは、財産侵害の発生の有無を判断する基準は、欺罔行為によって交付行為者の財産処分についての決定が影響されたか、つまり、財産法益の一側面である「財産的処分の自由」が害されたか、という点に集約されよう。本人が利用すると思わせて交付させたが実際は自分で利用するつもりはなかった、という事情は、まさにそのことによって、交付行為者の自由な財産処分に向けた決定を妨げたものといえ、「財産的処分の自由」の内容とよべるものである。かくして、詐欺罪の成立範囲の限定の手がかりは、「財産的処分の自由」の内実に求められることになる[41]。

　「財産的処分の自由」とは、財産主体が当該財産を通して財産的活動につき選択して財産的自己実現を達成することを意味し、詐欺罪の行為者による欺罔行為とそれにより錯誤を発生させることは、この「財産的処分の自由」を侵害するものである。欺罔行為により、財産をどのような価値において用いるかについて選択する際の判断を誤らされたことが「財産的処分の自由」の侵害に当たり、これに財産移転が伴うことで、詐欺罪の法益侵害が完成すると捉えられる。そして、その判断においては、財産移転は、詐欺罪が財産犯であることを担保できれば足り、それ自体に全体財産の減少を求めるものである必要はないと思われる。

　もちろん、「財産侵害」の対象となる目的には、一定の財産的要素が必要であろう。交付行為者が想定している形で口座を運用することや搭乗券を利用することは、この要請を満たしていると思われる。もっとも、搭乗券事例については、航空会社の係員が得られると思ったのは、行為者が不

41）「欺罔」にかかわる要素としての「財産的処分の自由」を詐欺罪の保護法益である財産に内在する要素として位置づけることにつき、詳しくは、本書第１部**第６章**。

適切な利用をすることにより運航が妨げられない利益、という抽象的な内容となる。しかしながら、より具体的に把握できそうであるからといって、不適切な利用によって将来もたらされる可能性のある損害賠償の発生や入国拒否の可能性までもその内容として取り込むべきではないと思われる。なぜなら、これらは、当該交付によって直接的にもたらされる内容とはいいがたく、交付から時間的・場所的に離れたところに存在する要素にすぎないからである。もし、かように遠くに位置する蓋然性の存在を理由にして財産侵害を肯定するならば、それは、将来発生しうる別個の犯罪の可能性を理由に、詐欺罪規定を用いて他の法益の保護を図ることや処罰の早期化を行うことへと変容してしまいかねない。あくまで、ここで考慮に入れられる内容は、交付行為の内容と直接的な関わりがある範囲に限られるべきである。別人が搭乗しようとしたことによって乗客確認に時間がかかり正常な運航ができず、当該航空機の乗客に対して適切な運送役務の提供ができなくなる可能性、ということまでは含めうるが、それより後に生じうる問題までも、ここに組み入れるべきではないだろう。つまり、「正常な運送役務を遂行することの利益」がかろうじて認められる範囲であると思われる。

　「財産的処分の自由」とその侵害という考え方については、これまでにいくつかの批判が向けられてきた。1 つは、この要素は詐欺罪独自のものではない、という指摘である。[42] かような批判に対しては、確かにいかなる財産犯においても財産に対する法益保持者の支配が害されているという点では正しいが、「財産的処分の自由」はあくまで法益保持者がどのようにその財産を用いようとするかを決定するそのプロセスに直接に働きかけて影響を与える点に注目しているものであるので、その批判は当てはまらないと反論したい。また、この基準には成立範囲を適切に限定する内在的な基準が存在しない、[43] あるいは、この基準が交付行為者ないし処分行為者の取引目的に財産犯としての詐欺罪にふさわしい客観的な絞りをかけなかっ

42)　佐藤陽子『被害者の承諾――各論的考察による再構成』（成文堂・2011 年）141 頁。
43)　照沼・前掲注 11) 92 頁。

た、との批判も向けられるが、これらの点については、目的自体に客観性
を求めることはしないもののその先に何らかの財産的利益を得ようとして
いることを求めることで、かろうじて財産性の絞りをかけることが可能で
あり、またそれ以上に狭く解することで「財産的処分の自由」の保護され
る範囲を狭めないようにしたいと考える。また、意思決定の判断の基礎と
なった内容に財産性を求めることで財産犯としての位置づけを担保し、交
付行為者の求めていたものと同内容の物が反対給付で交付されれば財産的
損失の存在は否定されて詐欺罪は成立しないとすることによって、適切な
詐欺罪の成立範囲を提示できると思われる。

Ⅵ 「財産的損害」概念の内実

　かくして、「本人確認の重視」を詐欺罪の成立範囲との関係でどのよう
に捉えるかについての検討をきっかけにはじめた**本章**の考察からは、従来
の「財産的損害」概念の内実として想定されてきた要素を整理し再構成し
て、欺罔から直接生じた詐欺罪の中間結果としての錯誤が示す「財産侵
害」と、財産移転後の交付行為者の財産状態を問題とする「財産的損失」
に分け、日本においては、これらのうちの「財産侵害」が成立範囲限定の
役割を担いうることが示された。そして、そこでの財産的なダメージは、
「行為者が交付行為者に得られると思わせたものと、実際に提供しようと
していたもの」との差として説明されうることも述べた。そして、このダ
メージの実体は、財産法益保持者である交付行為者に、欺罔がなければ本
来望んでいたはずの財産処分を行うことを妨げることになるという「財産
的処分の自由」の侵害であり、その存在と大きさは、「錯誤」の中で、得
られると思わせたものと実際に得させるつもりだったものとの差として把
握される。そして、この「財産侵害」が存在するならば、その結果として
財産移転が生じており、その財産移転に対応させて交付行為者が思い描い
ていた内容と一致する財産・利益が提供されることがない限り、詐欺罪の

---

44)　松宮・前掲注12) 250頁。

成立が認められる、との判断が導かれる。

　本章の検討の手がかりとして取り上げた事例は、いずれも、業務上の定型的でマニュアル化されたルーティンを行っている担当者が被欺罔者・交付行為者となったものであった。このことから、残された課題として、業務の一環として定型的な行為を行った場合と、そうではなく個人間での不定型な取引を行った場合とで、「交付の目的」や「財産的処分の自由」の侵害についての判断基準や考慮されるべき要素が異なってくるかという点が挙げられよう。搭乗券事例や預金通帳事例は、とりわけ本人確認が重視されると判断される場面についての事例であったが、類似の場面であっても、係員はマニュアル通りの対応をし、一定の要件を満たしている相手方に対しては自らの判断をはさむことなく定められた財物を交付する、というケースも想定しうる。その場合、マニュアル上の要請あるいは会社内のルールの存在を根拠に、交付行為者の「財産的処分の自由」が保護されるのだろうか。もしそうならば、それは、係員の「財産的処分の自由」の保護を超えて、当該業務自体の保護、ひいては、そのような業務システムの保護へと、その機能を拡張してしまいかねない。他方で、個人間での不定型な取引については、法律や制度による要請を見出すことは相対的に見て困難といえるため、もし法律や制度による要請が重要性を基礎づけると解するのであれば、そのような制度の下にない場面では保護が手薄になってしまう。しかし、財産犯としての詐欺罪規定は、むしろ、制度や企業などの保護の及ばない場面でこそ、その保護機能を発揮すべきだと思われ、定型化されていない取引の場面の保護がむしろ手薄になるという逆転現象は望ましくない。この点については、今後も引き続き検討していきたい。

第2章

詐欺罪における欺罔概念と判例理論の関係性

I　問題の所在

　近年、最高裁判所では、詐欺罪に関する判例が何件も立て続けに出されている。[1]それらの中には、当該財産取引の場面で金銭的な意味での損失が軽微な事案、あるいはおよそ生じていない事案について詐欺罪の成否が検討された判決・決定が含まれている。**前章**で詳述した、譲渡目的を秘した自己名義の銀行口座開設と預金通帳等の入手につき詐欺罪成立を認めた決定（最決平成 19 年 7 月 17 日[2]）に加え、「暴力団お断り」を表明しているゴルフ場で同伴者が暴力団関係者であることを申告せずにゴルフ場を利用させた行為につき詐欺罪の成立を認めた決定（最決平成 26 年 3 月 28 日[3]）などが、その例として挙げられる。これらの一連の最高裁判所の判断においては、欺罔による錯誤の内容が被欺罔者の財産交付の判断において「重要な事項」であったかが重視されている。

　他方、学説では、詐欺罪の成立範囲を限定するために、「財産的損害」を書かれざる構成要件要素と捉えて詐欺罪成立のために実質的な財産的損

1）　それらの判例については、**本章** II で後述する。

2）　最決平成 19 年 7 月 17 日刑集 61 巻 5 号 51 頁の評釈として、本書**第 2 部第 1 章**注 12）参照。

3）　最決平成 26 年 3 月 28 日刑集 68 巻 3 号 646 頁の評釈として、城祐一郎「判批」捜査研究 63 巻 7 号（2014 年）31 頁、松井洋「判批」警論 67 巻 8 号（2014 年）144 頁、香月裕爾「判批」NBL1024 号（2014 年）5 頁、伊藤渉「判批」刑事法ジャーナル 42 号（2014 年）97 頁、白井智之「判批」研修 798 号（2014 年）15 頁、林美月子「判批」平成 26 年度重判〔ジュリスト臨時増刊 1479 号〕（2015 年）167 頁、瀧本京太朗「判批」北法 66 巻 2 号（2015 年）76 頁、結城大輔「反社会的勢力への対応」実務に効く企業犯罪とコンプライアンス〔ジュリスト増刊 2805 号〕（2016 年）92 頁、野原俊郎「判批」曹時 68 巻 4 号（2016 年）290 頁、同「判批」ジュリ 1494 号（2016 年）91 頁、森住信人「判批」専修ロー 12 号（2016 年）293 頁、野原俊郎「判解」最判解刑事篇平成 26 年度（2017 年）157 頁など。

害の発生を要求する、実質的財産説とよばれる見解が有力に提唱されてき
た。これに対して、前述した近時の最高裁判所の判断は、事実上、実質的
な財産的損害を要求していないものと理解することができ、財産的損害不
要説あるいは形式的損害説の立場に立つものと解することができる。つま
り、この判断は、詐欺罪の法益侵害は被欺罔者から欺罔行為者への財産移
転という形式が備わることで完成し、欺罔行為者からの反対給付が損失を
埋め合わせるとは考えられていないことを再確認するものといえよう。

　判例における詐欺罪成立の判断の方向性は、基本的に変わっていないと
思われる。しかし、詐欺罪の成立を基礎づけるために「重要事項性」を基
準とした判断には、ともすればカズイスティックな要素が残ってしまいか
ねない。かような事態を回避するためには、適切な成立範囲限定のための
統一的な基準と説明が求められよう。

　これまで私は、詐欺罪の保護法益に関して、財産法益には「財産的処分
の自由」とよびうる要素が内在すると考えてきた。そして、詐欺罪の成立
を基礎づけるのは、詐欺罪の手段行為である欺罔行為によってその「財産
的処分の自由」の部分が侵害されることであると考えるべき、との立場か
ら、詐欺罪の成立範囲の限定づけを試みてきた。**本章**においても、前述し
た最高裁判所の判例の動向を契機として、判例で言及されるようになった
「重要事項性」の基準の内容について検討し、また、欺罔行為により直接
害される「財産的処分の自由」を手がかりとしながら、詐欺罪の保護法益
と欺罔概念の再検討を通して、詐欺罪の適切な処罰範囲を明確化すること
を試みる。

4）「損害」概念をめぐる議論状況について、詳しくは、本書第1部第5章III。

5）同趣旨の指摘をするものとして、橋爪隆「詐欺罪成立の限界について」植村立郎判事退官記
　念論文集『現代刑事法の諸問題 第1巻』（立花書房・2011年）175頁以下。

6）足立友子「詐欺罪における欺罔行為について(1)～(5・完)」名法208号（2005年）97～144頁、
　211号（2006年）137～181頁、212号（2006年）349～379頁、214号（2006年）329～363頁、
　215号（2006年）391～423頁。本書第1部に掲載。

II　詐欺罪に関する近時の最高裁判例

1　近時の最高裁判例の事案

　まず、最高裁が近時示した判断のうち、**本章**において注目する「欺く行為」つまり欺罔行為と、欺罔の内容の「重要事項性」について言及している、5件の判例を紹介する。

　判例①：最決平成 19 年 7 月 17 日刑集 61 巻 5 号 521 頁[7]では、譲渡目的を秘して銀行口座を開設し自己名義の預金通帳等を交付させた事案において、詐欺罪の成立が認められた。この決定では、銀行および窓口係員にとって本人確認の要請が重要であることが重視され、預金通帳等を第三者に譲渡する意図であるのにこれを秘して申込みを行う行為は、詐欺罪にいう人を欺く行為に当たるとされた。

　判例②：最決平成 22 年 7 月 29 日刑集 64 巻 5 号 829 頁[8]では、譲渡目的を秘して航空機の搭乗券を交付させた事案において、詐欺罪の成立が認められた。この決定では、係員らの本人確認の要請を、「搭乗券の交付を請求する者自身が航空機に搭乗するかどうかは、本件係員らにおいてその交付の判断の基礎となる重要な事項である」と評価し、第三者を搭乗させる意図を秘して係員らに搭乗券の交付を請求する行為は、詐欺罪にいう人を欺く行為に当たる、とされた。

---

7)　前掲注 2 ）の最高裁決定。

8)　最決平成 22 年 7 月 29 日刑集 64 巻 5 号 829 頁の評釈として、門田成人「判批」法セ 670 号 (2010 年) 139 頁、前田雅英「判批」警論 63 巻 11 号 (2010 年) 144 頁、照沼亮介「判批」刑事法ジャーナル 27 号 (2011 年) 87 頁、和田雅樹「判批」研修 752 号 (2011 年) 17 頁、吉田雅之「判批」捜査研究 60 巻 4 号 (2011 年) 80 頁、丸山嘉代「判批」警論 64 巻 7 号 (2011 年) 167 頁、菅沼真也子「判批」新報 118 巻 1 = 2 号 (2011 年) 685 頁、和田俊憲「判批」平成 22 年度重要判例解説〔ジュリスト臨時増刊 1420 号〕(2011 年) 212 頁、伊藤渉「判批」判例セレクト 2010-1〔法学教室別冊付録 365 号〕(2011 年) 36 頁、増田啓祐「判批」曹時 65 巻 7 号 (2013 年) 357 頁、増田啓祐「判解」最判解刑事篇平成 22 年度 (2013 年) 171 頁、設楽裕文 = 淵脇千寿保「判批」日法 79 巻 2 号 (2013 年) 279 頁、田山聡美「判批」判時 2202 号 (2014 年) 181 頁、大下英希「判批」新・判例解説 Watch〔法学セミナー増刊〕14 号 (2014 年) 155 頁、大塚裕史「判批」刑法判例百選 II〔第 7 版〕〔別冊ジュリスト 221 号〕(2014 年) 102 頁、増田啓祐「判批」ジュリ 1475 号 (2015 年) 97 頁など。

　判例③：最判平成 26 年 3 月 28 日刑集 68 巻 3 号 582 頁〔宮崎事件〕[9]では、
暴力団関係者であることを申告せずにゴルフ場を利用した事案において、
詐欺罪の成立が否定された。この判決では、暴力団関係者であるビジター
利用客が、暴力団関係者であることを申告せずに、ビジター受付表等をフ
ロント係の従業員に提出して施設利用を申し込む行為について、「申込者
が当該ゴルフ場の施設を通常の方法で利用し、利用後に所定の料金を支払
う旨の意思を表すものではあるが、それ以上に申込者が当然に暴力団関係
者でないことまで表しているとは認められない」とされ、かような行為は
詐欺罪の欺く行為には当たらないとされた。この判断は、第一審および控
訴審において、施設利用申込み行為を挙動による欺罔とした判断を覆すも
のであり、行為の欺罔行為性を否定することで重要事項性の判断をするこ
となく無罪とするものであった。

　判例④：最決平成 26 年 3 月 28 日刑集 68 巻 3 号 646 頁〔長野事件〕[10]では、
同伴者が暴力団関係者であることを申告せずにゴルフ場を利用させた事案
につき、詐欺罪の成立が認められた。この決定では、「同伴者が暴力団関
係者でないことを保証する旨の意思を示している上、利用客が暴力団関係
者かどうかは、本件ゴルフ倶楽部の従業員において施設利用の許否の判断
の基礎となる重要な事項である」として、「同伴者が暴力団関係者である
のにこれを申告せずに施設利用を申し込む行為は、その同伴者が暴力団関
係者でないことを従業員に誤信させようとするものであり、詐欺罪にいう
人を欺く行為にほかなら」ないとされた。

　判例⑤：最決平成 26 年 4 月 7 日刑集 68 巻 4 号 715 頁[11]では、暴力団員で

9）　最判平成 26 年 3 月 28 日刑集 68 巻 3 号 582 頁の評釈として、城・前掲注 3）31 頁、松井・
　　前掲注 3）144 頁、香月・前掲注 3）5 頁など。
10）　前掲注 3）の最高裁決定。
11）　最決平成 26 年 4 月 7 日刑集 68 巻 4 号 715 頁の評釈として、門田成人「判批」法セ 714 号
　　（2014 年）133 頁、香月裕爾「判批」NBL1024 号（2014 年）5 頁、伊藤渉「判批」判例セレクト
　　2014-1〔法学教室別冊附録 413 号〕（2014 年）36 頁、佐藤陽一「判批」刑事法ジャーナル 42 号
　　（2014 年）106 頁、林陽一「判批」平成 26 年度重要判例解説〔ジュリ臨時増刊 1479 号〕（2015
　　年）170 頁、松本麗「判批」警論 68 巻 7 号（2015 年）166 頁、末道康之「判批」判時 2262 号
　　（2015 年）253 頁、松本麗「判批」研修 810 号（2015 年）17 頁、結城大輔「反社会的勢力への対
　　応」実務に効く企業犯罪とコンプライアンス〔ジュリ増刊 2805 号〕（2016 年）92 頁、駒田秀和
　　「判批」曹時 68 巻 5 号（2016 年）203 頁、駒田秀和「判批」ジュリ 1495 号（2016 年）105 頁、

あることを秘して銀行口座を開設し自己名義の預金通帳等を交付させた事
案につき、詐欺罪の成立が認められた。この決定では、ゆうちょ銀行にお
いて「総合口座の開設並びにこれに伴う総合口座通帳及びキャッシュカー
ドの交付を申し込む者が暴力団員を含む反社会的勢力であるかどうかは、
本件局員らにおいてその交付の判断の基礎となる重要な事項である」とし
て、「暴力団員である者が、自己が暴力団員でないことを表明、確約して
上記申込みを行う行為は、詐欺罪にいう人を欺く行為に当た」るとされた。

2 これらの判例における判断の傾向

これら5つの判例の中で、欺罔行為の「挙動による欺罔」、つまり、そ
の挙動の社会的意味の解釈によって事実を偽ったとみなされる場合として
捉えられ、そこで秘していたのが問題とされた内容は、判例①②では「第
三者譲渡目的を秘していた」こと、そして判例③④⑤では「暴力団関係者
であることを秘していた」ことであった。これらは、言い換えれば、「本
人確認の要請」と政府の指針等による「反社会的勢力排除の要請」が詐欺
罪の成否を決する重要な要素と捉えられている、といえる。

他方、これら5つの事案においては、いずれの場合も、金銭的な損失自
体は軽微である、あるいは、ない、との状況だった。具体的にいえば、判
例①⑤で客体となった通帳とキャッシュカード、判例②で客体となった搭
乗券は、財物であり1項の客体たりうるが、その実体は紙やプラスチック
片であり、それ自体の金銭的価値は軽微である。また、判例③④で客体と
なったのはゴルフ場を利用するという利益になるが、これらのケースでは
ゴルフ場利用料が支払われており、ゴルフ場側に金銭的な損失は発生して
いない。

詐欺罪の成立が認められた判例①②④⑤におけるキーワードは、「本人
確認」から、交付の判断の基礎となる「重要な事項」へと移っているよう
に見受けられる。具体的には、判例①で申し込んだ本人が自分自身で利用
するかという形で捉えられている内容について、判例②では交付を受けた

駒田秀和「判解」最判解刑事篇平成26年度（2017年）185頁など。

本人が搭乗するかは交付行為者にとって「重要な事項」である、という意味づけを与え、その後の判例においては「重要な事項」という言葉を、欺く行為を認定する際に積極的に用いている。つまりは、本人が用いるつもりがないのにそれを秘していることについて、それ自体が「重要な事項」に当たるという評価を介在させている。そして判例④⑤においては、この評価自体が欺罔行為に該当するかを判断するキーワードとなっている。

　そして、この「重要事項性」というメルクマールを用いるようになったことと対応して、欺罔行為に当たると認められる範囲が少しずつ拡大しているように見受けられる。例えば、預金口座開設を申し込んで受け取った通帳・キャッシュカードが客体となる場合である判例①⑤に注目すると、これら以前の判例である最決平成 14 年 10 月 21 日刑集 56 巻 8 号 670 頁では、本人性を偽ること、つまり他人名義での取得が詐欺罪に当たるとされていたのに対し、判例①においては、他人名義ではなく自己名義での取得の場合であっても、本人が交付を受けて他人に渡す意図を秘していれば詐欺罪に当たるとされ、さらに判例⑤においては、本人名義で取得し他人ではなく本人が利用する場合であっても、事情のいかんによっては詐欺罪の成立を認める、との判断がなされている。このことは、欺罔行為に該当する行為の範囲の拡大と捉えることもできよう。

　他方で、かような「重要事項性」の判断の背後には、法政策や政府指針を守ることの要請も見え隠れする。判例①から⑤の事案に対応させて具体的に挙げれば、預貯金口座を犯罪に利用されることの回避、航空機におけるテロなどの回避、反社会的勢力（暴力団など）の社会からの排除などが、それらの要請に当たると思われる。

　しかし、かような要請を理由に「重要事項性」を認め、それが満たされない場合に欺罔行為としてよいのだろうか。あるいは逆に、法政策や政府指針の裏打ちがなければ「重要事項性」は認められない、ということになるのだろうか。「重要事項性」という基準には、詐欺罪が財産犯である以上、財産関連的な、つまり財産的な側面における重要性が要求されると解されるべきではなかろうか。[12)]

　さらに、被欺罔者にとって重要であればどんな内容でも詐欺罪と結び付

けうるとするならば、それもまた問題となろう。重要事項性の内容はいかなるものか、そこで「財産関連的」であることが要求されるか。他方で、当該場面において金銭的な損失がない場合の扱いを考えるために財産的損害の発生が要求されるか、それはいかなる意味においての「損害」か。これらの問題はしっかりと検討されねばならない。

III　詐欺罪の成立範囲を限定づける要素

1　「重要事項性」か、それとも「財産的損害」か

　まずは、詐欺罪の成立範囲の限定づけのために、「重要事項性」、あるいは「財産的損害」という基準が、どのように機能しているか、あるいは機能していないか、を考えてみたい。

　IIで言及した一連の判例においては、詐欺罪成立のために金銭的な意味での損失、つまり、いわゆる実質的な「財産的損害」は求められていない。このことを前提とすると、交付した財産と反対給付との差引き計算によって実質的な「財産的損害」の有無を判断することによる成立範囲の限定は困難である。また、「財産的損害」という言葉が意味する内容は、論者によって、あるいは文脈によって、やや異なった意味合いとなっている傾向があるので、その内容を再確認して再定義することが必要であろう。

2　従来の判例・学説における議論

　従来の判例の動向は、基本的には「形式的損害説」、つまり、財産の移転があればそれ自体を財産的損害とよぶ捉え方で推移していると思われる。詐欺罪の成立範囲の拡大傾向があるのではないか、との指摘もしばしばなされているが、裁判所の判断は具体的な事案が出てきてはじめてそれに対して示されるものであることに鑑みると、裁判所の考え方が変わったと即断するには慎重であるべきと考える。さらに、近時の傾向としては、具体

---

12)　橋爪・前掲注5）183頁は、「重要事項性」の基準を用いることによって、詐欺罪の成立範囲の限定を刑法解釈論の問題としてではなく、因果関係の立証の問題に置き換えるものである、と指摘する。

的な実行行為の内のいかなる要素が「欺く行為」に当たるかが判示事項の中で明確に示されていることが挙げられよう[13]。

　他方で、学説において詐欺罪の成立範囲を限定するためのアプローチの動向を大まかに捉えて分類すると、大きく3通りに分けることができる。すなわち、①欺罔の内容・程度などについて、「欺罔」の要素を明確化するアプローチ、②損害の理解につき実質的損害説の立場に立つ、「財産的損害」による限界づけアプローチ、③法益関係的錯誤説の詐欺罪への適用をきっかけとして論じられるようになった、保護法益である「財産」法益の内実を考慮するアプローチ、の3通りである[14]。

3　「重要事項性」の体系的位置づけと判断基準

　さて、判例が近時言及するようになった、欺いた内容が交付の決定につき「重要な事項」であったこと、という要素は、欺罔の内容の問題と理解することができ、この要素に注目する考え方は、前述2で述べた学説の動向におけるアプローチの分類の中では①に近いものと位置づけられよう。そして、これを基準とするならば、「重要事項性」の有無で、欺罔行為の存在・不存在が決せられることになる。

　しかし、この基準だけでは、カズイスティックで場当たり的な判断がなされる可能性が完全には排除できない。重要であるか否かは、時には主観に左右される、個人差の生じうる基準ともなりうる。また、それが、ただその要素がなければ交付行為をしなかった、という条件関係的な意味で重要なだけでは足りず、財産関連的な意味における「重要さ」を含んでいる必要もあると考えられる[15]。いかなる意味合いで重要であることが求められるかを確定する必要性がなお残っているといえよう。

　他方で、これまで最高裁判所が「重要事項性」を前面に押し出した判断の例として挙げられるのは、今回取り上げている一連の判例のように、そ

---

13)　例えば、**本章Ⅱ**で言及した判例①～⑤においても、それぞれ、いかなる行為が「欺く行為」に当たるかが明確に言及されているのが見て取れる。

14)　学説において詐欺罪の成立範囲を限定するアプローチの分類と内容につき、詳しくは、本書**第1部第1章**。

15)　同様の指摘として、橋爪・前掲注5）183頁。

の背後に法政策を守る目的や制度保護の目的などがある場合ばかりであったとの印象を受ける。ここからさらに、もし、法政策や制度保護のためだけに財産犯規定を積極的に利用するということになれば、このことが財産保護の範疇を超えて対象とする法益の範囲を広げてはしまわないか、そしてそのことに問題がないかを考えねばならないだろう。また逆に、法政策や制度保護の目的が背後にある場合しか「重要事項性」が認められないことになれば、個人レベルの財産の保護が手薄になってしまい、詐欺罪規定が十分な財産保護機能を果たしえなくなってしまうのではないか、との危惧もありえよう。

4　欺罔概念と「財産的処分の自由」侵害

　そもそも「欺罔」とは詐欺罪の成立要件としていかなる要素だろうか。欺罔行為（欺く行為）は、詐欺罪において行為者が直接に働きかけを行える実行行為であり、その後の詐欺罪が成立するまでの因果経過は、行為者の手を離れ、被欺罔者側の行動に委ねられる。その意味において、行為者の実行行為である欺罔行為が直接的に導く、被欺罔者の「錯誤」は、中間結果として重視されるべきと考える。[16]　では、この行為が直接的に侵害するのは、保護法益のいかなる側面だろうか。

　詐欺罪の保護法益である「財産」の内容は、重層的であり、財産の中核にある「有体物」あるいは「具体的な利益」の部分と、その周縁にある「人との関係性」の部分から成り立っているとイメージすることができる。そして、財産犯のうち毀棄罪の類型を除いた領得罪においては、周縁部分の「人との関係性」が侵害されることそれ自体によって、財産犯が成立する。例えば、財物は、ただそれが地球上に存在していることによって財産犯の客体となるわけではなく、それに対し人による所有や占有などの関係性が伴うことによってはじめて、刑法上財物として扱われることになる。[17]このような財産犯のうち、詐欺罪においては、その手段行為である「欺罔」は、被欺罔者の錯誤という中間結果を直接的に生じさせ、そのことに

---

16)　詳しくは、本書第2部第1章。
17)　かような財産観について、本書第1部第5章 II。

より被欺罔者が自由な財産処分を行うことを妨げる。その意味において、「欺罔」が直接侵害するのは、財産の周縁部分である「人との関係性」のうちの「財産的処分の自由」、つまり、財産法益主体が財産に対して及ぼす自由な意思決定と自由な財産処分である、と考えられる。そして、欺罔により財産的処分の自由が侵害された状態が、詐欺罪の中間結果としての「錯誤」であると説明できる[18]。

Ⅳ　詐欺罪の保護法益の再構成

1　詐欺罪の「欺罔犯罪」性と「財産犯罪」性

詐欺罪規定が制定された歴史的沿革に目を向けると、日本の現行の詐欺罪規定に多大な影響を与えたドイツ刑法典の詐欺罪規定は、欺罔犯罪の系統と財産犯罪の系統が結び付くことによって、現在の財産犯としての犯罪類型を形成している[19]。このことを受けて日本の現行規定を前提とした理解を試みると、詐欺罪は、欺罔犯罪の流れを汲む「人を欺いて錯誤に陥れること」と、財産犯罪とすることで成立範囲の明確化を図ったことに起因する「その結果として財産を移転させること」の両方の要素が備わることで成立する構造である、と説明することができよう。

この構造を前提とすると、まず、欺罔行為により直接的に発生する「中間結果」としての「錯誤」に注目することで詐欺罪の成否の中核部分は決せられ、財産の移転は、ごく「形式的に」判断することで足りるのではないか、と考えられる。日本の詐欺罪規定では条文上「財産的損害」は要求

---

18)　本書第2部第1章。「財産的処分の自由」が侵害された結果が錯誤だと考えるので、この要素は欺罔から錯誤までのところにかかわってくる。詐欺罪においては人を欺く犯罪であるという部分が重要であると考えているが、もちろん財産犯罪である点も重要であり、「財産的処分の自由」という概念の中には、財産犯であるとの制約から、（財産関連性のない）いかなる処分の自由・意思決定の自由でも保護するわけではない、との意味合いも含まれていると考える。そして、詐欺罪が既遂になるかを判断するには、財産の移転という基準で足りると考えている。

　　信義誠実義務違反と財産的処分の自由とは、重なり合う部分はあるが内容の異なる概念であると考えている。信義誠実義務違反は、とりわけ契約・取引関係の場面において問題となるが、財産的処分の自由は、いわゆるドライな取引関係よりもむしろ個人間の思い入れのある取引関係において重視されるべきものとイメージしている。

19)　詐欺罪規定制定の歴史的沿革につき、詳しくは、本書第1部第2章参照。

されていないため、財産犯であるとの制約をかけるために、客体の移転を
要求しておくことで足り、厳密な差引き計算としての金銭的な損失は必ず
しも要求されないと考えられる。これらのことからは、金銭的に見た実質
的評価から導かれる具体的な損失としての（実質的な）「財産的損失」と、
詐欺罪において財産移転の事実があったという結果を示す言葉として用い
られうる形式的な「財産的損害」とを区別して捉えることができる[20]。そし
て、従来漠然と「財産的損害」と捉えられてきた、時に広範で多義的にな
りえた内容をかように２つに区別することができれば、後者の意味での
（形式的な）「財産的損害」は詐欺罪の成立要件として必ずしも要求されず、
もしこの概念を用いるのであればその内容は「財産の移転」そのものと同
義と捉えてよいと考えられる。

2　財産犯の保護法益と詐欺罪の保護法益

　かような立論をするのであれば、まずその前提として、財産犯の保護法
益と詐欺罪の保護法益の相違を考えるべきであろう。私見によれば、これ
ら２つの保護法益は、基本的に共通である。なぜなら、いずれもその保護
法益は「財産」だからである[21]。

　この「財産」概念の内容を説明するために、従来、「法律的財産概念」
「経済的財産概念」「法律的経済的財産概念」という考え方が提唱されてき
た。これらはそれぞれ、法律的財産概念は民事法が権利として保護してい
る利益・価値を、経済的財産概念は人が事実上有する経済的利益・価値を
財産とする考え方であり、法律的経済的財産概念はそれらの折衷的立場と
して法的保護に値する経済的利益・価値を財産とする考え方である。他方
で、「人的財産概念」などとよばれる、異なる切り口で財産を規定する試
みも登場している[22]。人的財産概念とは、財産を「法共同体が経済交換の独
立の客体とみなす対象に対する支配力に基づく経済的能力である」とする
考え方である。また、「機能的財産概念」とよばれる、財産を「法的に割

---

20)　本書第２部第１章。
21)　詳しくは、本書第１部第５章Ⅱ。
22)　「人的財産概念」「機能的財産概念」などにつき、詳しくは、本書第１部第５章Ⅱ３(2)。

り当てられた譲渡可能な財につき人が有する処分権限である」とする考え方も提唱されている。これらの考え方が単独で従来の財産概念にとって代わることは難しいが、財産をこのように捉える試みが存在することからも、財産法益の内容から主観的要素を一切排除しなければならないわけではないといえよう。そして、財産に内在する「人との関係性」を、財産という保護法益の内部に組み込んで理解することは十分に可能であると思われる。

3 詐欺罪固有の要素と保護法益との関係

保護法益自体は財産犯全体で共通である、と前項2において述べた。しかし、財産犯の類型により、侵害される財産法益の部分や側面は異なる。かように説明することは、財産犯全体で保護法益が共通であることとは矛盾しない。侵害される財産法益の部分や側面が異なるということは、侵害態様が異なるということの単なる言い換えには留まらない意味を有する。領得罪の類型において侵害を受けるのは、財産の内部の「人との関係性」の部分であり、詐欺罪において行為者の行為により侵害を受けるのは、「人との関係性」の一態様である「財産的処分の自由」である。この「財産的処分の自由」とは、「その財産を有する者が、自分の望むように、望むしかたでそれを用いる自由」、「財産法益主体が財産に対して及ぼす自由な意思決定と自由な財産処分」を指す。これは、財産法益に内在する要素であり、欺罔によって生じた錯誤によって被欺罔者の判断を誤らせる、という、詐欺罪固有の要素であると考える[23]。

そして、この考え方を前提とすると、欺罔とは、「財産的処分の自由」の侵害であり、財産交換・交付関係を取り結ぶ交渉段階以降に当事者間で表示されるなどして共通の認識にあった、財産処分の意思決定において重

---

23) 本書第1部第6章III。「財産的処分の自由」の中身としての「取引の自由」「処分の自由」について、自分の手元で保持し使用することの自由という内容それ自体は、詐欺罪に特有の問題ではなく、財産犯のすべてに共通する。ここで強調したかったのは、詐欺罪においては、取引のために交換手段として利用するのか、それとも自分の手元で保持し使用するのか、という選択の自由が保護される、という点である。詐欺罪においては、欺かれたことによって被欺罔者は本来ならばしなかった処分を強いられているとの側面があり、被欺罔者が自分で自由な意思決定に基づいて行うはずの選択の自由を害された、という点が重要であると考える。

要な要素となる対価・給付内容の性質・用途について、虚偽の情報を示すことで、被欺罔者を錯誤に陥れることである、と説明されることになる。

　判例でキーワードとされている「重要事項性」が財産犯である詐欺罪の成立範囲を限定する基準として機能するためには、この「財産的処分の自由」を害する程度の「重要さ」が要求されるべきであると考えられる。ここでは、その判断の対象があくまで財産的な事象であることが要求されるとともに、個人の思い入れが重視される要因と、定型的な取引関係などにおいては動機が考慮の外とされる要因の両方が含まれうる。

　詐欺罪によって保護されているのは、財産の交換手段としての機能のみではなく、交換手段として利用するのか自分の手元で保持し使用するのかについて自由に選択して決定し、そのことを通して財産法益主体の財産的自己実現を図る機能である。そして、この財産的自己実現は、取引という場を通して行われることによる制約を受ける。すなわち、個人間の不定型な取引においては被欺罔者の主観的意向も相手方に表示された範囲内で保護される一方で、ルーティン化した業務に代表される定型的な取引においては、両当事者間で取り立てて十分に確認されたとの事情がある場合を除いては、基本的に被欺罔者の主観的意向は保護されない、と扱うべきと考えられる。[24)]

4　私見による判断基準とその適用

　判例で近時登場している「重要事項性」の問題は、欺罔の要素の問題であると同時に、これを法益および法益侵害のレベルで捉えるのであれば、財産法益の一部分・一側面である「財産的処分の自由」の問題である、といえよう。そして、「重要事項性」の判断、つまり「重要か否か」の判断

---

24)　さまざまな取引を、ルーティン化した業務に代表される定型的な取引か、それとも個人間の不定型な取引かで区分することは、可能であると考える。例として挙げられたゴルフ場の利用に関しては、ゴルフ場の窓口係員にとって、客にゴルフ場の利用を認めるか認めないかの判断は、その客を個人的に選んでいる訳ではないため、ある程度定型化された判断であり、当該業務はルーティン化された業務として定型的な取引に含まれると考える。もちろん、ビジネスの中にも、単なる利潤追求だけが目的ではなく理念や理想の実現も目的として行われるビジネスはありうるが、主目的がそのどちらにあるかはある程度確定できよう。

は、法政策や制度保護などの目的に限定してされるべきでないと考えられる一方で、被欺罔者の主観的意向のすべてを無限定に保護するものでもない、と考えられよう。

本章で提示した判断基準によって、実際の適用とその帰結はどのようになるかを、いくつか例を挙げて示してみることとする。

(1)　いわゆる「相当対価の支払がある場合」の典型例の1つとして挙げられる、未成年者が未成年者であることを隠し成年者であるように装って書店で成人指定の雑誌を購入した場合を考えてみる。書店の店員が仮に、自分のポリシーとして未成年者にかような雑誌を決して売らない、との強い決意を有していたとしても、書店における雑誌販売は基本的に業務として定型的に行われるものであるから、交付する商品と対価として支払われる代金の内容に錯誤がない限り、書店の店員の財産的処分の自由が害されていたとまではいえず、未成年者の行為は詐欺罪を構成しない。[25]

(2)　他方で、学生割引制度を導入して学生には書籍を10%割り引いて販売している書店において、学生でない行為者が学生であるとの虚偽を申し向けて、あるいは学割でお願いします、などと申し向けて、割引適用の上で書籍を購入した場合は、これとは異なり、詐欺罪が成立する余地があるだろう。なぜなら、書店は確かに業務として定型的に書籍を販売しているが、行為者が表示した「学生である」という虚偽の内容は、書店の店員との間で確認がされており、また本来受けられないはずの割引を享受するという財産関連的な内容をその効果として含むからである。

(3)　別の例として、前述Ⅱで取り上げた、暴力団員がその身分を秘して銀行口座を開設して自己名義の預金通帳等を交付させた事案（判例⑤）について考えてみる。

---

25)　例えば、店頭に「未成年者には成人指定の雑誌を販売しません」と貼紙があったとしても、そのことだけで、未成年者であることを隠して当該雑誌を購入すれば詐欺罪が成立すると判断するのは適切でないと考える。他方、もし、個別の取引に際して店主あるいは販売員が成人であるかを確認している、あるいは未成年者の客が「私は成人です」とわざわざ申し向けた、といった状況があれば、詐欺罪が成立する余地が完全には排除できないと思われる。要件としては、個別的に当該取引において確認されたかどうかが重要となり、いわゆるルーティン化された業務であっても当該取引において特に確認されたとの事情があれば詐欺罪の成立を認める余地はあると考える。

　本来的に、銀行窓口において銀行係員が顧客の口座開設手続を行い預金通帳等を交付することは、先に述べた分類でいえば、定型化されたルーティンとしての業務である。[26] 口座を開設することには銀行側にとって通常メリットがあるため、窓口係員は自分の嗜好をはさんで相手方を選ぶことはせず、定められた手続を行うことになる。近時は、本人確認法が施行されたため、窓口で本人確認を行うが、本来的には、口座名義が本人であるか以外のことには、銀行側は関心をもたない。

　それゆえ、判例⑤の事案で挙動による欺罔が認められ詐欺罪の成立が肯定されたのは、あくまで、口座開設の書類において暴力団関係者か否かを確認する欄が設けられており、その点につき当事者間で確認がなされて共通認識になっていたにもかかわらず、行為者がその属性を秘したことに求められるべきである。銀行口座が犯罪目的に用いられることを防ぎたい、という法政策目的の存在のみが詐欺罪の成立を基礎づけると理解するならば、詐欺罪はもはや財産犯ではなく、システム保護のための規定と化してしまうことになり、そのような理解を支持することはできない。

V　詐欺罪の保護法益と「財産的処分の自由」

　本章では、最高裁判所において近時示された詐欺罪に関する一連の判断を契機としつつ、詐欺罪の保護法益について検討し、そこに内在する「財産的処分の自由」を手がかりにして詐欺罪の成立範囲を限定することを試みた。最高裁判所の判例においてキーワードの1つとなりつつある「重要事項性」は、欺罔の要素の問題であると同時に、財産法益の一部分・一側面である「財産的処分の自由」の問題である。そして、詐欺罪は財産犯の規定として構成されていることを踏まえ、「財産的処分の自由」は、財産的処分が他者との取引という場を通して行使されることに起因する制約の範囲内での、財産的自己実現の自由として捉えられるべきである。

---

26)　判例④の事案についても、ゴルフ場の従業員にとって施設利用の許可をすることは定型化されたルーティンとしての業務である、との同様の説明が可能である。

結

おわりに

　第２部における検討では、近時の最高裁判例で取り上げられた事案を手がかりにして、第１部で提示した理論枠組みを再検討し、詐欺罪の成立範囲を適切に限定するための要素を見出すことを試みた。

　第１部の論稿の執筆にとりかかり始めたのは、ちょうど、詐欺罪に関する 2001 年の最高裁判例[1]が示された頃であったため、当時の詐欺罪についての論調は、財産的損害を詐欺罪の成立範囲の限定のための要素として理解することが強く主張される傾向にあった。**第１部第６章**の具体例への当てはめにおいて、反対給付があった場合や寄付金詐欺を例として検討したのは、かような背景があったためである。

　しかし、**第２部**の、具体的な判例の事案を念頭に置いた、理論枠組みの検証作業を始めた頃には、これらとは判断の観点がやや異なる事案が問題とされるようになっていた。例えば、前述した、本人確認の要請を重視して第三者譲渡目的を秘した場合に欺罔行為に当たると認める事案や、本人性を偽っていなくても反社会的勢力に属するものであることを秘していた場合には重要な事項についての推断的欺罔に当たるとする事案などであった。

　かような詐欺罪をめぐる状況の変化は、一見、理論構築の支障になるようにも思えたが、現実にはその試練は有用なものとなった。ひとたび構築した理論が、当初念頭に置いていたのとは場面を異にする事案においても適用可能であることは、その理論の（ある程度の）有用性を示すものであるといえよう。

　詐欺罪に関しては、実際に社会問題化したり社会の耳目を集めたりする

---

1)　最判平成 13 年 7 月 19 日刑集 55 巻 5 号 371 頁。請負人が欺罔手段を用いて請負代金を本来の支払時期より前に受領した場合の詐欺罪の成否が問題となった事案であった。

事案が数多く存在し、それらを現実にどう解決するか、どのように説明するかは、喫緊の課題である。しかし、個別の場当たり的な判断をするのではなく、理論的に一貫性のある判断をしていかなければ、これまでとは違う新しい事象が出現した際に判断基準として機能しえない。そのために、まずは現実の事象から少し距離をおいて、詐欺罪の成立範囲を限定するために詐欺罪の本質論から出発した理論的枠組みを見出したい、というのが、第1部に当たる論稿を書いていた時の目標であった。そして、そこで見出した判断枠組みが適切に機能するかの検証を第2部において行ない、異なる場面で異なる事実関係を前提とする詐欺罪の判例が出されても、それらは構築された理論で整合的に説明ができること、また、「財産的処分の自由」という要素が詐欺罪の保護法益を構成するものであると解することは、「重要事項性」を詐欺罪の成立範囲を画する基準として用いる際に役に立ちうる理解であることを示した。

　詐欺罪の成立範囲を限定するために「欺罔（行為）」と「財産的損害」のどちらの要素に注目するか、という問題は、元々は違法論における行為無価値論と結果無価値論の対立に紐づいていたと思われる。しかし、近時の議論では、すでにかような理論的対立の軸にはとどまらない、多様な理論構成が受け入れられているように見受けられる。財産的処分の自由を侵害する行為である「欺罔」に注目することは、一見、行為無価値論的発想にも思えるが、他方で、財産的処分の自由が保護法益を構成する要素の一部分・一側面であると理解することは、この内容を法益侵害の形で把握しようとする、結果無価値論的発想であるともいえるからである。

　詐欺罪規定が、欺罔犯罪としての側面と財産犯罪としての側面を兼ね備えていることから、そのバランスのとり方によって、詐欺罪が社会において果たす役割は大きく変わりうる。次々と手を変え品を変え行われ続ける詐欺行為に対峙していくために、また詐欺罪規定の役割が意図せぬまま広がりすぎることのないように、他方で十分な刑法上の保護を果たせなくなってしまうことのないように、これからも、詐欺罪規定のあり方に注視し強い関心を持ち続けていきたい。

〔追記〕

　本書の編集作業にとりかかった後に、本テーマにとりわけ密接に関連する以下の論稿に接した。林幹人「欺罔行為について―最高裁平成 26 年 3 月 28 日決定を契機として」、上嶌一高「詐欺罪における交付の判断の基礎となる重要な事項の意義」、齋野彦弥「詐欺罪における損害の意義―経済的損害概念の再評価」（いずれも山口厚ほか〔編〕『西田典之先生献呈論文集』（有斐閣・2017 年）所収）である。これらの論稿における問題提起に対してどのような答えが導けるかは、今後、本書で示した判断枠組みを展開していく上での課題としたい。

事項索引

足立 友子 (あだち・ともこ)

成城大学法学部准教授。
1977 年、愛知県名古屋市生まれ。京都大学法学部卒業、名古屋大学大学院法学研究科博士前期課程修了（修士（法学））、同博士後期課程満期退学。
著作として、本書所収論文の他、『たのしい刑法 II 各論〔第 2 版〕』（共著）（弘文堂・2017 年）など。

成城大学法学部出版助成図書

詐欺罪の保護法益論

2018（平成30）年 3 月 30 日　初版 1 刷発行

著　者　足立友子
発行者　鯉渕友南
発行所　株式会社 弘文堂　　101-0062 東京都千代田区神田駿河台 1 の 7
　　　　　　　　　　　　　TEL 03（3294）4801　振替 00120-6-53909
　　　　　　　　　　　　　http://www.koubundou.co.jp
装　丁　後藤トシノブ
印　刷　三　陽　社
製　本　牧製本印刷

ISBN 978-4-335-35747-3

最新重要判例250刑法［第11版］

前田雅英＝著

単独著者が一貫した視点から264の重要判例を選び、コンパクトな解説を付すことで、統一的な理解ができるよう工夫された判例解説の決定版。「生きた刑法」が学べる、受験生・学生の必読書。2500円

最新重要判例250刑事訴訟法

田口守一＝著

単独著者が一貫した視点から251の重要判例を選び、1頁に1判例で判例の位置づけと中心的論点に絞ってコンパクトに解説。関連した判例を同時に学ぶことで、より深い理解が得られる判例集。 3000円

刑事訴訟法判例ノート［第2版］

前田雅英・星周一郎＝著

最新の重要判例につき、それらの有する客観的な意義を、一貫した視点でコンパクトに解説。講義の理解を深め、試験に必要な情報を提供。あらゆる読者のニーズに応える最強の判例学習書。 2800円

ケースブック刑法［第5版］

笠井治・前田雅英＝編

法科大学院における刑法の講義・演習に、刑事訴訟法の視点も取り入れた判例教材。様々な論点を盛り込んだ設例を各講の冒頭に掲げ、「問題を解く力」を養うために段階的な設問を付した演習書。4200円

ケースブック刑事訴訟法［第3版］

笠井治・前田雅英＝編

法科大学院で学ぶべき刑事訴訟法のスタンダード。各テーマごとに問題と重要判例・関連判例を整理。実体法や実務へも目配りしつつ、設問を基礎から応用へと段階的に並べた演習書兼判例教材。4300円

刑事訴訟実務の基礎［第3版］

前田雅英＝編

最新の刑事裁判の流れにそって、刑事訴訟実務に必要な知識が修得できる。事件記録を収めた「記録篇」と、事実と理論を架橋したわかりやすい記述の「解説篇」の2冊組。予備試験対策にも最適。3400円

＊定価（税別）は、2018年3月現在

━━━━━ 好評発売中 ━━━━━
初めて刑法を学ぶ人たちに最適のわかりやすいテキスト

たのしい刑法I・II［第2版］

I［総論］ 島伸一 編著
山本輝之・只木誠
大島良子・髙山佳奈子 著

II［各論］ 島伸一 編著
山本輝之・只木誠・大島良子
髙山佳奈子・足立友子・山本紘之 著

刑法の入門書としてどこまでやさしいテキストにできるかに挑戦した『たのしい刑法I・II』、待望の最新版。図表、イラスト、ケース・スタディ、コーヒー・ブレイク／ティータイムなど工夫満載。通説・判例をベースにした解説により、法学部・法科大学院に入って初めて刑法総論・各論を学ぶ人でもよく理解できるように、その全体像と基礎知識を提供する。I［総論］II［各論］をあわせて読むとより学習効果があがり、刑法を楽しく学べるテキスト。

A5判 2色刷 ［I］354頁 3000円 ［II］402頁 3300円

【本書の特色】
● 初学者、裁判員候補者が楽しく学べる工夫満載の入門書。
● 刑法全体の学習効果をあげる姉妹編の各論へのリファレンス。
● 判例・通説にそった基本をおさえた解説。
● キー・ポイント・チャートによる全体像の俯瞰。
● 具体的事例へのあてはめと答案作成能力が養えるケース・スタディ。
● 図表、イラスト、2色刷によるビジュアル化。
● より刑法が身近に感じられる時事問題を扱ったコーヒー・ブレイク／ティータイム。

＊定価(税抜)は、2018年3月現在のものです。